suhrkamp taschenbuch 2636

Jorge Sempruns Biographie ist abenteuerlich: 1923 in Madrid geboren, 1936 Flucht aus dem faschistischen Spanien, dann Mitglied in der französischen Résistance. 1943 wird er ins Konzentrationslager Buchenwald deportiert, von 1953 bis 1966 ist er Koordinator des Untergrunds in Madrid, 1964 wird er aus der KP Spaniens ausgeschlossen. Schließlich beruft ihn 1988 Ministerpräsident Felipe Gonzáles zum Kulturminister Spaniens.

Federico Sánchez verabschiedet sich erzählt die neue Karriere Jorge Sempruns – und ihr Scheitern. Es war wohl zwangsläufig angesichts der politischen und geistigen Unabhängigkeit dieses parteilosen Ministers. Zugleich legt Jorge Semprun die Bruchstücke seines vergangenen Lebens vor, sein assoziatives Gedächtnis wandert zu verschiedenen Stationen seiner Biographie, zu Büchern und Bildern, die sein Leben begleiteten, zu Freunden und Gegnern.

Wenn auch die Erfahrungen mit der Macht, die politischen Ränkespiele und Intrigen, die Begegnungen mit Mächtigen und Berühmten den äußeren Rahmen des Buches bilden, so ist es doch mehr: nämlich Lebensbericht und Rückblick auf die exemplarische Biographie eines »Intellektuellen, in dessen Leben sich die europäische Tragödie des 20. Jahrhunderts widerspiegelt«.
(Wolf Scheller)

In deutscher Sprache erschienen von Jorge Semprun: *Der zweite Tod des Ramón Mercader*, 1974, *Was für ein schöner Sonntag!*, 1981, *Die große Reise*, 1981, *Yves Montand: Das Leben geht weiter*, 1984, *Algarabía*, 1985, *Der weiße Berg*, 1987, *Netschajew kehrt zurück*, 1989, *Schreiben oder Leben*, 1995.

1994 wurde Jorge Semprun mit dem Friedenspreis des Deutschen Buchhandels ausgezeichnet. Er lebt in Paris.

Jorge Semprun
Federico Sánchez
verabschiedet sich

Aus dem Französischen
von Wolfram Bayer

Suhrkamp

Titel der Originalausgabe: *Federico Sánchez vous salue bien*
Umschlagfoto: F.A.Z.-Magazin/Wolfgang Wesener

suhrkamp taschenbuch 2636
Erste Auflage 1996
© der deutschsprachigen Ausgabe
Suhrkamp Verlag Frankfurt am Main 1994
Suhrkamp Taschenbuch Verlag
Alle Rechte vorbehalten, insbesondere das
des öffentlichen Vortrags, der Übertragung
durch Rundfunk und Fernsehen
sowie der Übersetzung, auch einzelner Teile.
Druck: Nomos Verlagsgesellschaft, Baden-Baden
Printed in Germany
Umschlag nach Entwürfen von
Willy Fleckhaus und Rolf Staudt

1 2 3 4 5 6 – 01 00 99 98 97 96

Für Javier Pradera,
wie immer, für immer;
für Plácido Arango,
für die neue Freundschaft.

I
Von einer Rückkehr
in die Stadt meiner Kindheit

Die Autos hielten am Straßenrand.

Man hörte, wie Wagentüren aufgerissen und schwungvoll wieder zugeschlagen wurden, die Leibwächter schwärmten aus. Ganz in der Nähe das taumelnde Aufflattern eines Taubenschwarms unter der Julisonne, die längs der Straße einfiel, sie unter ihrem bleiernen Licht erdrückte.

Wir waren angekommen.

Ich blickte mich um, glaubte zu träumen. Mir war zum Lachen zumute, aber nicht unbedingt vor Freude. Lachen über die absurde Komik des Lebens. Vielleicht war dieser merkwürdige Zufall aber weder absurd noch komisch. Vielleicht war er ganz im Gegenteil bedeutungsvoll.

Wir befanden uns im Retiro-Viertel, in der Calle de Alfonso XI. Auf der Straßenseite mit den ungeraden Nummern, genau gegenüber dem Haus mit der Nummer 12. Ich sah das Eingangstor, die Fenster im vierten Stock. Ich wußte, was dort, hinter diesen Fenstern war – oder vielmehr gewesen war. Ich kannte die Anzahl der Räume, die sie erhellten, ihre Anordnung entlang dem endlosen Gang, der ganz hinten rechtwinkelig abbog und parallel zur Querstraße, der Calle Juan de Mena, weiterlief.

Sicher war der Gang im vierten Stock, zu dessen geschlossenen Fensterläden (um die Sommerhitze fernzuhalten? oder stand die Wohnung leer?) ich aufsah, nur in meiner Erinnerung endlos lang; es war eine Erinnerung aus meiner Kindheit. Das heißt: ich hatte in dieser Wohnung, vor der mich der Dienstwagen soeben abgesetzt hat, meine Kindheit verbracht.

Kurz zuvor hatte mich der für die Beziehungen zum Parlament und das Regierungssekretariat zuständige Minister vom Hotel *Palace* abgeholt, in dem ich damals vorläufig wohnte. Er wollte mir eine Dienstwohnung zeigen, die noch nicht vollständig eingerichtet war und mir, wie er meinte, zusagen könnte. Die Fahrt war kurz gewesen. Die Wagen hatten die Plaza de Neptuno am Prado und am Gefallenendenkmal vorbei überquert und waren in die Calle Juan de Mena eingebogen. Und schon waren wir in der Calle de Alfonso XI angelangt.

Der Kreis hatte sich allem Anschein nach geschlossen.

Ich hatte diese Straße an einem Julimorgen des Jahres 1936 verlassen, unterwegs in die Sommerferien, ein ganzes Leben früher: ein halbes Jahrhundert früher. Das ist schnell, in einem Zug gesagt, läßt sich mit wenigen Federstrichen niederschreiben. Ein halbes Jahrhundert wiegt aber schwer im Gedächtnis der Seele und des Körpers.

Am Tag vor dieser Abreise in die Sommerferien war der Aufstand des Afrikaheers und der wichtigsten Garnisonen Spaniens gegen die Regierung der Republik ausgebrochen. Uns blieb gerade noch Zeit, um in das baskische Fischerdorf Lekeitio zu entkommen; auf dem Weg dorthin waren wir durch einige Städte – Burgos, Vitorio – gekommen, in denen die fiebrige Aktivität der Militärs bereits spürbar war.

In jenem Sommer waren die vom feinen Sand des Ozeans bedeckten Strände von Leikitio fast völlig menschenleer. Die gewohnten Urlauberfamilien waren in Bilbao oder Madrid geblieben, wahrscheinlich, um die Klärung der politischen Lage abzuwarten. Sie hat sich geklärt – im Blut und im Grauen eines langen Bürgerkriegs.

Es war mir tatsächlich zum Lachen zumute. Nicht unbedingt vor Freude.

»Hier ist es«, sagte Minister Zapatero.

Er wies auf den Eingang der Nummer 9, genau gegenüber dem Haustor meiner Kindheit.

Ein halbes Jahrhundert, nachdem ich das Retiro-Viertel verlassen hatte – den Park, den Prado, den botanischen Garten, die Kirche San Jerónimo, die vornehmen Wohnstraßen, den Gemischtwarenladen von Santiago Cuenllas, das Hotel *Gaylord's* –, nach zwei Kriegen also, nach dem Exil, nach Buchenwald, dem Kommunismus, nach Frauen und einigen Büchern war ich an meinen Ausgangspunkt zurückgekehrt.

Ich habe aber keine Zeit, um diesen besonderen, einzigartigen Augenblick auszukosten. Ich habe keine Zeit, um anhalten und über dieses Leben nachdenken zu können, über mein Leben, das sich nun meinem Blick als ein Ganzes darbietet: schwindelerregend transparent. Mit diesem Ort ist meine früheste Erinnerung verbunden, ein Besuch meines Großvaters Antonio Maura, der in unmittelbarer Nähe der Calle de Alfonso XI in einer Avenue wohnte, die heute seinen Namen trägt. Mein ganzes Leben, von dieser frühesten Erinnerung an bis zu diesem Tag im Juli 1988 könnte sich jetzt in meinem Gedächtnis entfalten. Es würde genügen, die Augen zu schließen und reglos zu warten, bis alles wiederkommt. Ich habe aber keine Zeit. Die anwesenden offiziellen Personen – Architekten, Bauleiter, Ministersekretäre, was weiß ich – wollen uns durch die Dienstwohnung führen, die sie mir anbieten.

Ich werfe einen letzten Blick auf das Haus gegenüber. Es ist in schlechtem Zustand. Seine Baufälligkeit läßt mich eher an die inzwischen vergangene Zeit als an die Vergangenheit selbst denken. Die Vergangenheit ist die Kindheit; die vergangene Zeit ist das Altern. Die Fassade des Hauses war kurz vor dem Bürgerkrieg restauriert, seine Fensterläden waren neu gestrichen worden. Die Patina der Zeit hat das Bild, das ich als Kind von ihm hatte, verwischt: das Haus meiner Kindheit war wie ich gealtert, war mit mir gealtert. Wir leben immer im Jetzt, unmittelbar in der reglosen, vom Lauf der Dinge erodierten Zeit.

Ich mache kehrt, betrete das Haus Nummer 9 der Calle de Alfonso XI.

Einige Tage zuvor hatte bei mir zu Hause in Paris das Telefon geläutet.

Ich sage »zu Hause«, eine reine Konvention: um es rasch und einfach zu sagen. »Zu Hause« ist leicht verständlich, auch wenn es nichts bedeutet. Oder irgend etwas bedeutet. Ich bin nirgendwo zu Hause. Oder aber irgendwo, was aufs gleiche hinausläuft. Man biete mir im Umkreis eines Spaziergangs einige Cafés, einen Fluß, Buchhandlungen und ein Museum an, und schon ist es geschehen: ich bin zu Hause.

Jedenfalls war ich in den letzten Jahren vor allem in Paris »zu Hause«.

Gegen Abend läutete also das Telefon, und eine Stimme fragte mich auf spanisch, ob sie mit mir spreche. Ich bejahte und bestätigte so, daß ich sehr wohl ich selbst sei. Eine etwas gewagte, von Anmaßung nicht völlig freie Behauptung. Schließlich darf man die telefonische Kommunikation nicht allzusehr durch analytische Spitzfindigkeiten behindern. Wollte man sich darauf einlassen, bei jedem Anruf seinen Wittgenstein zu rekapitulieren, würde man wohl nicht weit kommen.

Nachdem sie bei der Frage nach meiner Identität also mit einem blauen Auge davongekommen war, bat mich die spanisch sprechende Frauenstimme, am Apparat zu bleiben. Ich hörte ein Knistern und Klicken in der Leitung, und es meldete sich eine andere Frauenstimme. Diese Stimme erkannte ich: es war die Stimme Miryams, der Sekretärin Javier Solanas, des Kulturministers der sozialistischen Regierung Spaniens. Er wolle mich sprechen, kündigte Miryam an. Das kam noch keineswegs überraschend, Solana und ich standen in regelmäßiger Verbindung. Er war einer meiner Freunde an der Spitze der Sozialistischen Partei Spaniens, die sechs Jahre zuvor nach triumphal gewonnenen Wahlen an die Macht gekommen war. Übrigens einer meiner wenigen Freunde in dieser Partei, deren politisches Personal mir im großen und ganzen unbekannt war. Und eher gleichgültig.

Javier Solana war in der Leitung. Die Frage, mit der er unser Gespräch eröffnete, war etwas verwirrend. »Sag mal«, erkundigte er sich ohne Umschweife, »welche Nationalität hast du?« Ich verstand die Frage nicht. Oder erfaßte vielmehr nicht ihren konkreten, praktischen Hintergrund. Ich beantwortete sie grundsätzlich. »Eigentlich bin ich heimatlos«, gab ich zur Antwort. »Zweisprachig, daher schizophren, daher wurzellos. Und im Grunde ist meine Heimat nicht die Sprache, wie für die meisten Schriftsteller, sondern das, was gesprochen wird.« Eine kurze Stille, dann lachte Solana auf. »Sehr gut«, sagte er, »aber ich wollte eigentlich nur wissen, welche Papiere du hast. Hast du einen spanischen oder einen französischen Paß?«

Ich hatte selbstverständlich einen spanischen Paß. Ich war nie auf die Idee gekommen, mir einen französischen Paß zu besorgen und damit die spanische Nationalität aufzugeben. Die französische Staatsbürgerschaft ist mir wiederholt angetragen worden: alle dafür erforderlichen Bedingungen seien erfüllt, hieß es. Ich schrieb auf französisch, ich war ein ehemaliger Widerstandskämpfer und

Deportierter, obendrein mit einer Französin verheiratet
– gleich zweimal übrigens: als Rückfallstäter mußten
meine Chancen gestiegen sein –, und war darüber hinaus
ein vorbildlicher Steuerzahler, seitdem ich 1963 aus der
fiskalischen Nichtexistenz des kommunistischen Untergrunds aufgetaucht war.

Ich war aber nie auf den Gedanken verfallen, auf diesem Weg Franzose zu werden. Ich war in Frankreich ein
spanischer Roter gewesen, in Buchenwald ein »Rotspanier«. Eine solche Identität gibt man unter keinen Umständen auf, hatte ich mir immer gesagt. In gewisser
Weise war mir damit ein historisches Schicksal zugewiesen worden. Ich mußte es annehmen. Schon deshalb,
weil dieses Schicksal voller Risiken war und mich darüber hinaus mit einer gedemütigten und brüderlichen
Gemeinschaft verband. Als meine wahre Heimat hatte
ich das politische Exil außerhalb Spaniens erlebt: diese
Möglichkeit hatte sich zumindest abgezeichnet, trotz des
manchmal tragischen und häufig ermüdenden Welt-
schmerzes jener Exilantengespräche, in denen vergangene Erlebnisse bis zum Überdruß durchgekaut wurden.
Ich war jahrelang im Besitz von Flüchtlingspapieren und
eines Reisedokuments der Vereinten Nationen, ähnlich
dem einstigen Nansenpaß, gewesen.

Für meine Reisen hatte ich freilich vor allem gefälschte
Papiere benutzt. 1964 war ich mit einem französischen
Paß, der auf den Namen Camille Salagnac ausgestellt
war, aus Prag zurückgekehrt. Ich war in Mirombel,
Corrèze, geboren und wohnte in der Rue Collange in
Levallois-Perret. Es war meine letzte Reise mit einem gefälschten Paß: in einem alten, in der Umgebung von Prag
gelegenen Schloß der böhmischen Könige hatte eine endlose Sitzung des Exekutivkomitees – eine in diesem Fall
völlig zutreffende Bezeichnung, man hatte mich tatsäch-

lich exekutiert – der Kommunistischen Partei Spaniens stattgefunden, und ich war aus der Partei ausgeschlossen worden. Einige Wochen darauf war mir in einem anderen Schloß in Salzburg, das nicht den Böhmenkönigen, sondern der Fürstenfamilie derer von Hohenlohe gehörte, für *Die große Reise* der Literaturpreis Formentor verliehen worden. Damit begann ein anderes Leben, ein Leben ohne gefälschte Papiere. Ich war mir damals noch nicht sicher, ob ich das alte nicht vermissen würde. Oder zumindest die Abenteuer und die Brüderlichkeit, die ich in ihm erlebt hatte.

Der diensthabende Polizist an der Grenzkontrolle des Flughafens Orly wußte natürlich nichts von diesen Zwischenfällen meines persönlichen Lebens. Dennoch blickte er überrascht auf, als er meine Papiere überprüfte. »Levallois-Perret, rue Collange!« rief er aus. »Wir wohnen ja in derselben Straße!« Sein Blick verriet keine Freude an diesem Zufall. Nicht einmal Genugtuung über dieses unerwartete Zusammentreffen. Es war ein mißtrauischer Blick. »Wir sind einander nie über den Weg gelaufen«, fügte er hinzu. Er hielt meinen Paß in der Hand und untersuchte ihn mit, wie mir schien, kritischen Blicken. Ich sagte mir, daß ich nun doch noch in eine Geschichte um gefälschte Dokumente verwickelt werden würde, und das auf die allerdümmste Weise: während der letzten Reise dieser Art. Ausgerechnet zu dem Zeitpunkt, als ich im Begriff war, die Welt des Untergrunds zu verlassen. Ich setzte mein liebenswürdigstes Lächeln auf . . . »Wir dürften verschiedene Arbeitszeiten haben«, sagte ich. Er zuckte mit den Achseln, das erschien ihm einleuchtend. Er händigte mir meinen Paß aus, und ich kehrte unter dem Namen Camille Salagnac, der mir immer unvergeßlich bleiben wird, ins gewöhnliche Leben zurück.

Einige Zeit darauf suchte ich im Spanischen General-
konsulat in Paris um einen Paß an. Mein Status als
Flüchtling erlaubte mir zwar, in der ganzen Welt – zumindest im zivilisierten Teil der Welt – umherzureisen,
machte es mir aber zugleich unmöglich, die spanische
Grenze zu überschreiten. Ich hatte sehr rasch erkannt,
daß es mir schwerfallen würde, auf die Aufenthalte in
meinem Heimatland zu verzichten, auch wenn ihnen von
nun an die Aura des Abenteuers fehlen würde. Einige
Freunde – Javier Pradera, Clemente Auger, Elías Quere-
jeta, Domingo »Dominguín« –, einige Landschaften,
Speisen, Gemälde, eine bestimmte Art von Geselligkeit:
es schien mir, daß ich ohne sie nicht leben können würde.
Ich suchte also um einen spanischen Paß an, der mir
lange verweigert worden war, da meine früheren politischen Aktivitäten den Polizeibehörden meines Landes
bekannt waren. Bis zu einem Tag im Jahr 1967, an dem
mich der Konsul zu sich bat und mir eröffnete, er habe
nun die Genehmigung bekommen, mir einen auszustellen. »Aber auf ihr eigenes Risiko«, wie er hinzufügte.

Ich bin auf die juridische Absurdität seiner Worte
nicht näher eingegangen. Wie kann ein Staat einem seiner Bürger jenen Paß »auf eigenes Risiko« ausstellen, auf
den er ein Anrecht hat? Ist dieses Recht etwa seinem Wesen nach riskant, gefährlich? Ich sagte aber nichts. Ich
wußte, daß ich kein Bürger war: nur Untertan. Das damalige Spanien, und mit ihm seine Konsuln und Vertreter aller Art, kannte nur Untertanen. Und Untertan zu
sein birgt bekanntlich immer Risiken. Beträchtliche Risiken. Ich hütete mich, dem spanischen Konsul gegenüber
eine derart heikle Frage anzuschneiden. Ich nahm den
Paß entgegen, auf mein eigenes Risiko. So habe ich immer das entgegennehmen müssen, was in mir, in meinem
Leben, von Spanien kam: meine Kindheitserinnerungen,

die Illusion einer Zukunft, eine gewisse verzweifelte Vitalität, das Lächeln einiger Frauenporträts von Goya: auf eigenes Risiko.

Javier Solana ist aber immer noch am Apparat, und ich möchte ihn nicht warten lassen. Jedenfalls vergeht bei derartigen Reflexionen und Erinnerungen, die hier, auf äußerste Kürze reduziert, doch einige Dutzend Zeilen eingenommen haben, im geistigen Raum keine Zeit: sie blitzen im Augenblick auf.

Ich gab Solana sofort zur Antwort, daß ich einen spanischen Paß hatte. Ich hatte den Eindruck, daß ihn dies beruhigte. »Dann kann ich also weitermachen«, sagte er. »Sitzt du, damit ich dir das Folgende beibringen kann?« All dies begann mich nun ernstlich zu beunruhigen. Ich sagte ihm, daß ich zwar stünde, aber noch ganz gut auf den Beinen wäre. »Setz dich trotzdem hin«, drängte Solana. Und er rückte mit der Botschaft heraus, die er mir zu überbringen hatte. Felipe González werde in den folgenden Tagen eine Kabinettsumbildung vornehmen und bot mir das Kulturministerium an. Mir bliebe die Nacht, um mir das Angebot zu überlegen, nicht mehr. Sie bräuchten die Antwort am nächsten Morgen. Sollte ich annehmen, würde er mir ein Flugticket schicken, damit ich am übernächsten Tag, einem Mittwoch, González in Madrid treffen könnte. Wir würden gemeinsam in der Moncloa zu Abend essen.

Daraufhin – das gehörte selbstverständlich auch zu seiner Mission – setzte er mir alle Argumente auseinander, die dafür sprachen, das Angebot von Felipe González anzunehmen. Ich hörte seiner Aufzählung zu, einige hielt ich für durchaus vernünftig. Andere betrafen mich nicht. Ich sagte nichts, versprach bloß eine Antwort am nächsten Morgen. Immerhin fragte ich ihn – eine Pflicht der Höflichkeit, da man mir ja seinen Posten antrug –,

welches Ministerium in dieser Umbildung für ihn vorgesehen war. Das Unterrichtsministerium, sagte er.

Das war alles, wir hängten auf. Mir blieb die Nacht,
um mich zu entscheiden.

Am übernächsten Tag, dem 6. Juli 1988, einem Mittwoch, standen wir auf der Freitreppe vor dem Moncloa-
Palast.

Es war Mitternacht, wir waren im Begriff, uns zu verabschieden.

Als das Auto, das mich ins *Palace* zurückbringen
sollte, am Fuß der Treppe hielt, wandte sich Felipe González an mich.

»Es wird herrliche Augenblicke geben und leere, trost-
lose Tage. Du wirst Freunde haben, wirkliche Freunde
und falsche. Und alle möglichen Feinde, das ist nicht zu
vermeiden. Man wird dir keine Geschenke machen, ver-
laß dich darauf. Diese Gesellschaft ist einfach so, bis
heute von Provinzialismen, von sozialem Ressentiment,
von Archaismen erschüttert. Du wirst aber an dem Tag,
an dem du bei deiner ersten Dienstreise erleben wirst,
wie ein Offizier der Guardia Civil vor dir strammsteht,
abschätzen können, was sich in diesem Land inzwischen
verändert hat, und du wirst verstehen, was deine Mitarbeit in der Regierung bedeutet . . .«

Wir umarmten uns, ich stieg in den Wagen.

Den ganzen Abend lang hatten mich Zweifel – oder
zumindest Fragen – über die Richtigkeit meiner Entscheidung geplagt. Nicht, daß ich es bereut hätte, das
Ministeramt angenommen zu haben; es war auch nicht
der uneingestandene Wunsch, in die Vergangenheit zurückzukehren. Ich wollte mir einfach über die Motive
möglichst klar werden, die mich zur Annahme bewogen

hatten, abgesehen von jenem unmittelbaren Impuls, von jener fast sinnlichen Freude, die mich im ersten Augenblick ergriffen hatte.

Warum habe ich also das Angebot Felipe González' angenommen, das Kulturministerium zu übernehmen?

Sicher nicht aus einer Schwäche für Ehrenbezeigungen, oder weil ich es genossen hätte, prominent zu sein. Dieser Aspekt der Macht hat mich nie sonderlich begeistert: Goldverzierungen, rote Teppiche, persönliches Prestige oder Vorrang bei der Sitzordnung interessieren mich nicht. Diese Dinge sind das Nebensächlichste an der Macht, und oft lächerlich. Nichts hat mich während meiner Jahre im Staatsdienst mehr amüsiert als die Ängste und die Gehässigkeit jener, die sich ein Plätzchen an der göttlichen, aber eisigen Sonne des Protokolls schaffen, es behalten oder absichern wollten. Zur Rechten oder in unmittelbarer Umgebung der Landesväter, des Königs oder, wie im Fall Spaniens, des Regierungspräsidenten.

Meine langjährige Vertrautheit mit verdeckter Arbeit im Untergrund – bei der mir eine natürliche Neigung übrigens zugute gekommen ist – hat mich gelehrt, den schönen Schein und das Gepränge der Macht zu verachten und auch auf diesem Gebiet das Wahre vom Ungefähren, den Abglanz von der Wirklichkeit zu unterscheiden.

Die Realität der Macht hingegen interessierte mich durchaus. In einem durchaus konkreten Sinn: die Macht, verstanden als Chance, in den Lauf der Dinge einzugreifen, die undurchsichtige, verworrene und häufig beklemmende Wirklichkeit der natürlichen historischen Entwicklung – wenigstens minimal, an den Rändern sozusagen – zu verändern. Die Realität der politischen Macht, gleich wieviel Scharfsinn und welcher Anspruch aufgeboten werden, um ihre möglichen Irrwege und ihre

Arroganz zu verstehen und jene Grenzen und Kontroll-
instanzen zu schaffen, die für ihre demokratische Ausübung unerläßlich sind.

Es gehört heutzutage zum guten Ton, der politischen
Macht und ihren gelegentlichen oder berufsmäßigen
Vertretern Übles nachzusagen. Aber gerade ein Intellektueller, der eine solche Verachtung des Politischen zur
Schau trägt, muß sich den Vorwurf der Heuchelei und
eines abstrakten und dumpfen Moralismus gefallen lassen. Oft widmen übrigens gerade jene, die diese Verachtung bei jeder sich bietenden Gelegenheit lauthals verkünden, einen Gutteil ihrer Zeit der Konsolidierung und
Ausweitung des Einflusses der Intellektuellenclique, der
sie selbst angehören: einem Filz von Einflußnahmen auf
Zeitschriften, Verlage oder Literaturpreise. Das Gefallen, das sie selbst an der Macht finden, bekommt so den
Stellenwert eines Exempels, wird zugleich aber auch zur
Karikatur.

Politik ist aber im Grunde genommen vor allem eine
Arbeit an der Sprache: am Diskurs, dem Sinn und dem
Widersinn des Textes der Geschichte: seiner Textur, seiner Kontextualität. Von den Bürgerversammlungen der
Sklavenhalterdemokratie des alten Griechenland bis zu
den heutigen Massenkundgebungen und TV-Auftritten
dreht sich alles um die Sprache. Das Wort war am Anfang des Politischen und es wird an seinem Ende sein.
Nur die Medien haben sich verändert, die Botschaft ist
immer dieselbe geblieben: es genügt, Plato oder Tocqueville zu lesen, um sich davon zu überzeugen. Und wie
könnte sich ein Schriftsteller für diese Dinge nicht interessieren?

Ich habe, ehrlich gesagt, nie aufgehört, mich dafür zu interessieren.

Und hatte ich während meiner Zeit in der Illegalität, als ich noch Federico Sánchez hieß, im Grunde nicht mehr Macht gehabt? In gewisser Hinsicht zweifellos. Auf jeden Fall mehr Macht über die Seelen. Mehrere hundert Aktivisten vertrauten mir. Ich verkörperte eine schwer durchschaubare, aber hoffnungsvolle, eine vielfältige, aber kohärente Realität – Oktoberrevolution, weltumspannende Arbeiterbewegung, strahlende Zukunft, Parteiführung –, der sie all ihr Engagement widmeten. Ihre Hoffnungen, ihre Träume, ihre rationalen Überzeugungen. Daraus bezog ich, gleich unter welchem Decknamen sie mich kannten, eine persönliche, freilich geborgte oder delegierte Macht, die mir aber niemand streitig machen konnte. Manchmal eine absolute Macht: Macht über Leben und Tod, wenn sie in einer von mir geleiteten Aktion ihre Freiheit und manchmal auch ihr Leben aufs Spiel setzten. Einen nach dem anderen, junge oder weniger junge Menschen, Akademiker oder Arbeiter, hatte ich im Lauf der Jahre für diese oder jene Aktion angeworben, deren Sinn und Zweck in manchen Fällen auch einsichtig war. Manche von ihnen kämpften mit Zweifeln, ich zerstreute sie. Andere hatten Angst, ich beruhigte sie. Wir sind gemeinsam ein und denselben Weg gegangen, Tag für Tag, beinahe ein Jahrzehnt lang.

Bis heute kommt es vor, daß ich das Echo dieser einstigen Macht vernehme, unerwartet auf ihre Spuren stoße. Irgendwo, in einem Theaterfoyer, einem Salon, an einer Straßenecke. Ich werde angehalten, jemand spricht mich an. Man ruft mir die längst vergangenen Umstände eines geheimen Treffens in Erinnerung. Ich kann mich immer an die Umstände erinnern, auch wenn ich das Gesicht, das sich mir zuwendet, bereits vergessen habe. Ich erinnere mich an die Farbe des Himmels, an die Wolken am Himmel, ich weiß noch, ob das Treffen auf einem Platz, in einem Park oder im Wäldchen eines Vororts stattgefunden hat. Ich erinnere mich an die Szenerie, an die Stellung der Möbel, und ob es ein Innenraum war. Manchmal ist mein Gesprächspartner, wie es so schön heißt, etwas geworden. Jemand Einflußreiches oder sogar Berühmtes: Professor, Politiker, Gewerkschaftsführer, Bankier, Regisseur oder Filmemacher. Manchmal, fast immer, ist er früher oder später denselben Weg gegangen wie ich: er hat sich allmählich vom Kommunismus entfernt, oder der Kommunismus hat sich auf brutale Weise von ihm entfernt. Und manchmal – sehr selten freilich: es ist verrückt, wenn man bedenkt, wie viele Talente die Kommunistische Partei entmutigt oder verdorben hat –, manchmal ist der wiedergefundene Unbekannte nach wie vor politisch aktiv. Er sieht mich dann traurig an. Freilich ohne Aggressivität. Denn wir sind ja dieselben Risiken eingegangen: Ich habe an dem konspirativen Treffen, dessen verschwommene Erinnerung er in mir wachruft, genauso teilgenommen wie er. Ich bin dort gewesen, gemeinsam mit ihm, in Madrid oder anderswo. Ich war nicht in Prag oder in Moskau, in einer Villa der Nomenklatura. Ich war nicht einmal in Paris, im relativ harmlosen Untergrund der französischen Demokratie. Ich war mit ihm im Retiro-Park oder auf einer Lichtung des Pardo. Oder in einem Büro der Calle de Ferraz, wo eine befreundete Firma, *Uninci*, ihren Sitz hatte. Er sieht mich also ohne Aggressivität an, traurig oder eher mit einer Mischung aus Verständnis und Vorwurf. Warum, scheint er mich zu fragen, hast du mich in dieses Abenteuer hineingezogen, um mich letzten Endes doch allein zu lassen? Wahrscheinlich weiß er in seinem Inneren, daß ich ihn nicht allein gelassen habe, daß es vielmehr unser Abenteuer war, das uns beide allein gelassen hat. Unsere Begegnung weckt aber in ihm – ganz gleich, welche persönlichen Erfolge er inzwischen aufzuweisen hat – die Sehnsucht nach einer Zukunft, die sich uns entzogen hat.

Mir ist bewußt, daß ich diese Macht als Minister nicht wiederfinden werde. Ich werde nur sehr wenig Macht über die Seelen haben. Ich werde eine gepanzerte Limousine, eine Polizeieskorte, einen direkten Draht zu den Mächtigen dieser Welt haben, und Amtsdiener, die vor mir die Türen aufreißen. Ich werde Autorität haben, und daher Feinde, Rivalen. Ich werde die Treue und die Intrigen kennenlernen, den Karrierismus, das Strebertum und die Großherzigkeit. Ich werde an den Schließtagen durch das Prado-Museum streifen und in aller Ruhe die Boschs und Goyas, die Patinirs und Cranachs betrachten können. Ich werde Architekten bestimmen und Ballettmeister ernennen. Und die Offiziere der Guardia Civil werden vor mir tatsächlich strammstehen.

Meine erste Reaktion auf das Angebot, das mir von Javier Solana überbracht wurde, war jedenfalls eine körperliche Empfindung gewesen. Ich verspürte Freude, eine Art körperliche Erregung. Seit längerer Zeit schon hatte mich der Gedanke oder vielmehr der Wunsch beschäftigt, nach Spanien zurückzukehren. Es hat in meinem Leben immer Zyklen gegeben, Zyklen zwischen dem Norden und dem Süden, zwischen Paris und Madrid. Aber auch Zyklen zwischen der Literatur und der Politik.

Einige Monate zuvor hatte ich einen Roman veröffentlicht, *Netschajew kehrt zurück*, und ein weiteres Vorhaben nahm allmählich Gestalt an. Dabei handelte es sich um ein schwieriges Projekt, das mich unerbittlich mit der Erinnerung an den Tod konfrontierte. Mit der Erfahrung des Konzentrationslagers. Mit dem Bezug dieser Erfahrung zu meiner schriftstellerischen Arbeit, meiner literarischen Berufung. Dieses langsam entstehende Buch, »Schreiben oder Leben...«, faszinierte mich durch die Schätze, die es zu enthalten schien, Schätze, die mir auch über mich selbst Aufschluß gaben; gleichzeitig hatte ich aber auch Angst vor dem Preis, den ich dafür zu zahlen haben würde. Ich wußte, daß dieser Preis hoch sein würde, daß ich mich auf eine Reise voller Gefahren einließ. Darunter auch die Gefahr, den Punkt zu erreichen, an dem es kein Zurück mehr gibt.

Das Buch war wie aus einem Guß, ähnlich einem nicht zu übersehenden Sternennebel, aus einer Erleuchtung meines Gedächtnisses emporgestiegen, als ich an einem Aprilsamstag des Jahres 1987 am Netschajew-Roman arbeitete. Wieder zwang mich die Erinnerung an Buchenwald gegen meinen Willen oder, besser gesagt, auf meine Kosten dazu, ein weiteres Mal auf die grundlegende Erfahrung meines Lebens zurückzukommen. Ich mußte mich ihr stellen. Eine Wendung aus der Sprache des Stierkampfs empfiehlt dringend, während der aufeinanderfolgenden Zweikämpfe dieses todbringenden Spiels in der Arena nie das Gesicht des Stiers aus den Augen zu verlieren. *No perderle la cara al toro.* Es war auch mir nicht gelungen, das Antlitz jenes alten Todes zu vergessen oder mich vor ihm zu verstecken, das an diesem Aprilsamstag wieder vor mir aufgetaucht war: ich mußte ihm Auge in Auge gegenübertreten.

Am Tag darauf, am 12. April 1987, es war ein Sonntag, hörte ich im Radio als erstes die Nachricht vom Selbstmord Primo Levis in Turin. Der alte Tod hatte ihn also eingeholt. Nun wußte ich, woran ich war. Ich wußte, was mit dem werdenden Buch auf dem Spiel stand.

Hatte sich in mir der Wunsch, nach Spanien zurückzukehren, in der letzten Zeit vielleicht deshalb geregt, weil ich diese unausweichliche Konfrontation hinauszögern oder mich ihren Konsequenzen entziehen wollte? Wollte ich nicht gerade aus diesem Grund in einen weiteren Zyklus des aktiven Lebens eintreten?

Auf jeden Fall hatte mir Felipe González am späten Abend des 6. Juli 1988 in wenigen Worten das grundlegende Motiv meiner Annahme seines Angebots enthüllt, indem er das Phantom Federico Sánchez' heraufbeschwor.

Ich hatte mich im antifranquistischen Untergrund um die Mitte der fünfziger Jahre in Federico Sánchez verwandelt. Ein Jahrzehnt später mußte ich dieses Phantom, das bereits auf meine Persönlichkeit abzufärben, mich sozusagen von innen heraus körperlich und seelisch zu verschlingen begann, loswerden, mußte mich gewaltsam von ihm losreißen, um weiterleben zu können. Federico Sánchez war von der kirchenähnlichen Organisation der Kommunistischen Partei ausgeschlossen, in die finstere Außenwelt verbannt worden. Sein Name erfüllte daraufhin Hunderte treuer Aktivisten – *O ihr unschuldigen, einfältigen Lämmer* –, denen er ansonsten völlig unbekannt war, mit Abscheu. Sie wußten über ihn nichts als die makabren Dummheiten und den verleumderischen Klatsch, die ihnen die Clique um Carrillo eingeflüstert hatte, um den Parteiausschluß zu rechtfertigen: Revisionist, Defätist, Lakai des Kapitals, bourgeoiser Intellektueller. Bei Bedarf auch Agent des CIA. Eine nicht enden wollende Litanei von Verdächtigungen, um die eigentlichen Probleme einer politischen Strategie unter den Tisch fallen lassen zu können, die sich mit der

Realität auseinandersetzt, um sie tatsächlich zu verändern, anstatt sie, in der tödlichen Illusion einer Revolution befangen, arrogant zu ignorieren.

So war ich also 1964 gezwungen, wieder ich selbst zu werden. Oder vielmehr ich zu werden, da ich zu dieser Zeit noch nicht wirklich ich selbst war. Seit meiner Rückkehr aus Buchenwald war ich nur als ungewisser Entwurf, als konfuser Traum ich selbst gewesen. In Wahrheit konnte ich nur als Schriftsteller ich selbst sein, und das Schreiben war mir unmöglich gemacht worden. Es war mir unmöglich gemacht worden, ich selbst zu werden.

Bereits im Januar 1946 hatte ich in Ascona, im Tessin, die Arbeit an dem Buch abgebrochen, das ich über meine Erfahrungen in Buchenwald zu schreiben versucht hatte. Ich hatte mich dazu entschließen müssen, um buchstäblich weiterleben zu können. Freilich weiß ich, daß Primo Levi nur über und durch das Schreiben von *Se questo è un uomo* ins Leben zurückgefunden hat. Mein Abenteuer war aber verschieden von dem seinen gewesen: das Schreiben schloß mich in den Einfriedungen des Todes ein und erstickte mich langsam, aber unaufhaltsam. Ich stand vor der Wahl zwischen dem Schreiben und dem Leben, ich entschied mich für letzteres. Ich entschied mich für eine lange Kur der Aphasie, einer bewußten Aphasie, um weiterleben zu können. Oder überleben zu können. Zugleich damit entschied ich mich für die Illusion einer Zukunft, für ein politisches Engagement, da mich mein schriftstellerisches Engagement wieder in die Einfriedungen des Gedächtnisses und des Todes zurücktrieb. So bin ich ein anderer Federico Sánchez geworden, um auch weiterhin jemand sein zu können.

1964 aber war Federico Sánchez längst von der Bildfläche verschwunden, vorübergehend zumindest, verbannt in die finstere Außenwelt. Ich war dank eines Buches, *Die große Reise*, wieder ich selbst geworden – jener andere, der ich noch nicht gewesen war. Es ist eben das Buch, das zu schreiben mir 1945 nicht gelungen war. Oder vielmehr eine der möglichen Varianten dieses Buches: theoretisch gab es von ihnen unendlich viele. Es gibt sie übrigens immer noch. Damit will ich sagen: Es wird nie eine endgültige Fassung dieses Buches geben. Ich werde es stets von neuem in Angriff nehmen müssen.

So sah ich mich also wieder auf denselben Punkt der Spirale meines Lebens zurückgeworfen, nur hatte sich die Situation umgekehrt. Hatte ich früher die Welt der politischen Illusion verlassen, um mich der der literarischen Wirklichkeit zuzuwenden, war ich nun im Gegenteil gezwungen, die Illusion des Romans aufzugeben und mich der Wirklichkeit der historischen Welt zuzuwenden. Letztlich habe ich damit jedoch nur eine Fiktion gegen eine andere eingetauscht.

Jedenfalls bewunderte ich in dieser Julinacht des Jahres 1988 auf dem Rückweg von der Moncloa ins Hotel *Palace* die Intuition, mit der Felipe González mir das wesentliche Motiv meiner erneuten Rückkehr in die Politik enthüllt hatte, indem er die Erinnerung an Federico Sánchez wachrief. Er wußte freilich nichts von den Schmerzen, die mir das Buch während seiner Entstehung bereitet: nichts von den Delirien des Flüchtens oder Überlebens, das es bei mir hervorgerufen hatte. Indem er aber einen ehemaligen leitenden Funktionär einer illegalen Partei in die Regierung berief, der dank seines Wirklichkeitssinns mit dem Kommunismus gebrochen hat, weil er – freilich spät, dafür aber endgültig – das Wesen der Demokratie entdeckt hatte, wies er mich unmißverständlich auf das hin, was er von mir erwartete. Aus unseren langen Gesprächen in den Jahren zuvor wußte er, daß ich mit seinen politischen Plänen aus ganzem Herzen übereinstimmte. Er wußte aber auch, und das mußte ihn, glaube ich, ebensosehr interessiert haben, daß ich kein Mann des Apparates mehr war, daß ich mich also von den internen Machtspielen und Manövern seiner eigenen Partei weder beherrschen noch konditionieren lassen würde, einer Partei, deren Vormachtstellung bereits abzubröckeln begann, die allmählich bürokratische und klientelistische Züge annahm und deren führende Kreise bereits mehr als einmal dem Taumel des intellektuellen und materiellen Komforts erlegen waren.

Das taumelnde Aufflattern eines Taubenschwarms?

Ich stand im Fahrstuhl, auf dem Weg in die Dienstwohnung, die man mir bereitgestellt hatte. Ich dachte an die Tauben, die einen Augenblick zuvor schwerfällig zur bleiernen Julisonne aufgeflogen waren. Dieses Aufflattern, dieser lärmende, weiße Schimmer riefen in mir verschwommen eine Erinnerung wach. Die Schwingen einer Möwe vor dem Fenster eines Hotelzimmers in der Bretagne? wattige Nebelfetzen über den Strömungen der Meerenge von Eggemogging?

Aber nein, das war es nicht. Es war eine viel fernere und zugleich viel nähere Erinnerung. Das heißt, zeitlich entfernt, aber räumlich nah: eine Kindheitserinnerung an etwas, das unweit von hier, auf der Plaza de la Cibeles stattgefunden hatte.

Die Demonstration hatte sich unter den brutalen Angriffen der Polizei aufgelöst. Der Mann in blauer Arbeitskleidung rannte über den Platz. Ein lautloser Lauf, da der Flüchtende Leinenschuhe trug. Die Göttin Kybele thronte auf ihrem Triumphwagen in der Mitte des Platzes, umgeben von der Gischt und der schimmernden Gloriole der Wasserspiele des monumentalen Springbrunnens. Der Mann in der blauen Heizermontur rannte quer über den Platz, auf die Blumenbeete der Castellana-Promenade zu, die noch nicht in der Hand der Ordnungshüter war. Der Herbsthimmel war tief indigoblau, makellos. Der Mann lief geräuschlos weiter. Plötzlich tauchte ein kleiner Lastwagen der Guardia Civil auf und schnitt ihm den Weg ab. Auf der Ladefläche einige mit schweren Karabinern bewaffnete Gardisten in ihrer olivgrünen Uniform, den lackierten Dreispitz auf dem Kopf. Die Läufe ihrer Gewehre richteten sich auf den Flüchtenden. Die Schüsse trafen den rennenden Arbeiter in vollem Lauf. Er fiel der Länge nach hin, mit dem Gesicht auf das Pflaster des Platzes. Einer der Leinenschuhe wirbelte durch die Luft, weit weg vom hingestreckten Körper. Nach dem Krachen der Schüsse trat eine tiefe Stille ein. In dieser durchdringenden Stille hörte ich plötzlich das Rieseln des Wassers, das Plätschern des Springbrunnens der Göttin Kybele. Das Geräusch fließenden Wassers, in dieser erstarrten Stille. Lebendigen Wassers, in dieser Totenstille.

Und dann, unmittelbar nach der tödlichen Salve, flatterten die Tauben auf, in der beklemmenden Stille des Platzes. Alle Tauben zugleich, in einem aufgeregten Rauschen ihrer Flügel.

Einige Minuten später, wir waren inzwischen in die Wohnung meiner Eltern in der Calle de Alfonso XI zurückgekehrt, sprach mein Vater mit uns über das, was wir soeben gesehen hatten, erklärte uns seine Bedeutung. Wir, das heißt er, zwei meiner Brüder und ich, waren von einem langen Spaziergang in der Gegend von La Moncloa zurückgekehrt, wo gerade die neue Madrider Universität errichtet wurde. Das war im Oktober 1934. Es hatte überall in Spanien Streiks gegeben, die in Asturien den Charakter eines Volksaufstands angenommen hatten; die Arbeiter protestierten gegen die Politik der Rechtsparteien, die aus den letzten Parlamentswahlen als Sieger hervorgegangen waren. In Madrid hatte sich die Erhebung zwar nicht ausgeweitet, zwischen den Polizeikräften und den Streikposten, die die Arbeiter zu sporadischen Demonstrationen aufriefen, war es aber auch weiterhin zu heftigen Zusammenstößen gekommen. Als wir auf dem Rückweg von unserem Spaziergang aus der Straßenbahn ausstiegen, waren wir in einen dieser Zusammenstöße geraten.

Einerseits, sagte mein Vater, ist es unrechtmäßig, daß die Gewerkschaften und die Linksparteien Streiks organisieren, die in Aufstände ausarten, daß sie also Waffengewalt anwenden, um gegen den Sieg der Rechtskoalition bei den Parlamentswahlen zu protestieren. Es sei aber genauso unrechtmäßig, daß die aus diesem Wahlsieg hervorgegangene Regierung die sozialen Errungenschaften der ersten beiden Jahre der Republik mit den Mitteln staatlicher Gewalt und unter systematischer Mißachtung demokratischer Normen zerstöre.

Im ganzen genommen gelte es nun, gab uns unser Vater zu verstehen, sich den beiden Formen der Gewalt entgegenzustellen, vor allem aber – und das war das grundlegende Kriterium – sich auf die Seite der Erniedrigten und der Unterdrückten zu schlagen. Der auf der Plaza de la Cibeles ermordete Arbeiter war ihr anonymer, aber authentischer Vertreter: das Opfer einer zweifachen Gewalt, der des Staates und der der Revolution, einer zweifachen, todbringenden Utopie.

Ein halbes Jahrhundert später stellte ich mich, nachdem ich die Dienstwohnung betreten hatte, in der verschiedene Handwerker an der Arbeit waren, als erstes an die Fenster des großen Raumes, die auf die Straße hinausgingen. Mir genau gegenüber, etwa in gleicher Höhe, sah ich die lange Reihe der Balkone mit schmiedeeisernen Geländern, die sich über die Fassade des Hauses meiner Kindheit hinzieht. Es war eine eigenartige Empfindung, als würde ich dem Schauspiel meines eigenen Todes zusehen. Als ob ich wie jene Figur in Ingmar Bergmans *Wilde Erdbeeren* in meine Kindheit zurückgekehrt wäre, ohne gleichzeitig jünger geworden zu sein.

Ich würde mit meinen weißen Haaren durch die Tage und Spiele meiner Geschwister spazieren. Meine Mutter würde in ihrer strahlenden Schönheit durch die Kinderzimmer gehen und sich zärtlich von uns verabschieden, bevor sie zu einem Diner aufbrach. Sie würde im geräu-

migen Schlafzimmer, das ich mit meinen beiden ungefähr gleichaltrigen Brüdern Gonzalo und Alvaro teilte,
auf mich zukommen, ich würde sie von der Höhe meines
fortgeschrittenen Alters herab liebevoll (die Liebe eines
Sohnes? eines Vaters?) ansehen – meine Brüder waren
erst acht und elf Jahre alt –, wunderschön, fröhlich, leb-
haft: sie ist noch als junge Frau gestorben.

Was bleibt mir noch zu erleben? dachte ich mir. Hat
sich die Spirale meines Lebens nicht bereits geschlossen?
Ich hatte diese Straße an einem Julimorgen des Jahres
1936 verlassen, als ich in die Sommerferien aufgebro-
chen war. Erst Ende Juni 1953 war ich zurückgekehrt,
ein verstörter Spaziergänger, während meiner ersten illegalen Spanien-Reise: dem allerersten Auftritt von Federico Sánchez.

Und da war ich jetzt wieder.

Ich kann diesen einzigartigen Augenblick aber nicht
genießen. Ich habe nicht die Zeit, die Überfülle an Erinnerungen und an Bedeutung auszukosten, die er enthält.
Dennoch würde sich jetzt, in diesem Augenblick einer
schwindelerregenden Transparenz, die einmalige Gelegenheit bieten, mein ganzes Leben mit einem einzigen
Blick zu erfassen. Aber ich werde angesprochen, gerufen: die umgestaltete Wohnung will besichtigt, die letzten Details ihrer Einrichtung wollen festgelegt werden.

Auf dem stillen, von der Sonne überfluteten Dach des
Hauses meiner Kindheit, das mit verwitterten, runden
Ziegeln gedeckt ist, gehen Tauben spazieren.

In den Jahren meiner illegalen Reisen nach Spanien dachte ich oft an Napoleon. Ich erreichte die Paßhöhe von Somosierra und erinnerte mich an Napoleon. Sogar im Frühjahr, sogar im Sommer erinnerte ich mich an ihn. Obwohl ich natürlich nicht die polnischen Lanzenreiter um mich hatte. Ich saß in einem Auto, das von einem Mitglied der Kommunistischen Partei Frankreichs gelenkt wurde. Manchmal von einem Mann, manchmal von einer Frau. Manchmal begleitete mich auch ein Paar auf diesen Reisen. Das dafür sorgte, daß ich unter den besten Bedingungen reisen konnte. Männer, Frauen, Paare. Manchmal auch Liebespärchen, was recht pikant war. Der Genosse nahm die ideale Gelegenheit einer illegalen Reise wahr, um seine Freundin mitzunehmen: die Reise bekam so den Charme von Flitterwochen. Wenn ich mit diesen Pärchen reiste – durchaus ungewöhnliche Pärchen freilich: ich will aber keineswegs die Ehen französischer Kommunisten in Verruf bringen! –, zeigte ich mich ganz besonders aufmerksam. Ich wählte bei unseren Zwischenstationen die romantischsten Hotels, die berauschendsten Weine. Vielleicht hätte ich das nicht tun sollen, vielleicht hätte ich bolschewistische Mißbilligung zur Schau tragen sollen. Das ist aber nicht meine Art. Die Liebespärchen gefielen mir.

Wie dem auch sei, jedesmal, wenn der Wagen meiner Reisegefährten die Paßhöhe von Somosierra in den Bergen nördlich von Madrid erreicht hatte, erinnerte ich mich an Napoleon. Er hatte sich seinen Weg durch den Schnee gebahnt, die spanischen Stellungen mit seiner Kavallerie überrannt. Mit den polnischen Lanzenreitern natürlich. Sie sind oft die Vorhut der Grande Armée gewesen, die polnischen Lanzenreiter des Kaisers. Er hatte also im Schneegestöber die Straße nach Madrid freigekämpft. Er war bis nah an die Hauptstadt vorgedrungen, aus der sich sein Bruder Joseph einige Monate zuvor kläglich zurückziehen mußte. Am Stadtrand angelangt, angesichts der Silhouette der Stadt, die sich über den Einschnitt des Manzanares erhebt und von Velázquez und Goya gemalt wurde, betrachtete Napoleon die rote Sonne, die sich über die kastilische Hochebene erhob. Mit einem Freudenruf wies er seine Marschälle auf sie hin. Es war der 2. Dezember, es war die Sonne von Austerlitz.

Wir waren im Brummen des Motors auf der Paßhöhe von Somosierra angelangt. Keine polnischen Lanzenreiter, keine Sonne von Austerlitz. Dafür etwas Schnee. Ich dachte an Napoleon. Einmal, wenigstens einmal habe ich mit meiner Begleitung über Napoleon gesprochen. Die übrigens eine Begleiterin war. Ein sanftes und mutiges Mädchen von einem prachtvollen Menschenschlag. Wie die meisten meiner Reisegefährten und -gefährtinnen. Engagiert, großzügig, liebenswert, gebildet: so waren die meisten meiner kommunistischen Reisegefährten dieser Jahre. Wer nicht versteht, daß aus dieser Summe individueller Großzügigkeit und Hingabe an die Sache der finsterste, mörderischste Massenwahn dieses Jahrhunderts hervorgegangen ist, wird nie das Geheimnis des Kommunismus begreifen können. Wird nie die Schattenseite der Sonne gesehen, nie von jener Milch, von jenem Honig menschlicher Brüderlichkeit gekostet haben, der in bürokratischer Versteinerung erstarrt ist. Wird nie die Trauer, ja die Sehnsucht verstehen, die diese barbarische, alle Hoffnungen zermalmende Epoche in den reinen – und daher naiven, wehrlosen, verletzlichen – Herzen so vieler Männer und Frauen meiner Generation hinterlassen hat. All dies ist vermutlich Vorgeschichte; vermutlich deute ich hier eine Archäologie der derzeitigen Orientierungslosigkeit an. Keine Zukunft wird je als gesellschaftliche, wirkliche Zukunft funktionieren können – das heißt im Rahmen unserer massendemokratischen und marktwirtschaftlichen Systeme, und nicht auf ein gesellschaftliches, messianisches Jenseits projiziert –, wenn man dieses grundlegende Abenteuer unseres Jahrhunderts nicht mit dem Brandmal einer aus unerbittlicher Zärtlichkeit geschmiedeten Erinnerung versieht. *Die Klarsicht ist die sonnennächste Wunde* ... So steht es bereits in René Chars *Hypnos.*

Wenigstens einmal habe ich meiner Reisegefährtin also von Napoleon erzählt. Ich nannte sie in einem kleinen Roman, *L'Evanouissement*, Eve. Ich werde sie auch weiterhin so nennen. Den Vornamen von Romanfiguren ist häufig mehr Dauerhaftigkeit beschieden als den wirklichen: Eve, für die vergängliche Unsterblichkeit der Literatur.

Sie hatte den Wagen – einen Citroën DS – mit sicherer und sanfter Hand bis auf die Anhöhe von Somosierra gelenkt. Gleichmäßig und ohne Zwischenfälle. Ich machte ihr ein Kompliment.

»Sehr gut«, sagte ich zu ihr. »Sie waren genauso schnell wie die polnischen Lanzenreiter. Aber es liegt ja kein Schnee heute!«

Sie legte einen anderen Gang ein. Die DS glitt über das Hochplateau von Somosierra und begann nun mit der Abfahrt nach Madrid.

»Wie bitte?« fragte sie.

»Erinnern Sie sich doch«, antwortete ich. »Napoleon hat die Paßhöhe mitten im Winter mit seinen polnischen Lanzenreitern in gestrecktem Galopp überrannt.«

Sie brach in ein Lachen aus.

»Eines ist sicher«, meinte sie, »Sie sind heute wirklich bei bester Laune!«

Zweifellos, und das war auch verständlich: ich kehrte in die Stadt meiner Kindheit zurück.

Beim ersten Mal, im Jahr 1953, war es nicht die Straße von Somosierra. Und ich hatte keinen Reisegefährten. Und auch keine Gefährtin. Ich war allein und reiste im Zug: das war weniger bequem und riskanter. Aber es war eben meine erste Reise. Gewissermaßen eine Initiationsreise. Ich mußte erst eine Bewährungsprobe ablegen, bevor ich als vollgültiges Mitglied der Parteizentrale im Untergrund aufgenommen werden konnte. Mußte mir erst als Instrukteur des spanischen Zentralkomitees meine Sporen verdienen. So hatte mir der Apparat dieses Mal, dieses erste Mal, auch keinen Paß zur Verfügung gestellt. Ich mußte ihn mir selbst beschaffen. Ich besorgte mir diesen Paß von einem engen Freund, Jacques Grador, dessen Alter und äußere Erscheinung ungefähr mit meinen übereinstimmten. Nachdem Grador vom spanischen Konsulat das damals erforderliche Touristenvisum erhalten hatte, brauchten in der Werkstatt, in der die gefälschten Ausweise hergestellt wurden, nur noch die Fotos ausgewechselt zu werden.

An Jacques Grador erinnerte ich mich Jahre später; es war 1977. Die Nobel-Akademie hatte ihren Literaturpreis soeben dem spanischen Dichter Vicente Aleixandre verliehen. 1953, bei meinem ersten Aufenthalt unter einem Decknamen in Madrid, hatte ich Aleixandre, den großen Dichter, den großen Mann des inneren Exils, besucht. Ich hatte ihn unter dem Namen Jacques Grador besucht. Ich hatte mich ihm gegenüber als ein französischer Hispanist ausgegeben, der gerade an einer Doktorarbeit über die spanische Dichtung des 20. Jahrhunderts arbeitete. Interessantes Thema für eine Doktorarbeit übrigens. Vicente Aleixandre bewohnte ein kleines Haus in einem vornehmen Wohnviertel am nördlichen Stadtrand. Die Straßen dort trugen die Namen von Bäumen und Blumen. Die, in der er wohnte, hieß »Wellingtonia«, bekanntlich eine andere Bezeichnung für den Mammut-baum. Unser Gespräch war, zumindest für mich, faszinierend. Zum Abschluß überreichte er mir einen Sonderdruck seiner Antrittsrede an der *Real Academia* mit persönlicher Widmung. Sie lautete natürlich auf den Namen Jacques Grador. An ihn mußte ich also Jahre später denken, als Vicente Aleixandre den Nobelpreis für Literatur erhielt. Eine nostalgische Erinnerung, da Grador zu dieser Zeit bereits tot war. Er war im Sommer vor Pampelonne weit ins Meer hinausgeschwommen und plötzlich wie ein Stein untergegangen. Also genau das, was man einen schönen Tod nennt, man fragt sich, warum. Im Grunde weiß man aber, warum: es ist die Plötzlichkeit des Todes, die als schön empfunden wird. Das Häßliche am Tod ist das Langwierige an ihm, das Sterben als Verwesungsprozeß. Der plötzliche, blitzartige Tod wird immer willkommen sein. Man lebte gerade noch – zum Beispiel im angenehm warmen und klaren Wasser des Mittelmeeres schwimmend –, und plötzlich ist man tot. Oder hat vielmehr aufgehört zu sein. Kein schmerzhafter Übergang, kein allmähliches Hinscheiden. Der Tod war der letzte Augenblick des Lebens, gewissermaßen die Erfüllung der Bewegung des Lebens, eines Schwimmens, das geschickt zwischen Meeresströmungen laviert.

Es ist mir jedenfalls nicht möglich gewesen, mit Jacques Grador über den Nobelpreis jenes spanischen Dichters zu sprechen, der ihm viele Jahre zuvor einen seiner Texte persönlich gewidmet hatte.

Vicente Aleixandre habe ich aber in seiner stillen und Wellingtonschen Straße – kein Mammutbaum in meiner Erinnerung: Berge von Blumen, ja; ein sommerlicher, betäubender Duft – erst am Tag nach meiner Ankunft besucht. Am ersten Abend hatte ich unter dem Namen Grador mein Hotelzimmer bezogen und war dann spazierengegangen. Es wurde Nacht, und ich ging wie in einem Wachtraum. Ich ging die Gran Vía bis zur Plaza de la Cibeles hinunter. Ich war angekommen. Es waren nur mehr einige hundert Meter bis zur Nummer 12 der Calle de Alfonso XI.

Aber je weiter ich ging, desto unkenntlicher wurde alles in der Landschaft meiner Kindheit. Vertraut zwar, aber unkenntlich. Vertraut wie ein Alptraum. Vertraut wie eine Angst. Vertraut wie die Unheimlichkeit der Welt.

Ich hatte in dieser Nacht zu den Balkonen des vierten Stocks der Calle de Alfonso XI emporgesehen. Ich bin mit schnellen Schritten die Wege von damals nachgegangen. Den kurzen Weg bis zum Eingang des Prado-Museums. Den Weg bis zur Kirche San Jerónimo, deren banale Architektur sich zwischen dem Museum und dem Retiro-Park erhebt. Den Weg bis zum monumentalen Eingangstor, durch das wir damals den Park immer betreten hatten, in der Verlängerung der Calle de la Lealtad, die inzwischen den Namen meines Großvaters Antonio Maura trägt.

Alle diese Wege öffneten sich vor mir, ich hätte sie mit geschlossenen Augen gehen können. Nichts hatte sich verändert, schien mir, aber ich erkannte nichts mehr wieder. Oder ich erkannte vielmehr alles wieder, aber alles war anders. Ich erkannte die Andersheit wieder, die Distanz, das Fragen und den Schmerz des Losgerissenseins.

Als ich in die Calle de Serrano kam, war mir nicht mehr zum Lachen zumute wie am Beginn meines verrückten Spaziergangs. Eine konfuse Verwirrung, eine Art Trägheit des Körpers und der Seele hatten mich ergriffen. Und in diesem Moment stach mir zu meiner Rechten das Schaufenster eines Ladens und dessen in der Nacht leuchtendes Reklameschild ins Auge: *La Gloria de las Medias*. Ich machte noch einige Schritte und blieb dann stehen, wieder glücklich: fröhlich.

Einige Sekunden zuvor war mir alles noch verwirrend, unproportioniert, bedeutungslos erschienen. Der insgeheim ersehnte Augenblick, in dem Gedächtnis und Gegenwart einander ähneln und so siebzehn Jahre Exil und Heimatlosigkeit ungeschehen machen würden, dieser Augenblick hatte sich verflüchtigt, in Nichts aufgelöst: Das Gefühl, im Exil zu leben, war in den Straßen meiner Kindheit viel intensiver als in all den fremden Straßen, in denen ich seit meinem Abschied von Spanien gelebt hatte. Ich hatte von einer Straße zur anderen, von der Plaza de la Cibeles bis zur dunklen Masse der Bäume des Retiro, dem einzigartigen Gefühl der Heimkehr nachgejagt, es hatte sich aber nicht einstellen wollen. Es hatte sich immer wieder verflüchtigt. Ich kehrte zwar in meine Kindheit zurück, und das war ungeheuer aufregend, war aber nicht heimgekehrt.

Und hier tauchte aus dem Dunkel der Nacht das Schaufenster dieser Kurzwarenhandlung vor mir auf, die ich völlig vergessen hatte, ihr Leuchtschild mit ihrem lächerlichen Namen, *La Gloria de las Medias*. Im Durcheinander der Jahre, der Kriege, des Exils, des ganzen Universums stellte die bizarre, wahrscheinlich ironische Beständigkeit dieser kleinen Kurzwarenhandlung und ihres pathetischen Namens, *Zum Ruhme der Strümpfe*, die einzige Verbindung mit einer Vergangenheit her, die vorbei oder zumindest ungreifbar geworden war. Sie war um so unwiderruflicher vorbei, als nur dieser Laden, nur dieser Name das unveränderliche und vergängliche Wesen der verflossenen Tage bewahrt hatten. Als ob mir gerade in dem Augenblick, in dem ich im Begriff stand, mich von neuem zu verirren und ein Fremder in meinem

Heimatland zu bleiben – warum hätte ich es eigentlich nicht sein sollen? Ist man nicht grundsätzlich fremd in der Welt? Ist dieses Fremdsein in der Welt nicht die verstörende Grundbedingung der Menschwerdung? –, als ob mir in diesem Augenblick das Auftauchen dieser Kurzwarenhandlung, ihre bescheidene und hartnäckige Beständigkeit nicht nur erlaubt hätten, meine Erinnerungen zu fixieren, sondern auch paradoxerweise und auf den ersten, möglicherweise trügerischen Blick die Wurzeln jener grundlegenden Heimatlosigkeit freizulegen, die mich zu einer Figur meines eigenen Lebens gemacht hat.

Damals, als Eve am Steuer der DS die Paßhöhe von Somosierra erreicht hatte, sagte ich aber kein Wort über diesen ersten Abend in Madrid im Juni 1953. Ich habe ihr weder von *La Gloria de las Medias* noch von den metaphysischen Betrachtungen über die wesenhafte Entwurzelung des Menschen erzählt, die der Name der Kurzwarenhandlung in mir ausgelöst hatte. Je weniger biographische Details man bei einer illegalen Reise seiner Begleiterin preisgibt, desto besser. Ich habe ihr auch nicht von Emmanuel Lévinas erzählt, der kurz zuvor einen kurzen und dichten Text, *Heidegger, Gagarine et nous*, veröffentlicht hatte – das war 1961 in *L'Information juive*: das Erscheinungsjahr dieses Artikels erlaubt mir, meine Reise mit Eve zu datieren –, in dem er die Kunstgriffe und die Absurdität der Metaphysik des *Ortes* und der *Verwurzelung* meisterhaft herausarbeitet. Die Herkunft dieses von einer Abscheu vor der Technik beherrschten ökologischen Integrismus – der sich in Frankreich merkwürdigerweise ein linkes Mäntelchen umgehängt hat – ist bekannt: Im Hintergrund ist die alte

Leier von Martin Heideggers *Seinsvergessenheit* deutlich vernehmbar.

Ein Satz von Lévinas ist in meinem Gedächtnis hängen geblieben, ich hätte ihn Eve notfalls auch zitieren können: »Die Technik entreißt uns der Welt Heideggers und dem Aberglauben des *Ortes*. Damit tut sich uns eine Chance auf: die Menschen außerhalb der Situation zu betrachten, in der sie stecken, das Antlitz des Menschen in seiner Nacktheit aufleuchten zu lassen. Sokrates zog dem Land und den Bäumen die Stadt vor, in der man anderen Menschen begegnet. Das Judentum ist der Bruder der sokratischen Botschaft . . .«

Ich war und bin kein Fachmann für das Judentum. Deshalb hätte ich Eve gegenüber auf dieses Thema auch nicht weiter eingehen können. Es ist aber unschwer zu erkennen, welch schwindelerregende Perspektive quer durch das Feld des philosophischen Wissens sich eröffnet, sobald man sich dazu entschließt, »die Menschen außerhalb der Situation zu betrachten, in der sie stecken«. Das heißt außerhalb der Situation, in die sie von der zeitgenössischen Philosophie im Kostüm dieser oder jener Begrifflichkeit gesteckt worden sind. Man sollte sich einmal mit Avenarius und seiner Theorie der als notwendiges Korrelat des Ichs konzipierten »Umgebung« auseinandersetzen, mit jenen seiner Schriften, die bei Lenin zu infantilen und groben Wutausbrüchen geführt haben, aber doch allmählich in viele spätere Theorien einsickerten und so beträchtliche, wenn auch unauffällige Auswirkungen nach sich zogen, ohne erkennbare Spuren zu hinterlassen, wie ein alkoholisches Getränk, das verdunstet, nachdem es die Gäste des Banketts berauscht hat.

Ich hätte Ortegas *circunstantia*, Husserls *Intentionalität* oder das *In-der-Welt-Sein* Heideggers und Sartres zitieren können.

Ich habe aber nichts von all dem zitiert. Schon deshalb nicht, weil ich nicht wußte, wie Eve derartige philosophische Abschweifungen aufnehmen würde. Möglicherweise hätte sie mich für aufdringlich und eingebildet gehalten. Oder »chiant«, zum Kotzen, um es auf gut Französisch zu sagen, mit einem Wort jener Sprache, die mir mit der Zeit in Fleisch und Blut übergegangen, zu etwas Natürlichem geworden ist. Das heißt: in der sich mein Fremdsein in der Welt, in den Vaterländern – Mutterländern? Vater-Mutterländern? –, mein verzweifelter, aber überlegter Versuch auf natürliche Weise ausdrückt, im schillernden und grausamen Universum der Sprache zu leben.

Ich habe Eve nichts von Richard Avenarius, nichts von seiner *Kritik der reinen Erfahrung* erzählt; ich habe weder Ortega y Gasset noch Husserl, noch Heidegger oder Sartre erwähnt. Ich habe nicht einmal Mirabeau erwähnt – ja ihn, Honoré Gabriel Riqueti, Comte de Mirabeau –, der mir eher hätte einfallen können als die Obengenannten, weil er ein Zeitgenosse jenes Napoleon Bonaparte war, über den wir kurz zuvor gesprochen hatten. Und weil er einige bewundernswerte Worte über jene wesenhafte Wurzellosigkeit des Menschen gesagt hat, die das Menschsein ausmacht. Das war am 28. Februar 1791 in der Nationalversammlung, anläßlich einer Debatte über die Emigration. »Der Mensch schlägt in der Erde keine Wurzeln; er ist mit dem Boden nicht verwachsen. Der Mensch ist kein Feld, keine Wiese, kein Vieh; daher wird er auch nie Eigentum sein können. Der Mensch hat die innere Empfindung dieser heiligen Wahrheiten; daher wird man ihn nicht davon überzeugen können, daß seine Herren das Recht haben, ihn an die Scholle zu ketten . . .«

Das Losreißen von der Scholle, das Ende der Heima-

ten und der heiligen Haine ist zweifellos eine der Grund-
bedingungen der Moderne. Eine der Quellen der demokratischen Vernunft.

Ich habe Eve gegenüber die Rede Mirabeaus zwar
nicht erwähnt, kam dafür aber wieder auf Napoleon zurück: das gefiel ihr.

Wir fuhren nun bergab und näherten uns Madrid. Napoleons Armee hatte eineinhalb Jahrhunderte zuvor
denselben Weg genommen, mit der polnischen Kavallerie als Vorhut. Am Stadtrand angelangt, schlug der Kaiser sein Hauptquartier in einem Schloß des Fürsten Infantado auf. Diese damals ländliche Gegend ist inzwischen von der Stadt verschlungen worden. Heute erhebt
sich dort, wo früher das Dorf Chamartín stand, inmitten
neu errichteter Stadtviertel das Bernabeu-Stadion, ein
Wallfahrtsort des europäischen Fußballs. Im Schloß der
Infantados wartete Napoleon die Antwort Madrids auf
die von ihm geforderte Waffenübergabe ab und diktierte
und unterschrieb schon in der ersten Nacht nach seiner
Ankunft vier Dekrete, die Spanien in ein modernes Land
verwandelten. Die zumindest diese Möglichkeit eröffne-
ten. Ein Dekret, mit dem das Inquisitionstribunal abgeschafft wurde. Ein weiteres, mit dem das Überhandneh-
men religiöser Orden eingedämmt und ihre Aktivitäten
reglementiert wurden. Ein drittes Dekret über die Abschaffung sämtlicher feudaler Privilegien. Und ein letztes, das alle im Land bestehenden Zollschranken besei-
tigte und damit die Voraussetzungen für eine Marktwirtschaft schuf.

Entscheidungen und Dekrete, auf die Spanien gewartet, die es dringend nötig hatte. Die Texte Napoleons
greifen übrigens – in jenem bündigen, kartesianischen
Stil, in dem die Gesetzbücher des Kaisers abgefaßt sind –
die Bestrebungen und Programme der spanischen Auf-

klärer auf und präzisieren sie. Diese Dekrete blieben jedoch wirkungslos, da sie von einem Eroberer erlassen worden sind. Die in Cadix zusammengetretene verfassungsgebende Versammlung gelangte ihrerseits in stürmischen Debatten, die sich über mehrere Jahre hinzogen, genau zu den Beschlüssen, die ihr Todfeind Napoleon in einer einzigen Nacht gefaßt hatte. Aber auch dies erwies sich letzten Endes als vergeblich. Ferdinand von Bourbon, der siebente seines Namens, setzte, kaum auf seinen Thron zurückgekehrt, den er dem Widerstand einer Volksguerilla verdankte, die Verfassung außer Kraft und warf die Liberalen ins Gefängnis. Und setzte die Monarchie von Gottes Gnaden und das Inquisitionstribunal wieder in ihre angestammten Rechte ein.

Spaniens Eintritt in die Moderne vollzog sich alles andere als reibungslos. Es bedurfte dazu eines Jahrhunderts von Bürgerkriegen. Und er fand – was später die Sicht der spanischen Linken trüben sollte – erst unter dem Regime der Franco-Diktatur statt. Natürlich in krassem Gegensatz zu ihren Grundprinzipien. Aber unter der Vorherrschaft jener Gesellschaftsschichten, die ursprünglich eine ihrer Stützen gebildet hatten. Und im wesentlichen, um es nochmals zu sagen, dank den Erfordernissen der europäischen und der Weltwirtschaft sowie der unvermeidlichen Tatsache, daß sich das autarke Spanien ab 1959, in der Endphase der Diktatur also, dem Außenhandel öffnen mußte.

Meiner Reisegefährtin, meiner ernsten und sanften Eve, erzählte ich aber nicht nur von den napoleonischen und daher gescheiterten Anfängen der Moderne in Spanien. Um sie zu schockieren oder zumindest ihre puritanische Ruhe ein wenig zu erschüttern, deren unleugbare Anzeichen ich bereits wahrgenommen zu haben glaubte, um sie, mit einem Wort, zu provozieren, erzählte ich ihr auch von den sexuellen Eskapaden und Fiaskos des Kaisers während seines Aufenthalts im Schloß des Fürsten Infantado, wenigstens in der Fassung, die Constant, sein treuer Kammerdiener, in seinen *Mémoires* festgehalten hat.

So unterhielten wir uns bis zu unserer Ankunft in Madrid eine Stunde später. Und es stimmt, daß ich an diesem Tag bei bester Laune war. Wie an all den Tagen dieser Jahre, an denen ich in die Stadt meiner Kindheit zurückkehrte.

Jahre später stand ich auf der Freitreppe des Moncloa-Palastes, und der Regierungschef, Felipe González, rief in mir die Erinnerung an das Phantom von Federico Sánchez wach.

Es war Mitternacht, und ein kühler Hauch bewegte sanft das Laub der Bäume im Park.

Ich hatte Felipe González im Herbst 1975 kennengelernt.

Zu dieser Zeit war Federico Sánchez bereits tot: ich hatte ihn jedenfalls für meinen Teil vergessen. General Franco hingegen war immer noch am Leben. Er lag, genauer gesagt, immer noch im Sterben. Aber der Todeskampf ist ja bekanntlich eine der Formen des Lebens. General Franco wurde seit Ende Oktober künstlich am Leben gehalten. Es gab keinerlei Aussicht auf Heilung oder zumindest Besserung seines Zustands. Seine Verwandten und die Camarilla verlängerten das Leben des Diktators in der verzweifelten Hoffnung, damit auch seine Herrschaft verlängern zu können. Der Tod, der Tod anderer, war zeitlebens das Metier dieses kleinwüchsigen, dicklichen Mannes mit der weibischen Stimme gewesen; und er blieb es bis zum Schluß: ein wahrer Meister seines Fachs.

Einige Wochen vor dem letzten Herzanfall, der seine lange Agonie einleitete, hatte General Franco noch mehrere Todesurteile unterzeichnet. Er hatte mehrere Oppositionelle hinrichten lassen. Das einzige Außergewöhnliche an diesem zu kurz geratenen, dicklichen, mittelmäßigen und farblosen General mit der Kastratenstimme, der Spanien vierzig Jahre lang regiert hat, war seine unerbittliche Kaltherzigkeit, seine fast unpersönliche, sozusagen unparteiische Grausamkeit fern aller sadistischen Exzesse, ausschließlich dazu bestimmt, die Fundamente seiner Herrschaft zu festigen. Außergewöhnlich an ihm war nur die Gefühllosigkeit seines Umgangs mit Menschen, seine Fähigkeit, ihnen zu schmeicheln oder sie zu vernichten, je nach den wechselnden Erfordernissen der Machterhaltung. Von den Feldzügen in Afrika an der Spitze der Fremdenlegion bis zu den letzten Hinrichtungen seiner endlosen Herrschaft hat General Franco den Tod der anderen leidenschaftslos und glanzlos verwaltet: mit der unerbittlichen Geduld des Routiniers.

Seit dem Oktober 1975 ging es aber darum, den eigenen Tod zu verwalten. Er selbst, in ununterbrochener Intensivbehandlung, von den Medikamenten abgestumpft und in ein dumpfes Koma gefallen, war dazu ganz offensichtlich nicht mehr fähig. Die Camarilla kümmerte sich darum. Sie verwaltete den Tod des Generalissimus als ein erbauliches Schauspiel der Grausamkeit. Der charakteristische Stil des Franco-Regimes – eine Mischung aus gespreiztem Begräbniszeremoniell, imperialer Rhetorik und Kitsch – prägte die langen Wochen seines Todeskampfes. Die Kommuniqués der Ärzte, die Äußerungen seiner Verwandten oder Schmeichler, die der Presse und dem Fernsehen zugespielten Bilder, all dies verbreitete in der Gesellschaft ein diffuses Grauen: den widerlichen Geruch einer pseudosakralen, lähmenden Verwesung.

In diesen Tagen wurde mir auch klar, daß die unterirdische Basilika des Valle de los Caídos die einzige architektonische Hinterlassenschaft des Franco-Regimes sein würde. In der der Generalissimus übrigens beerdigt oder, besser gesagt, in Stein gebettet wurde. Diese von Kommandos politischer Gefangener in den Granit der Sierra nördlich von Madrid gehauene, von einem monumentalen Kreuz, das seine Rabenflügel weit über die Landschaft breitet, überragte Basilika, eine üppig ausgeschmückte sakrosankte Höhle, deren Überladenheit einem ganz bestimmten spanischen Flamboyantstil ent-

spricht – Marmor, Goldverzierungen, Porphyr, verzerrte Profile –, ist wahrscheinlich das einzige Monu-
ment der Franco-Diktatur, in dem so etwas wie Maßlosigkeit zum Ausdruck kommt. Im Unterschied zum
offiziellen Stil der anderen totalitären Systeme in Europa, die von Bombast und Gigantismus geprägt waren,
zeichnete sich der des Franquismus einzig und allein
durch die platte Mittelmäßigkeit seiner Imitation des Es-
corial-Stils aus. Mit Ausnahme allerdings dieser unterirdischen und völlig überladenen Basilika, die dazu bestimmt war, die Herrschaft des Todes über das kollektive
Bewußtsein der Spanier zu verewigen.

Madrid war in diesen Tagen, als General Franco im
Sterben lag, seltsam ruhig. Die Stadt schien ihren Atem
anzuhalten. Sie erlebte diesen Todeskampf passiv, in einer schleichenden, verinnerlichten Panik, von einer selt-
samen masochistischen Wollust erfüllt. Es war allen klar
– allen außer den Führern der Kommunistischen Partei,
die einmal mehr zu Massenkundgebungen aufriefen –,
daß niemand etwas unternehmen würde. Als ob sich die
Lähmung, die den Körper des Diktators ergriffen hatte,
allmählich auf die ganze Stadt ausgebreitet hätte. Madrid war in diesen Tagen eine Hauptstadt mit einigen
Millionen lebender Leichname. Die Leiche Francos wu-
cherte wie ein Krebsherd weiter und verbreitete ihre er-
bärmlichen Metastasen über die ganze Stadt.

Millionen Madrider, die von diesem Tod nur scheinbar gelähmt waren, hatten aber eine Flasche Champagner kalt gestellt. Ich sage Champagner, meine aber den
spanischen Schaumwein, *champán*. Jedenfalls hatten sie
sich eine Flasche Sekt besorgt und kalt gestellt. Millionen
von Sektkorken müssen in einer Salve dumpfer Explo-
sionen geknallt haben, als sich die Nachricht vom offiziellen Tod General Francos verbreitete.

Einer der wenigen Spanier, die keinen Sekt tranken, weder allein noch mit ihrer Familie, war offenbar Felipe González. Er soll bei dieser Gelegenheit gesagt haben, er würde nie auf den Tod eines Menschen trinken, selbst wenn es sein schlimmster Feind wäre. Ich weiß nicht, ob diese Anekdote authentisch ist, halte sie aber für wahrscheinlich. Möglicherweise ist sie sogar symbolisch. Denn die Persönlichkeit von Felipe González war schon damals das exakte und entschiedene Gegenteil der fahlen Fratze des Franquismus. Sie drückte Lebenslust bis in die Wirren der Freiheit hinein aus, in krassem Gegensatz zur todesverliebten und verhängnisvollen Tradition des spanischen Autoritarismus.

Einige Zeit später sprach Felipe González anläßlich einer Reise in die Vereinigten Staaten einen Satz aus, der, wie ich glaube, für diese Eigenschaften seiner Persönlichkeit kennzeichnend ist. In seiner Antwort auf eine verfänglich gemeinte Frage über den *American way of life* erklärte er unumwunden: »Ich würde es vorziehen, in der New Yorker Untergrundbahn erstochen zu werden, als in der mittelmäßigen und bedrückenden Sicherheit der Straßen Moskaus leben zu müssen.« Damit distanzierte er sich zur großen, mehr oder weniger eingestandenen Empörung vieler, darunter auch mancher seiner politischen Freunde, von der unvermeidlichen anti-amerikanischen Suada der damaligen spanischen Linken. Vor allem aber bekräftigte er mit dieser Äußerung jene Freiheitsliebe, die ungeachtet aller Risiken bis heute seine politischen Entscheidungen geleitet hat und auch weiterhin leiten wird: der demokratische Sozialismus gegen den Kommunismus; die Marktwirtschaft gegen den staatlichen Dirigismus; die Zugehörigkeit zur Allianz der demokratischen Länder gegen den Isolationismus oder Neutralismus der Dritte-Welt-Bewegungen.

Im Juli 1988 standen wir also auf der Freitreppe des Moncloa-Palastes. Es war Mitternacht, ein kühler Hauch bewegte sanft das Laub der Bäume im Park. Felipe González hatte die Erinnerung an das Phantom von Federico Sánchez wachgerufen, ich erinnerte mich an die Phantome der Vergangenheit.

Ich hatte Felipe in Madrid kennengelernt, in den Tagen der endlosen Agonie des Diktators. Ich glaube mich erinnern zu können, daß die Initiative dieser Begegnung mit uns von ihm ausgegangen ist. Uns, das heißt einige Intellektuelle, die im Kampf gegen das Franco-Regime aktiv gewesen waren. Und die deshalb in der Untergrundorganisation jener Kommunistischen Partei mitgearbeitet hatten, aus der wir später einer nach dem anderen ausgeschlossen worden sind.

Der junge, dreiunddreißigjährige Mann, den ich an diesem Abend kennenlernte, hatte mich sofort interessiert: es gibt auch bei Männerfreundschaften so etwas wie Liebe auf den ersten Blick. Er war damals noch fast unbekannt. Wir wußten von ihm nur, daß er ein Jahr zuvor bei einem im Pariser Vorort Suresnes abgehaltenen Kongreß, auf dem sich der Aufstieg der jungen Garde um ihn und Alfonso Guerra, sein alter ego, wie es hieß, in die Parteileitung vollzog, zum Generalsekretär der Sozialistischen Partei gewählt worden war. Viel mehr wußten wir nicht.

Und dieser nahezu Unbekannte sollte zwei Jahre später, 1977, nach den ersten freien Wahlen, Chef der bei weitem stärksten Linkspartei werden, zur großen Überraschung und mitunter auch zur großen Empörung der meisten fortschrittlich denkenden Menschen in Europa, die auf Santiago Carrillo gesetzt hatten, den alten Bonzen, der sein Mäntelchen stets nach dem Wind hängte, den ehemaligen, skrupellosen und zur Vergeßlichkeit neigenden Funktionär der Komintern, der von einem Gutteil der europäischen Linken törichterweise – und Torheiten haben in der Politik einen hohen Preis – zum respektablen Aushängeschild eines runderneuerten Marxismus gemacht worden war, wie lächerlich! (Glücklicherweise gab es in der deutschen SPD einige Persönlichkeiten, darunter Willy Brandt, die die wahre Statur González' erkannt haben; die SPD war freilich schon lange zuvor, in Bad Godesberg nämlich, in die Realität zurückgekehrt.)

Sieben Jahre später sollte dieser immer noch jugendlich wirkende Mann zum ersten sozialistischen Regierungschef Spaniens seit dem Bürgerkrieg ernannt werden, und das für wenigstens vier Legislaturperioden – die drei ersten mit einer absoluten Parlamentsmehrheit; die vierte, die unmittelbar bevorsteht, wahrscheinlich mit einer relativen Mehrheit, die wohl ausreichen dürfte, um eine dynamische Koalition zurechtzuzimmern.

Ich hörte auf der Freitreppe der Moncloa Felipe González zu.

Ich erinnerte mich an den jungen Mann mit den zu langen Haaren und den Kordsamtsakkos, der sich 1975 aufgemacht hatte, die Herzen und Gehirne seiner Mitbürger zu erobern. Ich sagte mir, daß ich mit ihm zusammenarbeiten würde: der Gedanke begeisterte mich. Ich fragte mich, ob er sich inzwischen verändert hatte. Oder ob die Macht ihn verändert hatte. Daß er seinerseits die Macht, ihre Codes und ihren spezifisch spanischen Diskurs verändert hatte, stand außer Zweifel. Hatte aber die Macht nicht umgekehrt auch ihn verändert?

Es war Mitternacht auf der Freitreppe der Moncloa, und ich stellte mir gedankenverloren die Frage, ob Jaime Gil de Biendma, der große Dichter und mein Partner bei langen Spaziergängen und endlosen nächtlichen Diskussionen, dieses Mal nicht doch unrecht gehabt haben könnte. Er hatte in den letzten Versen eines seiner *Poemas morales*, die er noch unter Franco geschrieben hatte, prophezeit: »Von allen Geschichten unserer Geschichte / ist die von Spanien sicher die traurigste / weil sie schlecht ausgeht . . .«

Und wenn die Geschichte Spaniens dieses Mal doch einigermaßen gut ausgehen würde?

II
Von einer ersten Ministerratssitzung

Der stellvertretende Regierungspräsident Alfonso Guerra saß in seinem gewohnten Fauteuil. Oder vielmehr in dem Fauteuil, von dem ich später, im Lauf der folgenden Monate und Freitage erfahren sollte, daß es sich um sein gewohntes Fauteuil handelte; um das ihm vorbehaltene Fauteuil, sollte ich eher sagen. Niemand hätte auch nur im Traum daran gedacht, in ihm Platz zu nehmen, auch nicht in seiner Abwesenheit. Das konnte ich aber an jenem Tag im Juli 1988 – dem fünfzehnten, um genau zu sein – noch nicht wissen. Es war das erste Mal, daß ich am Ministerrat teilnahm, und ich hatte mich noch an nichts gewöhnen können, nicht einmal daran, daß ich anwesend war. Ich war mit den Riten, mit den offiziellen oder impliziten protokollarischen Gepflogenheiten noch nicht vertraut.

Es war zehn Minuten vor neun Uhr vormittags.

Die Ministerratssitzungen waren jeweils für Freitag um neun Uhr anberaumt, und ich bin immer gerne pünktlich gewesen. Das ist vielleicht weniger eine Frage des guten Geschmacks als der Selbstdisziplin. Selbst wenn ich Zuverlässigkeit in diesem Punkt nicht geschätzt hätte, wäre ich durch die Umstände zu ihr gezwungen gewesen. Weil ich in Ländern und Gesellschaften gelebt habe, in denen Pünktlichkeit eine der Grundvoraussetzungen des Zusammenlebens ist. Und auch der Zusammenarbeit. Vor allem aber deshalb, weil die langen Jahre meines Lebens in der Illegalität die Pünktlichkeit zu etwas werden ließen, das über ein bloßes Gebot der Höflichkeit hinausging: sie war eine Frage von Leben und Tod. Eine Angelegenheit guter Manieren, die für meine Sicherheit genauso wichtig war wie für die Sicherheit derer, die mit mir zusammenarbeiteten.

Dieser Hang zur Pünktlichkeit hat mir freilich während meiner Zeit als Minister nicht selten Streiche gespielt. Da ich zu offiziellen Terminen immer rechtzeitig eintreffen wollte, war ich oft viel zu früh dran. Ich traf einige Minuten vor denen ein, die mich hätten empfangen sollen. Das brachte die Verantwortlichen meiner Eskorte in Verlegenheit. Nicht nur aus Gründen der Sicherheit, sondern vor allem auch aus Prestigegründen. Auf mich hätte man warten sollen, sagten sie mir, nicht umgekehrt. Und sie hatten vom Standpunkt des Protokolls aus, jenem kleinen, heimtückischen, aber unbeugsamen Götzen staatlicher Behörden, zweifellos recht. Insbesondere in Spanien, wo die Tradition der Monarchie, überlagert von den gespreizten Zeremoniellen der Franco-Ära und zusätzlich kompliziert durch die neuen Legitimitätsansprüche der autonomen Regionalregierungen der Demokratie – es sind insgesamt siebzehn –, den Verantwortlichen manchmal viel Kopfzerbrechen um diese oder jene Sitzordnung oder dieses oder jenes prestigeträchtige Symbol bereitete.

Wie dem auch sei, ich habe jedenfalls aus einer persönlichen Vorliebe oder aus Selbstdisziplin die Angewohnheit, pünktlich zu sein. Um aber pünktlich sein zu können, muß man vor der Zeit da sein. An diesem Julimorgen, dem Tag meiner ersten Ministerratssitzung, traf ich also um zehn Minuten vor neun im Moncloa-Palast ein. Alfonso Guerra saß allein im Sitzungssaal im Erdgeschoß des Palastes.

Er hob den Kopf, beobachtete mein Eintreten.

Damals wurden die freitäglichen Sitzungen in einem Salon der Residenz des Regierungspräsidenten abgehalten, unmittelbar neben jener Säulenhalle, die einen Großteil des Erdgeschosses einnimmt und auf den Park und die Landschaft nordwestlich von Madrid hinausgeht. Erst später wurde im nicht-öffentlichen Bereich der Moncloa ein neues Gebäude eröffnet, in dem von da an die Versammlungen des Rates, die Arbeitssitzungen und die offiziellen Essen mit ausländischen Delegationen stattfanden. Die Räume dieses neuen, im großen und ganzen recht nüchtern gehaltenen Gebäudes schmückten Gemälde von Miró und Tápies, die anläßlich seines Besuchs in Madrid das Interesse und die Bewunderung Václav Havels erregten.

Die große Säulenhalle des Moncloa-Palastes war mir bereits vertraut. Ich hatte sie 1981 anläßlich eines langen Gesprächs mit Adolfo Suárez kennengelernt, jenem Mann, der die erste – und zweifellos riskanteste – Phase des Übergangs zur Demokratie geleitet hatte. Das Gespräch fand in einer kritischen Periode statt, kurz vor Suárez' plötzlichem Rücktritt. Also auch kurz vor dem gescheiterten Putschversuch gewisser Offiziere der Armee und der Guardia Civil.

Ich hatte mich nach dem Wahlsieg der Sozialistischen Partei im Oktober 1982 mehrmals – allerdings in recht unregelmäßigen Abständen – anläßlich persönlicher und informeller Gespräche mit Felipe González in die Moncloa begeben.

An diesem Julimorgen aber, mit dem diese Geschichte beginnt – dieses nächste Kapitel einer langen Geschichte –, war es Alfonso Guerra, der im Sitzungssaal saß, den Kopf hob und aufmerksam mein Eintreten beobachtete.

Wahrscheinlich werden heute, einige Jahre danach, in meiner Erinnerung die unmittelbaren Bilder und Eindrücke, die ich damals hatte, von nachträglichen überlagert. Sie bilden so ein gleichsam topisch strukturiertes

Ganzes, bei dem nur schwer zu unterscheiden ist, was ich bei dieser ersten Begegnung über Alfonso Guerra bereits wußte und was ich erst im Lauf der folgenden Jahre über ihn erfahren sollte. Wenn ich aber mit aller kühlen Objektivität, zu der ich fähig bin, darüber nachdenke, muß ich eingestehen, daß ich 1988 nicht besonders viel über Guerra wußte. Ich war ihm nur ein- oder zweimal begegnet, ohne mehr als einige Worte mit ihm zu wechseln. Ich wußte, daß er in den Kreisen, in denen ich während meiner Aufenthalte in Spanien verkehrte, sowohl blinde Bewunderer als auch erbitterte Feinde hatte. Er schien extreme Reaktionen förmlich herauszufordern. Und unter meinen engsten Freunden eher ablehnende Reaktionen. Entschieden und unwiderruflich ablehnende. Ich spreche hier natürlich von linken Intellektuellen- und Journalistenkreisen, da ich mit anderen, von einigen seltenen familiären oder gesellschaftlichen Anlässen abgesehen, kaum Kontakt hatte.

Eines war jedenfalls sicher. Das Selbstbild, das Guerra in den zahllosen, häufig recht langatmigen Interviews zu vermitteln suchte, die er den Zeitungen in regelmäßigen Abständen gewährte, ist mir immer unerträglich gewesen. Es war in meinen Augen durchtränkt von Selbstgefälligkeit, Größenwahn, einem kitschigen Intellektualismus und einem andalusischen Donjuanismus übelster Sorte (seitenlange Beschwörungen von Liebesnächten zu den Klängen Mahlers!). Es fiel einem allzu leicht – so leicht, daß in mir sofort Mißtrauen hochkam: die Maske, die Guerra zur Schau trug, die Persönlichkeit, die er zu sein vorgab, waren derart künstlich und übertrieben, daß sie eine obskure, vielleicht pathetische, vielleicht auch ganz einfach nichtssagende Wahrheit verbergen mußten – es fiel einem also allzu leicht, aus all dem eine grundlegende Unsicherheit, eine kindische Über-

heblichkeit abzuleiten und abzulesen: einen ganz offensichtlichen Mangel an geistiger Reife.

Sicher war aber auch, und um das festzustellen, bedurfte es keines engeren Umgangs mit ihm, daß Guerra
in seinen Händen eine beträchtliche Machtfülle versammelt hatte. Als Vizepräsident der Regierung und in dieser
Eigenschaft verantwortlich für die technische und administrative Koordination der Arbeit des Ministerrates,
als stellvertretender Generalsekretär der Sozialistischen
Partei und in dieser Eigenschaft auch Leiter der Parlamentsfraktion – die seit 1982 über eine absolute Mehrheit im Haus verfügte – und darüber hinaus auch der
Parteizentrale, hatte Guerra maßgeblichen Einfluß zwar
nicht auf die großen Optionen der politischen Strategie,
die Felipe González vorbehalten blieben, doch zumindest auf deren tagespolitische Umsetzung und Ab-
wicklung. Und damit auf die farblose oder glänzende
Wirklichkeit der Macht: Wählerlisten, Pfründe und Privilegien, Schlüsselpositionen in der zivilen Verwaltung.

Eines ist mir an den Gesprächen unter vier Augen, die
ich in den letzten Jahren mit Felipe González geführt
habe, im Lauf jener langen, einer zwanglosen Unterhaltung gewidmeten Abende, an denen es weder Vorbe-
halte, Verbote noch Tabus gab, oft aufgefallen: er hat
dabei nie über Alfonso Guerra gesprochen. Er hat nie
auch nur seinen Namen erwähnt. Obwohl jedem Beobachter der spanischen Politik völlig klar war, daß die Beziehung zwischen den beiden Männern, die von ihnen
gemeinsam getragene Verantwortung und ihre Arbeitsteilung die Grundlage jener außerordentlichen Macht-
position bildete, die von der absoluten Mehrheit der
Wähler gewünscht worden war, um die Konsolidierung
der spanischen Demokratie abzuschließen.

Ich komme aber auf diesen ersten Vormittag zurück

und möchte versuchen, meine unmittelbaren Eindrücke in ihrer ursprünglichen Frische wiederzugeben.

Die Einsamkeit Guerras im Sitzungssaal der Moncloa schien nicht zufällig zu sein. Er war nicht deshalb bereits anwesend, weil er in der Residenz des Regierungspräsidenten wohnte und daher bequem als erster eintreffen konnte. Es war vielmehr eine ostentatorische, dramatisierte Einsamkeit: sie war sorgfältig inszeniert. Sie war die bedeutungsschwangere Einsamkeit der Macht. Die Einsamkeit des Hirten, der über die Geschicke seiner noch schläfrigen Herde wacht. Seiner definitionsgemäß stets schläfrigen Herde. Er traf nicht deshalb als erster ein, weil er nur einige Schritte im Park der Moncloa zu machen brauchte. Er traf als erster ein, weil seine Rolle, seine Pflicht, seine Mission es verlangten: weil er der Erste im Schatten der Macht war.

Einige Monate später drückte Alfonso Guerra seine Sicht der Rolle, die er in der Umgebung von Felipe González, an der Spitze der Instanzen des Staates und der Sozialistischen Partei zu spielen vorgab, in einer Metapher aus. Er verglich die Machtzentrale in einem Interview für die italienische Zeitung *Il Messagero* – und eine freudianische Interpretation dieses Satzes ist wohl zulässig – mit einer Küche. »Ich bereite die Speisen zu«, sagte er, »und González würzt sie nach und tischt sie den Gästen auf.«

Am Freitag nach der Veröffentlichung dieser Äußerung – deren Arroganz und Vulgarität weiter zu kommentieren sich wohl erübrigt – nahm Guerra am Ministerrat nicht teil. Er befand sich gerade, wenn ich mich recht erinnere, auf Dienstreise irgendwo in Lateinamerika. Er war jedenfalls abwesend, aus welchem Grund auch immer. Im Lauf unserer morgendlichen Unterhaltung rund um eine Tasse Kaffee, als wir uns zu kleinen

Gesprächsgruppen zusammengefunden hatten und das Eintreffen Felipe González' und die formelle Eröffnung der Sitzung abwarteten, wandte ich mich an einige Minister aus dem Lager Guerras, die wie gewohnt miteinander plauderten.

»Richtet doch Alfonso aus, daß er gut beraten wäre, auf kulinarische Metaphern zu verzichten, wenn von der Macht die Rede ist«, warf ich ein. »Das ist vulgär und rechtfertigt außerdem die populistische Ablehnung der Politik . . .«

Daraufhin wandte ich mich an Justizminister Enrique Múgica, der dieser Gruppe angehörte und an den sich das Folgende in erster Linie richtete.

»Schließlich und endlich sind kulinarische Metaphern ja auch noch in einer anderen Hinsicht gefährlich . . . Erinnere dich doch an Lenin, Enrique . . . In einem seiner letzten Briefe an Trotzki hat er über Stalin bekanntlich folgendes gesagt: ›Ich frage mich, welche versalzene Suppe uns dieser seltsame Küchenmeister jetzt zubereitet!‹«

Múgica muß es völlig klar gewesen sein, warum ich gerade diese Anekdote zum besten gab, verzog aber keine Miene. Obwohl er damals noch mit mir gesprochen hat. Einige Zeit darauf weigerte er sich, mit mir auch nur ein Wort zu wechseln. Er hat sogar aufgehört, mich wahrzunehmen: ich war für ihn unsichtbar oder bestenfalls Luft geworden.

Ich hatte nämlich in der Affäre um Bestechung und illegale persönliche Bereicherung, deren ein Bruder des Vizepräsidenten beschuldigt worden war, öffentlich Stellung bezogen. Dieser andere Guerra, Juan mit Vornamen, der 1982, zum Zeitpunkt des sozialistischen Triumphs bei den Parlamentswahlen, noch Sozialhilfeempfänger gewesen war, war daraufhin in seiner Geburtsstadt Sevilla zu einer Art Sekretär oder Faktotum seines mächtigen Verwandten aufgestiegen, ohne daß genau in Erfahrung zu bringen war, in welcher Eigenschaft oder im Rahmen welcher Instanzen, denen der Partei oder denen der Regierung. Dieser Juan Guerra hatte jedenfalls die amtliche Dienststelle der von seinem Bruder geleiteten Regierungsvertretung in Sevilla in Beschlag genommen. Und aus diesem Posten, aus der Aura von Autorität und Einfluß, die ihm sein Name und die Benutzung dieser offiziellen Dienststelle verliehen, Nutzen geschlagen und im Lauf weniger Jahre ein beträchtliches Vermögen angehäuft.

Ich werde auf die Affäre Juan Guerra noch zurückkommen, da sie in mehrfacher Hinsicht emblematisch ist. Sobald die Zeit dafür reif ist, wird ihre Analyse die Fäden jenes Filzes aus Korruption, klientelistischen Praktiken und parteipolitischer Arroganz zu entwirren erlauben, der schließlich die Vormachtstellung der Sozialistischen Partei unterminiert hat.

Die Affäre Juan Guerra war aber auch in einer anderen Hinsicht aufschlußreich. In den drei Jahren, in denen ich Mitglied der Regierungsmannschaft von Felipe González war, hat dieser nur im Lauf dieser Affäre Reflexe von Voreingenommenheit gezeigt, anstatt als Staatsmann zu agieren. Es war das einzige Mal, daß ich an ihm einen Mangel an Klarsicht beobachten konnte, daß er sich in die unhaltbare Position des Oberhaupts einer Familie oder eines Clans verstrickte, während seine politische Vision gewöhnlich von einer weitblickenden und kompromißlosen Verfolgung des Allgemeininteresses geprägt war.

Ich möchte aber bis dahin – um nun wieder auf meine Beziehungen zu Justizminister Enrique Múgica und den anderen Guerristen der Regierung und der leitenden

Gremien der Sozialistischen Partei zurückzukommen – über dieses Thema nur mehr wenige Worte verlieren.

Als ich am 8. Mai 1990 von Mercedes Milá, einer der fähigsten Journalistinnen des spanischen Fernsehens, zur Affäre Guerra interviewt wurde

(plötzlich aufsteigende Erinnerung, berstende Bilder: Die Sendung von Mercedes Milá, *El Martes que viene*, bestand an diesem Abend aus zwei sehr unterschiedlichen Teilen; in der ersten Hälfte wurde ich interviewt, die zweite war einem Gespräch mit Luis Miguel Dominguín und seinem Sohn Miguel Bosé gewidmet. Ich hatte Luis Miguel seit vielen Jahren, seit dem Tod von Domingo Dominguín nicht mehr gesehen. Wir sind einander um den Hals gefallen. Wir haben sofort die Herzlichkeit von früher wiedergefunden: die Respektlosigkeit und den Enthusiasmus unseres damaligen Umgangs miteinander. Luis Miguel war älter geworden, ich war älter geworden. Miguel, der Sohn Lucia Bosés, das Kind, das ich damals, als ich unter dem Decknamen Agustín Larrea im Untergrund arbeitete, heranwachsen sah, dieser Miguel sah uns mit einem Lächeln an, in dem sich Zärtlichkeit und Gereiztheit mischten. Schließen wir die Klammer: vermeiden wir allzu langatmige Exkurse in die Erinnerungen, vor allem dann, wenn es sentimentale sind)

als ich also von Mercedes Milá zur Affäre Juan Guerra interviewt wurde, gab ich ihr eine Antwort, für die der gesunde Menschenverstand ausreichte. Aber gerade dieser gesunde Menschenverstand war damals allem Anschein nach dasjenige, was den leitenden Gremien des sozialistischen Apparats am meisten abging.

Ich hatte gesagt, daß in der Affäre Juan Guerra ein Zusammentreffen dreier Tatsachen vorlag, die, jede für sich genommen oder sogar jeweils zu zweit, unbedenklich gewesen wären und keinerlei Zweifel hätten aufkommen lassen. Drei unbestreitbare Tatsachen. Juan Guerra war erstens der Bruder des Vizepräsidenten der sozialistischen Regierung. Er hatte zweitens eine offizielle Dienststelle benutzt, die mit unklaren, aber repräsentativen Funktionen verbunden war. Und drittens hatte er sich persönlich bereichert, und das auf durchaus spektakuläre Weise. Es war das Zusammentreffen dieser drei Fakten, das untragbar war. Wenn der Bruder des Vizepräsidenten so schnell reich geworden wäre, ohne über ein offizielles Büro zu verfügen, wäre dies mehr oder weniger anstößig oder bewunderungswürdig, aber noch keineswegs strafbar gewesen. In einer Zeit marktwirtschaftlicher Expansion, in der die Mittelschichten zu Wohlstand gelangten und Geld zu einem für viele faszinierenden Wert wurde, gab es in Spanien nicht wenige Neureiche. Große Vermögen sind in diesem Jahrzehnt entstanden, und das mit durchaus ehrlichen und ehrenwerten Mitteln. Auch ohne Steuerbetrug und ohne Bestechung.

Man könnte auch ein anderes Gedankenexperiment wagen: das des Bruders des Vizepräsidenten, der einen offiziellen Posten in der Regierungsvertretung in Sevilla bekleidet, aber ohne daraus persönlichen Nutzen zu schlagen. Schließlich und endlich hatte sich dieser Juan Guerra ja für die Sozialistische Partei engagiert, es wäre daher übertrieben gewesen, ihm jegliche Mitarbeit im Apparat, noch dazu in derart untergeordneter Position, zu verweigern. Wer hätte daran etwas bemängeln können, wenn er nur von seinem Gehalt gelebt hätte?

Völlig untragbar, gab ich also Mercedes Milá zur Antwort, war hingegen das Zusammentreffen dieser drei Fakten: Bruder des Vizepräsidenten, Bekleidung eines offiziellen Postens sowie eine spektakuläre und vermutlich illegale Vermögensbildung.

Die Guerristen haben mir dieses Verbrechen der Majestätsbeleidigung eines ihrer Familienmitglieder nie verziehen. Die gegen Juan Guerra erhobenen Vorwürfe taten sie als üble Nachrede ab, die ausschließlich den Zwecken einer von Politik und Medien angezettelten Verschwörung gegen die regierende Linke diente. Jeder andere Standpunkt wurde von ihnen als Verrat betrachtet.

Seit damals hat der Justizminister kein einziges Mal mehr mit mir zu Abend gegessen, kein Wort mehr mit mir gewechselt, mich nicht einmal mehr zur Kenntnis genommen: ich habe in seinen Augen zu existieren aufgehört. Im Vorzimmer des Ministerrats ging er gesenkten Blicks an mir vorbei. Obwohl er mein ältester Freund in der Regierung von Felipe González war.

Ich war Enrique Múgica zum ersten Mal 1953 in San Sebastián gegen Ende meiner ersten illegalen Reise nach Spanien begegnet. Er war damals ein umtriebiger und rebellischer Jurastudent mit einer üppigen politischen Phantasie, ein kompromißloser Gegner der Franco-Diktatur. Ich hatte ihn über Vermittlung des Dichters Gabriel Celaya kennengelernt und für die Untergrundorganisation der Kommunistischen Partei, in der er bald darauf eine wichtige Rolle spielen sollte, angeworben. Múgica hatte jedenfalls als Bonvivant, als Kenner der Weltliteratur, der die geistigen wie die irdischen Genüsse gleichermaßen zu schätzen wußte und auch über persönlichen Mut verfügte (er wurde mehrmals verhaftet und verbrachte lange Monate in den franquistischen Gefängnissen), ein unbestreitbares politisches Temperament unter Beweis gestellt.

Zu Beginn der sechziger Jahre hatte er mir aus dem Gefängnis von Burgos einen persönlichen Brief zukommen lassen, in dem er mir seinen Entschluß mitteilte, die

Kommunistische Partei zu verlassen und sich für den demokratischen Sozialismus zu engagieren. Eine zu dieser Zeit recht wagemutige Entscheidung, die aber den strategischen Weitblick Múgicas zeigt. Die Sozialistische Partei verfügte damals noch über recht wenig Einfluß und genoß allenfalls bei den engagiertesten Gruppen des antifranquistischen Widerstands ein unsicheres Prestige. Für die jungen Intellektuellen aus den Mittelschichten war es eher die Kommunistische Partei, von der eine Aura von Effizienz, weltanschaulicher Kohärenz und bedingungsloser Einsatzbereitschaft ausging. Ich war daran nicht unbeteiligt gewesen. Die Tatsache, daß Enrique Múgica dem Kommunismus untreu geworden war, konnte mich aber nicht sonderlich betrüben oder beunruhigen: ich war genau zur selben Zeit im Begriff, mich aus der Partei ausschließen zu lassen.

Der Mann, dem ich 1988 in der Regierung wiederbegegnet bin, hatte sich merklich verändert. Der Bonvivant hatte sich in einen Lebemann verwandelt. Der Aktivist war zu einem Mann des Apparates geworden, der eine Schwäche für alles Pompöse hatte. Sein einstiger Mut war einer übervorsichtigen und fiebrigen Zaghaftigkeit gewichen. Sein Sinn für Offenheit und Konsens war zu einem bloßen, obendrein häufig unangebrachten Opportunismus verkommen. Von seiner Erziehung und seiner Sensibilität her ursprünglich dem sozialdemokratischen Flügel des PSOE nahestehend, hat sich Múgica schließlich von jenem guerristischen Apparat völlig vereinnahmen lassen, dessen populistischer linker Diskurs eine autoritäre und klientelistische Praxis ohne strategische oder ethische Grundsätze verbrämte und kaschierte, deren Funktion lediglich darin zu bestehen schien, für Posten und Pfründe zu sorgen.

Múgica hatte also an jenem Freitag die Anekdote um

die allzu würzfreudige Kochkunst Stalins nur allzugut verstanden. Er hat aber nicht darauf reagiert. Wahrscheinlich dachte er gerade an die Vorteile, die es ihm einbringen – oder nicht einbringen – könnte, wenn er meine Worte persönlich Alfonso Guerra überbrächte, um sich von ihnen zu distanzieren.

Jedenfalls entschloß sich nach meiner öffentlichen Stellungnahme zur Affäre um seinen Bruder auch der Vizepräsident dazu, nicht mehr mit mir zu sprechen, ja mich nicht einmal mehr zur Kenntnis zu nehmen.

Alfonso Guerra betrat also als erster die Säulenhalle der Moncloa, weil er sich als Erster verstand und wollte, daß auch seine Umgebung daran glaubte. Er setzte sich an seinen angestammten Platz, und ein dienstfertiger Butler in blütenweißer Weste brachte ihm sein Frühstückstablett. Seinen Orangensaft, seinen Milchkaffee, seine Kekse. Guerra hat sich dem für alle Anwesenden bestimmten, gemeinsamen Tisch nie auch nur genähert, an dem wir, die gewöhnlichen, sterblichen Minister, uns nach unserem Eintreffen selbst eine Tasse Kaffee oder etwas anderes servierten. Ich habe nie erlebt, daß sich Guerra vor der Eröffnung der Sitzung aus seinem Vizepräsidenten-Fauteuil erhoben hätte. Er blickte auf, beobachtete, registrierte. Die durchtrieben wirkende Beweglichkeit seines Halses und seiner hageren Gesichtszüge hinter kreisrunden, dicken Brillengläsern erinnerte mich in diesen Tagen an eine dressierte Klapperschlange auf der Lauer.

Von seinem Beobachtungsposten aus begrüßte er manche der Eintretenden mit einer knappen Geste. Andere näherten sich ihm, um ihm über etwas Bericht zu erstatten oder ihm zu huldigen, wobei sie sich über sein Fauteuil beugten, wenn sie ihm irgendeine Information zuflüsterten oder seine Meinung einholten. Manchmal, und das galt in besonderer Weise für den bereits erwähnten Justizminister und für Matilde Fernández, Ministerin für soziale Angelegenheiten, knieten sich die Bittsteller tatsächlich vor der Armlehne von Guerras Fauteuil nieder, als ob sie zur Beichte gingen.

Über diese Bewegungslosigkeit hinaus, die gewissermaßen den diskreten Zentralismus seiner Macht symbolisierte – und die in einem deutlichen Gegensatz zur Mobilität aller anderen, Felipe González inbegriffen, stand, die vor der offiziellen Eröffnung der Sitzung hin und her gingen, Informationen austauschten oder die laufenden Geschäfte besprachen –, bezog die von Alfonso Guerra betriebene Inszenierung seiner Erscheinung und seines Scheins den kunstvollen Einsatz bestimmter Requisiten ein: insbesondere von Akten und Büchern.

Er entnahm seiner Aktentasche, die ihn überallhin begleitete, irgendein umfängliches Aktenbündel, das er durchblätterte und mit Anmerkungen versah, ohne sich vom Geplauder in seiner Umgebung ablenken zu lassen. Dadurch demonstrierte er das Gegenteil dessen, was er wahrscheinlich beweisen wollte, und verriet die infantilen Züge seines Charakters. Schließlich war das Vorzimmer des Sitzungssaals der für das Studium wichtiger Dokumente wohl am wenigsten geeignete Ort. Sofern diese Akten etwas mit der unmittelbar darauf beginnenden Sitzung zu tun hatten, wäre es auf jeden Fall zu spät, viel zu spät gewesen, um sich in sie einzuarbeiten. Bestand dieser Zusammenhang aber nicht, dann waren sie in keiner Weise dringend, und jede andere Gelegenheit wäre wohl geeigneter gewesen, um sich mit ihnen vertraut zu machen.

Ganz offensichtlich sah sich Alfonso Guerra mitten in einer Vorführung: er spielte die Rolle des fleißigen und strengen Staatsmannes. Er setzte sich in Positur. Im großen und ganzen verwechselte er den Ministerrat mit einer jener studentischen Theatergruppen, die er in seiner wilden Jugend geleitet hatte.

Er benutzte aber nicht nur diese Aktenbündel als Requisiten seiner Inszenierung der Freitagvormittage. Auch Bücher. Selbst dann, wenn er sich den Anschein gab, ein Dossier zu studieren, legte Guerra ostentativ ein aufgeschlagenes Buch mit dem Rücken nach oben auf die Armlehne seines Fauteuils, so daß man seinen Titel ablesen konnte. Es handelte sich dabei niemals um Literatur.

Sehr rasch konnte ich mich davon überzeugen, daß der Vizepräsident eine systematische Vorliebe für die – an ihren silbernen Umschlägen leicht erkennbaren – Bändchen der wissenschaftlichen Reihe hatte, die Jorge Wagensberg bei Tusquets Editores herausgibt.

Er muß wohl geglaubt haben, daß ihm diese zur Schau gestellten Lektüren den Ruf eines echten Intellektuellen eintragen würden, der sich lediglich aus Pflichtbewußtsein und Selbstlosigkeit in die Niederungen der Politik herabgelassen hat. Dies ist zumindest das Image, an dem er im Lauf der Jahre, persönlicher Gespräche und Interviews mit Journalisten fleißig gearbeitet hat.

Eine Anekdote soll zeigen, wie systematisch Alfonso Guerra diese Strategie verfolgt hat. Zwei Jahre nach diesem Julimorgen, von dem ich hier mehr oder weniger ausführlich berichte, an einem Tag, den ich nicht mehr exakt datieren kann – es muß aber ein Mittwoch gewesen sein, der Tag, an dem die alle vierzehn Tage abgehaltene Sitzung der Generalsekretäre der verschiedenen Ressorts stattfand, in der unter Guerras Vorsitz bestimmte Sachfragen für den freitäglichen Ministerrat aufbereitet wurden –, teilte mir meine Kabinettsdirektorin Juby Bustamante mit, daß der Vizepräsident kurz zuvor in dieser Sitzung den Anwesenden ein Buch wärmstens empfohlen habe. Ich unterbrach sie. »Wahrscheinlich *Sobre la imaginación científica*«, meinte ich, »ein kürzlich erschienener Sammelband.« Sie starrte mich mit offenem Mund an. Es handelte sich tatsächlich um dieses Buch. Wie hatte ich es erraten? Ganz einfach: es war der letzte Titel, der in der Reihe von Tusquets erschienen war.

Nachdem sich Guerra im Januar 1991 gezwungen sah, von seinem Posten zurückzutreten, blieb sein gewohntes Fauteuil sowohl im Sitzungssaal des Ministerrats als auch im angrenzenden Vorzimmer lange Zeit unbesetzt.

Anders verhielt es sich hingegen auf der Regierungsbank im Abgeordnetenkongreß. Hier hatten sich die Reihen, wie Hunderttausende Spanier im Fernsehen feststellen konnten, unverzüglich geschlossen. Außenminister Francisco Fernández Ordóñez hatte den leeren Sitzplatz unmittelbar neben dem Präsidenten eingenommen: es war kein symbolisches Machtvakuum zu erkennen. Alfonso Guerra, der wieder zu einem einfachen Parlamentarier geworden war, hatte sich seinerseits im Halbrund unter den Abgeordneten der sozialistischen Fraktion niedergelassen. Diese erste Sitzung nach seiner Rückkehr in die Kammer widmete er ostentativ (wieder dieser Hang zu prestigeträchtigen Selbstinszenierungen!) dem vorgetäuschten Studium einer Musikpartitur, als Zeichen seiner olympischen Verachtung für eine so banale Belanglosigkeit wie eine Versammlung von Volksvertretern.

In der Moncloa, fernab aller Fernsehkameras, im Schatten und in der Verborgenheit der Macht, blieb Guerras Fauteuil hingegen leer. Wer hatte diese Entscheidung getroffen? Ohne es wirklich beweisen zu können, bin ich davon überzeugt, daß Felipe González keine diesbezügliche Anordnung getroffen hat. Er hat höchstwahrscheinlich auch nicht gefordert, man möge dieses verflixte Fauteuil entfernen. Das sind Details, um die er sich nur wenig kümmert, da sich sein Umgang mit der Macht – der zu differenziert und eigenständig ist, als daß er sich mit derartigen Bagatellen abgäbe – nicht mit Fragen der Liturgie oder der Sitzordnung belastet.

Felipe González hat jedenfalls nie die Notwendigkeit empfunden, im Kreis seiner Minister den erzwungenen

Rücktritt Guerras zu kommentieren – ein immerhin einschneidendes Ereignis der spanischen Politik, nach einem Jahrzehnt einer Vormachtstellung, für die die Positionen und Rollen der beiden Männer von ausschlaggebender Bedeutung waren. Vielleicht hat es ihm auch insgeheim nicht mißfallen, uns durch die befremdliche Präsenz dieses leeren Fauteuil an diesen Rücktritt zu erinnern. Es blieb uns überlassen herauszufinden, was dies bedeutete.

Von einem für seine Scharfzüngigkeit berüchtigten Minister stammt die Unterstellung, Felipe González habe die Sitzordnung im Ministerrat deshalb nicht verändern lassen, um nicht Justizminister Enrique Múgica als unmittelbaren Nachbarn haben zu müssen. Das Protokoll sieht vor, daß der Justizminister rechts vom Vizepräsidenten sitzt. Da dieser nun verschwunden war, wäre Múgica direkt neben dem Präsidenten gesessen, wenn man das leere Fauteuil entfernt hätte. So daß Felipe González selbst die ständigen Kommentare und Scherze hätte ertragen müssen, die dieser zuvor Guerra ins Ohr geflüstert hatte.

Trotz seiner prinzipiellen Glaubhaftigkeit halte ich dieses Gerücht für unwahr. Ich glaube, daß Felipe González imstande ist, einen lästigen Sitznachbarn unendlich lange zu ertragen, sofern dies die politische Konjunktur, die Kompromisse und Gleichgewichte der Macht erfordern. Ich neige eher zur Annahme, daß die Beibehaltung von Alfonso Guerras leerem Fauteuil von niemandem ausdrücklich angeordnet wurde. Daß es im Verwaltungsapparat der Regierung niemand gewagt hat, eine derartige Entscheidung zu treffen. Die hohen Beamten, die ihm angehörten, entstammten zu einem großen Teil der Verwandtschaft Guerras und schreckten zweifellos vor einem derartigen Sakrileg zurück: eine Beseitigung des Fauteuils des Vizepräsidenten wäre einer Art symbolischem Vatermord gleichgekommen.

Dieser persönliche Eindruck bestätigte sich einige Wochen später. Es war wiederum ein Freitag. Wir befanden uns im Vorzimmer des Sitzungssaals und plauderten in kleinen Gruppen, wie gewohnt. Das Fauteuil des ehemaligen Vizepräsidenten war nach wie vor unbesetzt. Da näherte sich der Verteidigungsminister, sichtlich zu Scherzen aufgelegt, der Gruppe, der ich angehörte. Sein Blick hinter den Brillengläsern nahm einen verschmitzten Ausdruck an. Er machte eine für ihn typische Handbewegung, deren genaue Bedeutung nicht leicht zu erraten ist: Wäscht er seine Hände in Unschuld oder reibt er sie sich mit gutmütiger und bauernschlauer Genugtuung? Wie dem auch sei. Narcís Serra war an diesem Freitag allem Anschein nach bei bester Laune. Dies stellte er auch sofort unter Beweis, indem er sich in sarkastischem Ton an uns wandte: »Sagt mal«, rief er aus, »wird sich denn nie jemand in dieses Fauteuil setzen?«

Unter den versammelten Ministern trat eine plötzliche Stille ein. Eine amüsierte oder neugierige Stille der einen. Eine verblüffte und schockierte Stille der anderen. In diese Stille hinein gab ich Serra im gleichen ironischen Ton, in dem er gesprochen hatte, zur Antwort: »Alles weist darauf hin, daß dieses Fauteuil für dich bestimmt ist, daß es deiner harrt . . . Na, worauf wartest du!«

Matilde Fernández, Ministerin für soziale Angelegenheiten und Guerristin reinsten Wassers, zuckte in einer plötzlichen Gefühlsbewegung zusammen. Sie bat uns, mit diesen Dingen keine Scherze zu treiben. In den Bergwerken Asturiens sei es üblich, in den Bussen, die die Bergleute zur Arbeit bringen, den Sitzplatz eines tödlich verunglückten Arbeiters frei zu lassen. Dies sei, meinte sie abschließend, ein wunderschöner alter Brauch.

Verteidigungsminister Narcís Serra – der inzwischen tatsächlich zum Vizepräsidenten der Regierung ernannt worden ist – starrte sie mit großen Augen sprachlos an. Ich nahm Matilde freundlich am Arm – wir sind über die politischen Grundfragen stets verschiedener Meinung gewesen, unsere Beziehung ist aber stets eine herzliche geblieben: sie hat nicht aufgehört, mich zu treffen und mit mir zu sprechen – und sagte: »Matilde, bitte sei nicht so dramatisch. Niemand ist hier gestorben . . .«

Da trat Felipe González auf unsere Gruppe zu. Er war soeben im Vorzimmer des Sitzungssaals eingetroffen und hatte sich mit triumphierender Miene seine erste Havanna des Tages angesteckt. Er schlüpfte mit dem funkelnden Lächeln einer Raubkatze zwischen uns durch und setzte sich, mit seiner Geste sichtlich hochzufrieden, in das Fauteuil von Alfonso Guerra.

So endet die gar nicht biblische Parabel vom symbolschwangeren Sitzplatz eines auf der Bühne der Macht von seinem Thron gestürzten Vizepräsidenten.

So weit bin ich aber noch nicht.

Ich bin immer noch bei meiner ersten Ministerratssitzung am Morgen des 15. Juli 1988. Es ist zehn Minuten vor neun. Alfonso Guerra und ich sind immer noch allein in der großen Säulenhalle des Moncloa-Palastes. Er hat den Kopf gehoben, mein Eintreten beobachtet. Der Ausdruck seines Blicks ist nicht leicht zu deuten: er ist bedeutungsschwer. Interesse vermutlich, aber keinerlei Sympathie. Eher Vorsicht. Sein Blick scheint mir eine Frage zu stellen: Wer bist du? Was suchst du hier? Aber vielleicht stellt er sich diese Fragen selbst. Vielleicht stellt er seine eigene Anwesenheit in Frage. Er will wissen, was er von mir halten soll. Das ist verständlich, durchaus menschlich.

Ich habe durchaus Verständnis für seine Vorsicht, für die etwas mißtrauische Neugier, die an diesem ersten Tag und an anderen Tagen in seinem Blick zum Ausdruck kommt. Bis zu dem Tag, an dem er wissen wird, was er von mir halten soll, an dem sein Blick unverhohlen feindselig werden wird. An dem er mich, möglicherweise in der typisch solipsistischen Hoffnung, mich in Luft auflösen zu sehen, überhaupt nicht mehr ansehen wird. Ich habe mich aber nicht in Luft aufgelöst, als Gott seinen Blick von mir abwandte; dieses Kunststück oder dieser Zaubertrick wird also auch Alfonso Guerra nicht gelingen.

Ich habe für seine Vorsicht jedenfalls Verständnis: Ich bin nach dieser Regierungsumbildung der einzige Minister, der von ihm in keinerlei Hinsicht abhängig ist. Zu dessen Bestimmung und Ernennung es keiner Verhandlungen bedurfte, an denen er teilgenommen hätte. Der sich nicht aus den unausgesprochenen, aber notwendigen Gleichgewichten zwischen den verschiedenen – realen, sich zumindest öffentlich artikulierenden – Flügeln der Sozialistischen Partei Spaniens ergeben hat.

Und ich komme aus einem Territorium, das er nicht kontrolliert, aus einer Vergangenheit, über die er keine Gewalt hat, aus einer Welt also, in der meine Unabhängigkeit verankert ist. Ich bin vermutlich von Felipe González ausgewählt worden, und diese Wahl war direkt, persönlich: ohne daß zuvor die Zustimmung des zentralen Apparates der Sozialistischen Partei eingeholt worden wäre, den Guerra seit Jahren mit stählerner Faust in einem stählernen Handschuh kontrolliert. Das soll freilich nicht heißen, daß die anderen Minister – sechs davon sind zu uns gestoßen, andere haben das Ressort gewechselt, und ein harter Kern ist seit 1982 im Amt – nicht auch direkt und persönlich von González bestimmt worden wären. Ihre Ernennung erfolgte aber im Rahmen bestimmter Not-

wendigkeiten, zu berücksichtigender Interessen und aus-
zubalancierender Gleichgewichte in Partei und Exekutive.

Ich sage dies mit aller Objektivität, um die vorsichtige
Haltung des Vizepräsidenten mir gegenüber verständlich
zu machen. Dabei ist mir völlig klar, daß die Besetzung des
Kulturministeriums keine Frage von strategischer Bedeutung ist. Indem sich Felipe González zur Überraschung
vieler für mich entschied – und die in diesen Tagen erschienenen Zeitungsartikel zeigen deutlich das Erstaunen, in
manchen Fällen auch die Bestürzung und Irritation, die
meine Ernennung hervorrief –, demonstrierte er seinen
Willen zur Öffnung, zum, wie man auch sagen könnte,
Nonkonformismus, ohne damit jedoch die großen
Gleichgewichte der Macht zu stören, deren objektive
Zwänge zu verändern: das spezifische Gewicht des Kulturministeriums ist nicht hoch genug, um derartiges zu
bewirken.

Die andere, jedoch grundlegende Frage, über die der
Regierungschef mit Ferraz – so heißt die Madrider Straße,
in der sich der Sitz der Sozialistischen Partei befindet –
sicher nicht verhandelt hat, ist die der wirtschaftspoliti-
schen Kontinuität. In diesem Bereich hat sich Felipe González bis heute unnachgiebig gezeigt, hat der vom Apparat
seiner eigenen Partei auf ihn ausgeübte Druck ihn nicht
dazu bewegen können, einen Kurswechsel vorzunehmen,
zumindest nicht in den wesentlichen Orientierungen.

Seit 1982 hat er den Weg einer kompromißlosen –
auf die vier Jahre später tatsächlich erfolgte Aufnahme
in die Europäische Gemeinschaft ausgerichteten – Wirtschaftspolitik eingeschlagen, einer Politik der Inflationsbekämpfung und Senkung der Staatsausgaben in Hinblick auf die heiklen und überlebensnotwendigen Aufgaben der Industriereform und der Liberalisierung des
Waren- und Geldverkehrs. Seine Politik stützte sich dabei

beharrlich auf die Mechanismen des Marktes, freilich unter der nicht administrativen, sondern beratenden Aufsicht eines Rechtsstaates, dessen vom Franquismus ererbter öffentlicher Sektor aus in der Mehrzahl defizitären Betrieben bestand und ebenfalls dringend der Modernisierung, Rentabilität und strategischen Restrukturierung bedurfte. Es ging im großen und ganzen darum, eine krisengeschüttelte Wirtschaft durch Deregulierung der Marktmechanismen unter Beibehaltung eines als Gleichgewichts- und Kontrollfaktor konzipierten, geläuterten und überprüften staatlichen Instrumentariums wieder in Ordnung und in Gang zu bringen.

Ich hatte Felipe González einige Tage vor den Parlamentswahlen, die ihn im Oktober 1982 an die Macht bringen sollten, in Madrid interviewt. Jean Daniel hatte mich um eine dreiteilige Artikelreihe für *Le Nouvel Observateur* gebeten. Die ersten beiden Texte waren bereits veröffentlicht, der dritte sollte dem Wahlprogramm der Sozialisten und ihren Wahlchancen gewidmet sein. Diesen Artikel hatte ich unmittelbar nach dem Interview mit González geschrieben. Ich hatte in ihm den Wahlsieg seiner Partei vorhergesagt, was in der Endphase des Wahlkampfs kein besonderes Kunststück war. Jeder aufmerksame Beobachter wäre zum selben Schluß gelangt. Darüber hinaus hatte ich die Originalität seines Wirtschaftsprogramms hervorgehoben. Der Artikel wurde aber nicht publiziert. Ein Redaktionsmitglied des *Nouvel Obs* entschied in der Abwesenheit Daniels, daß mein Text nicht veröffentlicht werden konnte. Ich hatte den Fehler begangen, den Wahlsieg des PSOE vorherzusagen. Und ich hatte vor allem den Fehler begangen, ein Wirtschaftsprogramm wie das mir von Felipe González beschriebene als ein linkes Programm darzustellen. Was, keine Nationalisierungen? was, eine Industriereform? Vorrang der Inflationsbekämpfung anstatt der Belebung des Inlandkonsums, um das Wachstum anzukurbeln? Mein Text verschwand in der Versenkung.

Ich erzähle diese Anekdote nur, um darauf hinzuweisen, daß mir Felipe González sein wirtschaftspolitisches Programm schon vor den Wahlen auseinandergesetzt hat. Es ist also weder durch die Regierungsverantwortung noch durch die Bürde der Staatsgeschäfte, noch durch die Zwänge des Weltmarkts nachträglich verwässert worden. Die Tatsache, daß er an die Macht gelangt war, konnte also nicht seinen angeblichen, von vielen bis heute gedankenlos behaupteten »Rechtsruck« bewirkt haben. Er hat keineswegs nachträglich aus der Not eine Tugend gemacht, sondern vielmehr die Erfordernisse der Wirklichkeit in sein Kalkül einbezogen. Er ist hin zur Wirklichkeit gerückt, und das schon vor seiner Machtübernahme, und nicht nach rechts.

Im Oktober 1982 hatte ich in der Calle del Pez Volador, die in einem unweit des Madrider Außenrings gelegenen Viertel mit Sozialwohnungen liegt, innerlich jubelnd Felipe González zugehört, der mir in großen Zügen sein Wirtschaftsprogramm erläuterte. Endlich würde eine südeuropäische Linkspartei Wahlen gewinnen und die Wirklichkeit der Gegenwart regieren und gestalten, anstatt ungestraft über die Illusion einer Zukunft zu herrschen.

Seit damals ist González trotz aller durch die Umstände erzwungenen Modifikationen und Umstellungen von der Linie seiner Wirtschaftspolitik nicht abgewichen. Er hat deshalb auch die Regierungsmannschaft in diesem Bereich unverändert beibehalten. Selbst als er sich 1985 von seinem Wirtschaftsminister Miguel Boyer, dem brillanten Vordenker und Inspirator seines Wirtschaftskonzepts, aufgrund von dessen Konflikt mit Guerra und dem zentralen Parteiapparat trennen mußte –

ein Konflikt, in dem Boyers Position aus privaten Gründen geschwächt war, was vermutlich auch seine Durchsetzungsfähigkeit beeinträchtigte –, ist er seiner Politik treu geblieben. Und auch seiner Regierungsmannschaft. Er berief Carlos Solchaga, den Industrieminister aus Boyers Team, an die Spitze des Wirtschaftsressorts seiner Regierung. Dieser führte daraufhin die von seinem Vorgänger eingeschlagene Strategie eines kompromißlosen Realismus in seinem persönlichen Stil weiter.

Ganz ähnlich verhielt es sich 1988. Der Regierungschef behielt ungeachtet aller Gerüchte, aller Kompromisse und aller mehr oder weniger vorteilhaften Tauschhändel, die notwendig waren, um sowohl seine Unabhängigkeit als auch die feindosierte innere Balance zwischen dem Apparat, den verschiedenen Strömungen der Sozialistischen Partei und der Exekutive aufrechtzuerhalten, seine Unnachgiebigkeit in Sachen Wirtschaftspolitik bei. Er beließ Carlos Solchaga, dessen Team durch die Ernennung seines Vertrauten Claudio Aranzadi zum Industrieminister noch eine zusätzliche Verstärkung erfuhr, in seinem Amt.

Alfonso Guerra beobachtete also meine Ankunft in der Säulenhalle der Moncloa mit Mißtrauen: Ich hatte dafür durchaus Verständnis.

Etwas später sollte es kurz nach Sitzungsbeginn zu einem – übrigens indirekten, auf den ersten Blick unauffälligen – Wortwechsel zwischen Solchaga und ihm kommen. Einem, zumindest für mich, höchst aufschlußreichen Wortwechsel. Der meiner unverzüglichen Einweihung in die Mysterien der Macht äußerst förderlich war.

Wir waren siebzehn Minister, der Präsident und der

Vizepräsident. Insgesamt also neunzehn Personen. Eine relativ niedrige Zahl für eine Instanz der Exekutivgewalt. Die, wenn es erforderlich ist, einen echten Gedankenaustausch ermöglicht, eine echte Diskussion, an der alle Anwesenden teilnehmen können. Unter der Bedingung freilich, daß sie sich zu Wort melden wollen. Und natürlich auch etwas zu sagen haben. Ich habe während der dreiunddreißig Monate, die ich in der Regierung verbracht habe, Minister erlebt, die nichts zu sagen hatten. Manche von ihnen sagten einfach irgend etwas, wahrscheinlich, um sich von ihrer eigenen Existenz zu überzeugen. Manche sagten deshalb nichts, weil sie entweder tatsächlich nichts zu sagen hatten oder weil sie es vorsichtshalber vorzogen, sich in Schweigen zu hüllen.

Die Krone in dieser Hinsicht gebührt meines Erachtens dem Gesundheitsminister. Er saß am langen, ovalen Tisch des Sitzungssaales zu meiner Linken. Ein liebenswürdiger Mensch, von Beruf Wirtschaftswissenschaftler, benachteiligt durch eine peinliche Ähnlichkeit mit Groucho Marx. Seine Äußerungen gereichten ihm jedoch keineswegs zum Nachteil, da er praktisch nichts sagte. In diesen drei Jahren habe ich ihn kein einziges Mal zu einer politischen Grundsatzfrage Stellung nehmen sehen. Und ich habe ebensowenig gehört, daß er je eine Mitteilung oder einen Vorschlag in Zusammenhang mit seinem Ressort gemacht hätte. Es ist mir bis heute ein Rätsel, daß er in all dieser Zeit nichts über das Gesundheitswesen zu sagen gehabt hatte! Gesundheitspolitik ist in einem modernen demokratischen Land ganz bestimmt keine Nebensache.

Eine Kabinettssitzung ist freilich keine Diskussionsrunde. Die Fülle konkreter, verwaltungstechnischer oder gesetzgeberischer Sachfragen, die besprochen und gelöst werden müssen, läßt nur wenig Zeit für allgemeinere

Erörterungen übrig. Zu Diskussionen kam es meist nur in Krisen- oder Konfliktzeiten (während des Generalstreiks vom 14. Dezember 1988, der die Beziehungen der Sozialistischen Partei zur Gewerkschaftsbewegung einer Zerreißprobe aussetzte, sowie natürlich während des Golfkriegs) oder bei der Vorbereitung auf bestimmte wichtige Parlamentsdebatten (etwa der alljährlich abgehaltenen zur Lage der Nation oder den regelmäßigen zur europäischen Integration).

Natürlich konnten Fragen allgemeinerer Natur, die mitunter heftige Auseinandersetzungen zur Folge hatten, auch völlig unerwartet auftauchen, etwa bei der Prüfung eines Gesetzesentwurfs oder einer scheinbar selbstverständlichen Weisung an eine Behörde; es kam vor, daß dabei indirekt und unmerklich die Grundphilosophie der Regierungsstrategie in Frage gestellt wurde.

Die Kabinettssitzungen wurden jeden Mittwoch in einer Arbeitsrunde der Staatssekretäre und Untersekretäre der einzelnen Ressorts vorbereitet. In dieser Kommission wurden unter dem Vorsitz Guerras die Arbeit des Ministerrats durchforstet und die Tagesordnung der nächsten Sitzung festgesetzt.

Donnerstags empfing ich am späten Nachmittag den Generalsekretär meines Ministeriums, der mir die Unterlagen für die Kabinettssitzung vorlegte. Sie bestanden aus der Tagesordnung und den jeweils dazugehörigen Akten: Entwürfe von Gesetzen oder ministeriellen Weisungen, vorbereitende Gutachten zu den anstehenden Fragen, gewöhnliche oder vertrauliche Mitteilungen dieses oder jenes Amtes, hauptsächlich des Wirtschafts- und des Außenministeriums usw. So blieb mir der ganze Abend, um diese Unterlagen zu studieren und einen Überblick über die Probleme zu gewinnen, die am nächsten Tag erörtert werden sollten.

Sie zerfielen in zwei Gruppen. Grün rubriziert waren die Unterlagen zu rein technischen und administrativen Fragen, die bereits von der Mittwoch-Kommission gelöst worden waren. Es war nichtsdestoweniger möglich, auf sie im Ministerrat erneut zurückzukommen; sie blieben bis zu unserer endgültigen – meist impliziten, wenn keiner von uns Einwände erhob – Zustimmung offen.

Rot waren hingegen jene Probleme rubriziert, die in die ausschließliche Zuständigkeit des Ministerrats fielen, sowie die, über die die Kommission der Staatssekretäre und Untersekretäre trotz ihrer Zuständigkeit zu keiner Einigung gelangt war.

Der erste Punkt der Tagesordnung war jedoch stets den Ernennungen gewidmet. Das Schema jener Posten der Zentralverwaltung, über deren Besetzung der Ministerrat entscheidet, ist in Spanien recht umfangreich. Ich bin außerstande zu sagen, ob es sich in den anderen Staaten der Europäischen Gemeinschaft ähnlich verhält oder nicht, da ich keinen Vergleichsmaßstab zur Hand habe. Als Beispiel kann ich jedenfalls anführen, daß in meinem Fall, in dem des Kulturministeriums also, die Ernennung des Direktors des Prado-Museums der Absegnung des Ministerrates bedurfte.

An diesem Tag – heute also, einige Minuten später; ich bin ja immer noch allein mit Alfonso Guerra im Vorzimmer des Sitzungssaales – hieß Felipe González die neu hinzugekommenen Minister – wir waren sechs, darunter auch die beiden Frauen in der Regierung – willkommen, skizzierte angesichts der für das darauffolgende Jahr 1989 angesetzten Wahlen in groben Zügen die Perspektiven der zu Ende gehenden Legislaturperiode und eröffnete die Sitzung mit dem gewohnten ersten Punkt der Tagesordnung, mit den Ernennungen.

Wirtschafts- und Finanzminister Carlos Solchaga ergriff sofort das Wort. Die Amtsperiode der beiden Direktoren der Banco de España werde demnächst auslaufen. Er setzte uns in wenigen knappen Sätzen – sein Stil ist alles andere als weitschweifig, das Gegenteil des Redens um des Redens willen – auseinander, warum er uns eine Verlängerung ihres Mandats um weitere vier Jahre empfahl.

Da meldete sich Vizepräsident Guerra zu Wort.

Er sprach mit leiser, gedämpfter Stimme in das vor ihm wie vor jedem von uns in den Tisch eingelassene Mikrophon, das er mit einer seltsam desillusionierten Geste eingeschaltet hatte. Sein starker andalusischer Akzent zerhackte die kastilischen Wörter, verschluckte gewisse Laute und Diphtonge, entstellte andere.

Durch die umständlichen Inszenierungen seiner öffentlichen Auftritte mißtrauisch geworden, war mir allmählich der Verdacht gekommen, Guerra spreche deshalb so leise, um seine Zuhörer zu besonderer, erhöhter Aufmerksamkeit zu zwingen. Man mußte förmlich die Ohren spitzen, an seinen Lippen hängen, um den Sinn seiner Worte verstehen zu können. Vielleicht ist diese Interpretation aber auch falsch oder tendenziös. Vielleicht sprach er deshalb mit dieser dumpfen und leisen Stimme, weil sie ganz einfach die seine war; vielleicht ist das tatsächlich seine Art zu sprechen. Ich bin mir hier meiner Sache nicht sicher.

Vizepräsident Guerra sprach jedenfalls an diesem Tag mit dumpfer Stimme, und das, was er sagte, war merkwürdig.

Wäre es nicht höchste Zeit, sagte er, auf Posten wie diese Leute aus unserem Lager zu berufen? verdiente Parteimitglieder? verfügten wir nicht auch in unseren eigenen Reihen über Männer, die durchaus fähig wären, die Banco de España zu leiten? Warum immer noch Fachleute heranziehen, die nicht aus unserem Lager kommen?

Mir fiel sofort auf, wie oft er das Wörtchen *uns* gebrauchte, von *unserem* Lager sprach. Das erinnerte mich an eine längst vergangene Zeit, an eine entfernte und abgeschlossene Vergangenheit. An meine Vorgeschichte, das heißt an meine einstige Mitarbeit in der Kommunistischen Partei, deren ideologischer Diskurs unablässig eine Demarkationslinie zwischen *uns* und den anderen gezogen hatte. Es war schon lange her, daß ich dieses sektiererische *Wir*, dieses Pronomen der Eingrenzung und Ausgrenzung, nicht mehr gehört hatte. Lange, daß ich nicht mehr mit einem derart engstirnigen Parteidenken konfrontiert worden war. Diese Rückblende in den Diskurs meiner Vergangenheit verjüngte mich aber keineswegs. Ganz im Gegenteil: von ihm ging plötzlich der üble Geruch des Abgestandenen, ein leicht ranziger Gestank aus.

Dennoch war offensichtlich, daß Guerras Wortmeldung von einigen Ministern beifällig aufgenommen wurde. Das sind Dinge, die man in einer Gesprächsgruppe, sofern man genügend aufmerksam ist, unschwer wahrnimmt, diese unwillkürlich beipflichtenden Bewegungen einer innerlichen Zustimmung, die sich in fast unmerklichen Gesten verrät: Kopfnicken, flüchtiges Lächeln, einnehmende (oder voreingenommene?) Blicke.

Nachdem er sich für eine andere Besetzung der fraglichen Posten in der Banco de España ausgesprochen hatte – eine im übrigen rein theoretische Besetzung: er hatte zu den von Solchaga genannten Namen keine konkrete Alternative anzubieten –, kam der Vizepräsident zu einem abrupten Ende; ihm sei sehr wohl bewußt, bemerkte er abschließend, daß sein Vorschlag lediglich den Charakter einer persönlichen Meinung habe.

Eine Stille trat ein, die allmählich beklemmend wurde.

Felipe González durchbrach sie. Mit fester und ruhiger Stimme fragte er, ob es dazu noch Wortmeldungen gäbe.

Das war anscheinend nicht der Fall.

Das überraschte mich keineswegs, da ich die Sympathie gespürt hatte, die bestimmte Minister Guerras Worten entgegengebracht hatten. Eine Sympathie, die es allerdings vorzog, unausgesprochen zu bleiben, sich nicht zu artikulieren.

Worauf der Regierungspräsident erklärte, daß der Vorschlag des Wirtschaftsministers angenommen war. Man muß aber auch sagen, daß Carlos Solchaga nicht den Eindruck vermittelt hat, er hätte am Erfolg seines Vorschlags auch nur im geringsten gezweifelt.

Wir gingen zum nächsten Punkt der Tagesordnung über.

Grund genug, um überrascht zu sein. Ich war überrascht.

Denn bei Guerras Vorschlag war es weder um Grundsätzliches noch um eine Ernennung oder um ein Amt gegangen. Er war auch keineswegs improvisiert: die Entschlossenheit, mit der er sich kurz nach Sitzungsbeginn zu Wort gemeldet hatte, wies darauf hin, daß er seinen Einwand zuvor sorgfältig überdacht hatte.

Sein Vorschlag, verdiente Parteimitglieder – Männer aus *unseren* Reihen – an die Spitze der Banco de España zu bestellen, anstatt zwei anerkannte Experten, die als Universitätslehrer einige der besten Ökonomen Spaniens ausgebildet hatten – Mariano Rubio und Luis Angel Rojo waren zudem, auch wenn sie nicht der Partei angehörten, ausgewiesene Linke, die sich im antifranquistischen Widerstand engagiert hatten –, hatte eine nicht nur symbolische Bedeutung. Es ging Guerra wohl auch nicht nur um das Vergnügen, einer mittlerweile etwas abgestandenen chinesischen Maxime über die roten Experten (für die Maoisten drückte sich der schlimmste Revisionismus bekanntlich in folgendem Sprichwort aus: »Ganz gleich, ob die Katze schwarz oder weiß ist, solange sie nur Mäuse fängt«) zu neuer, freilich unergiebiger Geltung zu verhelfen; mit seinen Worten stellte er vor allem auch die Wirtschaftspolitik der Regierung indirekt in Frage.

Denn wozu hätten Fachleute durch Parteiaktivisten ersetzt werden sollen, wenn diese ohnehin dieselbe Politik verfolgt hätten? Hinter der Debatte um die Banco de España zeichnete sich schemenhaft die Perspektive einer anderen Wirtschaftspolitik ab. Ohne dabei die übrigen Vorteile zu vergessen, die der Apparat Guerras aus der Plazierung seiner Parteigänger auf Schlüsselposten hätte ziehen können.

Weder in diesem Fall noch in anderen, die ich während meiner Jahre in der Regierung erlebte, nahm diese Forderung nach einer anderen Wirtschaftspolitik die Gestalt einer zusammenhängenden und globalen Alternative zu den Konzepten von Felipe González und Carlos Solchaga an; sie stellte sich gerade aufgrund dieses Mangels an Klarheit und ausformulierter Durchdachtheit eher als ständiger, sporadischer und schwer zu bekämpfender, ja sogar schwer zu diskutierender Kleinkrieg dar. Ein Kleinkrieg, der manchmal auf der Ebene der Industriepolitik oder der Tarifverträge, manchmal auf der der Maßnahmen zur Eindämmung der Inflation oder des Staatsdefizits ausgefochten wurde.

Diese heimliche Schlacht ohne Frontlinie und ohne wehende Fahnen spitzte sich verständlicherweise in den Phasen der Ausarbeitung und Erörterung des Budgets zu; sie wurde dann offener ausgetragen und damit auch gefährlicher.

Es ist allgemein bekannt, daß der Druck des Apparats und der Parlamentsfraktion der Sozialistischen Partei den Regierungschef nach der Regierungsumbildung von 1991 zu Entscheidungen und Zugeständnissen in diesem Bereich gezwungen hat, die die von Carlos Solchaga vertretene budgetäre Sparpolitik erheblich behinderten.

Der geschilderte Zwischenfall war aber noch in einer anderen Hinsicht aufschlußreich. Indem Alfonso Guerra den rein persönlichen Charakter seiner Wortmeldung hervorhob, wies er auch auf das relativ geringe Gewicht seiner Meinung zumindest bei so entscheidenden Fragen wie der Wirtschaftspolitik hin. Und Felipe González hatte seinerseits dadurch, daß er keine Notwendigkeit sah, auf Guerras Vorschlag einzugehen, seine Unabhängigkeit als Regierungschef gegenüber den diversen Anwandlungen seiner eigenen Partei oder zumindest ihres harten Kerns, der von Alfonso Guerra vertreten wurde, unterstrichen.

Es gab also Grund genug, um überrascht zu sein.

Ich warf einen kurzen Blick auf meine beiden Sitznachbarn und versuchte, ihre Reaktionen einzuschätzen.

Der Gesundheitsminister zu meiner Linken saß mit unbewegter Miene da. Kurz zuvor hatte ich an ihm noch Zeichen der Zustimmung zu den Worten Guerras wahrgenommen. Damit war nun Schluß, sein Gesicht verriet nun gar nichts mehr, es hatte jene Ausdruckslosigkeit angenommen, die für ihn, wie ich im Lauf der folgenden Freitage feststellen sollte, charakteristisch war.

Mein Nachbar rechts von mir, Joaquín Almunia, war Minister für den öffentlichen Dienst. Er erwiderte meinen wohl erstaunten, fragenden, zumindest neugierigen Blick. Er verkniff sich jedoch jede Bemerkung, beschränkte sich auf eine angedeutete Grimasse und eine knappe Geste, die etwa so zu verstehen waren: Jawohl, mein Freund, so ist das eben!

Einige Wochen darauf wurde Almunia etwas deutlicher. Es war in einer der ersten Ministerratssitzungen im Herbst, im September. Aus einem Grund, den ich vergessen habe – wahrscheinlich eine offizielle Auslandsreise –, führte diesmal nicht Felipe González den Vorsitz. Die Sitzung wurde von Alfonso Guerra geleitet. Es war eine Katastrophe. Er war mit der Aktenlage nicht vertraut, redete einfach drauflos, war nicht imstande, der Diskussion eine klare Ausrichtung zu geben. Eine wirkliche Katastrophe. Der Ministerrat ähnelte einer Abiturklasse, die wegen Abwesenheit ihres Lehrers von einem unerfahrenen Hilfslehrer beaufsichtigt wird.

Nach einer gewissen Zeit, in der alle wirr durcheinanderredeten, kehrte ich dem Nachbarn links von mir, dessen Unfähigkeit zu persönlichem Ausdruck ich bereits kennengelernt hatte, den Rücken und wandte mich wieder Almunia zu.

An diesem Tag sagte Almunia nämlich etwas.

»Immer dasselbe, wenn Felipe nicht da ist«, murmelte er.

Er deutete ein kurzes Lächeln an.

»Glücklicherweise kommt das nicht oft vor!«

Und schließlich, mit resignierter Miene:

»Es kann aber noch schlimmer kommen . . .«

Er hatte recht, es kam noch schlimmer, und zwar unmittelbar nach dieser geflüsterten Bemerkung.

Der Industrieminister hatte der Runde an diesem Tag die Tariftabelle der Energiepreise für den Herbst vorgelegt. Er präsentierte den Entwurf seines Erlasses sachlich und verständlich, begründete einige der vorgesehenen, übrigens geringfügigen Preissteigerungen. Alles schien schon entschieden, als ihn Alfonso Guerra unterbrach und eine Diskussion um den Preis eröffnete, der für Butangasflaschen angesetzt war. Sollte man nicht den Arbeiterfamilien gegenüber, den hauptsächlichen Verbrauchern dieses Produkts, eine Geste des guten Willens machen? Könnte man nicht den Preis der Gasflaschen im Interesse der sozial am meisten Benachteiligten herabsetzen? und damit das soziale Engagement der regierenden Sozialistischen Partei unterstreichen?

Eine byzantinische Diskussion entbrannte. Die meisten der guerristischen Minister legten sich ins Zeug, als ob der um zwei Peseten herabgesetzte Preis für Butangasflaschen der Schlüssel zur sozialen Stabilität des Landes und der Beweis für eine lange Tradition im Dienst der Arbeiterklasse wäre. Die Schleusen der Rhetorik öffneten sich sperrangelweit: Man hätte meinen können, auf einer Wahlveranstaltung zu sein. Der Industrieminister versuchte mit bedächtigen Worten, die Debatte auf eine einigermaßen annehmbare Ebene wirtschaftlicher Vernunft zu heben. Doch vergebens, die Wort- und Gebetsmühle war in Schwung gekommen und drehte sich unerbittlich weiter.

Ich gestattete mir, einige Überlegungen des gesunden Menschenverstands anzustellen. »Außerhalb dieses Raumes«, wandte ich ein, »kennt niemand die Tariftabelle, die uns soeben vom Herrn Industrieminister präsentiert worden ist. Es wird also auch niemand erfahren, daß ihr den für die Gasflaschen vorgesehenen Preis gesenkt habt. Oder denkt ihr etwa an eine landesweite Kampagne des PSOE, in der die volle Tragweite eurer Entscheidung erklärt werden soll? Das, was ihr vorhabt, ist im Grunde keine politische Geste, die sich an die Gesellschaft richtet, sie richtet sich nur an euch selbst . . . Sie ist ein Akt der Selbstbefriedigung!«

Joaquín Almunia warf mir von rechts einen ironischen Blick zu: Habe ich dich nicht gewarnt, daß es noch schlimmer kommen könnte? Der Gesundheitsminister

zu meiner Linken hatte sich auf den Schimmel eines An-
griffs der leichten Brigade geschwungen: die zwei Peseten weniger beim Butangas sollten die soziale Errungen-
schaft des Jahres werden!

Nach einer gut dreiviertelstündigen, erregten und wirren Diskussion erklärte sich der Industrieminister, um
endlich Ruhe zu bekommen und weitermachen zu können, bereit, die vorgesehene Erhöhung des Preises der
Gasflaschen herabzusetzen. Es trat auch wirklich Ruhe
ein, und wir gingen zum nächsten Punkt der Tagesordnung über. Es bedarf keiner besonderen Erwähnung, daß
diese an die Arbeiterklasse gerichtete Geste der Regierung
am Tag darauf oder späterhin weder die Aufmerksamkeit
eines Journalisten oder Gewerkschaftlers noch einer
Hausfrau aus bescheidenen Verhältnissen erregt hat.

Während dieser Debatte entschlüpfte einem der guerristischen Minister eine Bemerkung, die meiner Meinung
nach tief blicken läßt. Er rief in seiner Entgegnung auf die
vom Industrieminister angeführten, kohärenten und
ökonomisch vernünftigen Argumente irgendwann aus:
»All das ist gut und schön, aber wir müssen uns doch
einen gewissen Spielraum des Diskurses bewahren!«

El margen del discurso . . .

Nichts kennzeichnet besser die Demagogie und den
Populismus des Guerrismus.

Ich komme aber wieder auf meinen ersten Ministerrat
einige Wochen vor dieser grotesken Schlacht um die Butangasflaschen zurück.

An diesem Tag, dem 15. Juli 1988, war ich anläßlich
des kleinen Zwischenfalls bezüglich der Bestellung des
Gouverneurs der Banco de España, der alles in allem
nicht mehr als drei oder vier Minuten gedauert hat, sozusagen mit der Nase auf das Grundproblem der sozialistischen Regierung Spaniens gestoßen worden.

Die Protagonisten dieser Geschichte, *der* Geschichte, stellten sich mir wie in einem geschickt konstruierten Roman vom ersten Tag an in der ganzen Vielschichtigkeit ihrer Beziehungen zueinander und mitsamt den Ambivalenzen der zwischen ihnen aufgeteilten Macht dar. Von diesen beiden Sevillanern, die innerhalb weniger Jahre gemeinsam die Macht in der Sozialistischen Partei und im Land erobert hatten – in einem fast unglaublichen Tempo, wenn man an den gewöhnlich behäbigen Schritt historischer Entwicklungen denkt –, hieß es, sie seien unzertrennlich, sie seien »ein Herz und eine Seele«. Der dazu entsprechende Ausdruck im Spanischen ist konkreter. Auf spanisch sagt man »wie Fingernagel und Fleisch«, *uña y carne*. Man könnte sie auch, wenn man eine gewähltere Ausdrucksweise vorzieht, als Alter egos bezeichnen. Wobei sich natürlich die Frage stellen würde, wer das *alter* und wer das *ego* war.

Guerra und mir bleiben noch einige Minuten des Alleinseins. Bald wird der dritte Darsteller unseres Freitagvormittag-Sketches auftreten: Außenminister Francisco Fernández Ordóñez. Wir beide sind monatelang als erste in der Moncloa eingetroffen. In wechselnder Reihenfolge, was zumindest Ordóñez und mich betrifft; wir wechselten einander ständig auf dem zweiten und dritten Platz ab.

Denn erster war immer Alfonso Guerra.

Minister Ordóñez war dessen genaues Gegenteil. Er gab nicht vor, gebildet zu sein, er war es, ohne Schauspielerei, ohne Prahlerei. Obwohl ein alter Hase in der Politik, war er weder ein Sektierer noch ein Apparatschik. Er hatte anfänglich eine Karriere in der Generalinspektion der Finanzen gemacht und war nacheinander Justiz- und Wirtschaftsminister in Suarez' UCD, der ersten Regierungskoalition des demokratischen Spanien, gewesen. Er hatte dort einen kleinen sozialdemokratischen Flügel vertreten, der daraufhin in der Partei von González, die innerhalb weniger Jahre zum Sammelbecken aller Strömungen und Bewegungen der sozialistischen Familie geworden war, aufgegangen ist. Er war zweifellos einer der populärsten Minister der spanischen Demokratie, in der er gewissermaßen die mehrheitliche, um nicht zu sagen massive Entwicklung der politischen Klasse und der Wählerschaft in Richtung auf die Etablierung der Vormachtstellung des PSOE verkörperte. Weltoffen, tolerant und über eine wache Intelligenz verfügend, bewährte er sich in der Phase der Wiedereingliederung Spaniens in die internationale Gemeinschaft demokratischer Staaten als ausgezeichneter Außenminister.

So bewegungslos Vizepräsident Guerra in seinem Fauteuil sitzenblieb, wie eine Spinne, die frühmorgens ihr Netz webt, so wenig hielt es Ordóñez an seinem Platz; er ging munter und unternehmungslustig von einem zum andern und telefonierte ständig mit der ganzen Welt.

Bald, in einigen Minuten, wird er die Bühne betreten. An diesem ersten Tag wird er bei unserer Freitagswette als letzter ins Ziel einlaufen. Durch seine bloße Gegenwart, durch die kommunikative Herzlichkeit, die er ausstrahlt, wird er die etwas muffige, etwas verkrampfte Stimmung, die in der Säulenhalle des Moncloa-Palastes zwischen Guerra und mir herrscht, sofort auflockern.

Der Vizepräsident wird die letzten Augenblicke unseres Tête-à-tête nutzen. Er hat mir ganz offensichtlich etwas zu sagen.

»Wußtest du«, sagt er zu mir mit einer sanften Stimme, die nichts Gutes verheißt, »wußtest du, daß die neue Regierung den Umfragen zufolge als weiter links stehend eingeschätzt wird als die vorige?«

Mir ist nicht ganz klar, von welchen Umfragen er spricht. In den Presseartikeln, die ich gelesen habe, war, von einigen Ausnahmen abgesehen, vor allem eine Tendenz zum Immobilismus diagnostiziert und González zum Vorwurf gemacht worden. Mir ist eben noch nicht bekannt, daß sich Guerra die Umfrageergebnisse des ihm unterstehenden staatlichen Meinungsforschungsinstituts CIS zum alleinigen Gebrauch vorbehält und dessen Analysen keinem anderen Minister zur Verfügung stellt. Diese in einem modernen demokratischen Land unannehmbare Informationssteuerung ist Teil seiner persönlichen Machtstrategie.

Er macht eine kurze Pause, sieht mich an.

»Und das«, fügt er hinzu, »trotz deines Eintritts in die Regierung . . .«

Seinen Worten nach zu schließen hätte also meine Ernennung zum Kulturminister das Image der Regierung nach rechts verschoben. Mir ist unklar, auf welche Umfragen er sich bezieht. In der Presse bezeichnen mich die Sprachrohre der Rechtsparteien ganz im Gegenteil als Vertreter eines revolutionären Sozialismus! Sie wundern und beklagen sich, daß der Regierungschef die Kultur einem derartigen Subjekt anvertraut hat.

Ich werde aber mit Guerra sicher nicht diskutieren. Seine Meinung über rechts oder links läßt mich kalt. Ich bin es außerdem gewohnt, von allen möglichen Dummköpfen als Rechter gebrandmarkt zu werden.

Seitdem mich Carrillo 1964 wegen des Verbrechens des Revisionismus aus der Kommunistischen Partei ausschließen ließ, weiß ich, woran ich bin. Ich weiß, daß als rechts eingestuft wird, wer sich an die Realität hält, wer sie genau analysiert: eine unabdingbare Voraussetzung jedes ernsthaften Willens zu Reform oder Veränderung. Links sein heißt dagegen, voluntaristisch und dogmatisch den sozialen Umbruch, den großen Sprung nach vorne zu verkünden. Oder vielmehr den Sprung ins Leere.

Möglicherweise versucht Alfonso Guerra, mich in eine Diskussion zu verwickeln und mich zu Rechtfertigungen zu zwingen. Ich hüte mich aber, ihm zu antworten. Mit ihm werde ich ganz gewiß keine Debatte wiederaufwärmen, die von der historischen Erfahrung zumindest seit Eduard Bernstein entschieden worden ist: die Erfahrung all jener Katastrophen, die auf Kosten der Arbeiter der ganzen Welt gingen und von den Illusionen derer verursacht worden sind, die sich als Linke bezeichnen.

Um den Eindruck von Boshaftigkeit oder Sarkasmus etwas zu mildern, den dieser Satz des Vizepräsidenten vermittelt haben mag, muß ich freilich hinzufügen, daß in seinen Worten keinerlei Aggressivität mitschwingt. Er stellt genauso fest, ich stünde rechts, wie er feststellen würde, daß ich eine gestreifte Krawatte trage. Oder wie er bei mir Fieber diagnostizieren würde. Er scheint durchaus bereit zu sein, zu meiner Gesundung beizutragen. Seine Haltung verrät keinerlei Feindseligkeit. Das bewies auch seine wenige Tage darauf, am 20. Juli, der Wochenzeitschrift *Tiempo* gegenüber abgegebene Erklärung. Die vielleicht zum Zeitpunkt dieses ersten Ministerrates schon geschrieben war, aber erst einige Tage später veröffentlicht worden ist.

Der Journalist von *Tiempo* stellte ihm folgende Frage: »Haben Sie je daran gedacht, daß Jorge Semprún in einigen Jahren die Geheimnisse der Regierung in einem Buch festhalten könnte, wie er es nach seinem Ausschluß aus der Kommunistischen Partei getan hat?« Guerras Antwort: »Ich wäre glücklich, wenn jemand mit der literarischen und menschlichen Aufrichtigkeit, mit der Semprún diese Autobiographie von Federico Sánchez geschrieben hat, über diese Etappe der sozialistischen Regierung schriebe. Er würde damit der spanischen Gesellschaft einen wertvollen Dienst erweisen . . .«

Ich versuche hier, Alfonso Guerra beim Wort zu nehmen, seinen Anweisungen peinlich genau zu folgen. Ich versuche, über die von mir miterlebte Etappe der sozialistischen Regierung mit jener literarischen und menschlichen Aufrichtigkeit zu schreiben, die mir Guerra zubilligt.

Doch jetzt betritt Francisco Fernández Ordóñez die Säulenhalle.

Hohes Alter, hier sind wir . . .

Unversehens fallen mir diese Worte Saint-John Perses ein. Der Anfang des Gedichtes *Chronik*, das sich in all seiner Pracht entfaltet und von einer Anrufung des hohen Alters skandiert wird. *Hohes Alter, ihr habt gelogen: Weg der Glut und nicht der Asche . . .*

Im Verlauf dieses Ministerrates überkam mich langsam und unmerklich ein Gefühl der Fremdheit. Kurz zuvor hatte ich für diese neue Erfahrung noch Neugier und Interesse aufbringen können. Als ich aber am Sitzungstisch saß und die Frauen und Männer beobachtete, aus denen sich die Regierung Felipe González zusammensetzte, wich meine angespannte Neugier zusehends einer diffusen Unruhe, einem vagen Unbehagen.

Das aus meinem Gedächtnis unerwartet aufgeblitzte Gedicht Saint-John Perses half mir, die Ursache dieser Empfindung zu verstehen.

Ich bin der weitaus Älteste in dieser Runde. Vielleicht bin ich auch viel zu alt für sie. Der einzige andere Minister, der ebenso ein, wie es so schön heißt, respektables Alter erreicht hat, obwohl er immer noch jünger war als ich, war eben Ordóñez. Nun war ich bis zu diesem Tag immer und überall der Jüngste oder einer der Jüngsten gewesen. Der Jüngste in der Vorbereitungsklasse auf die *Ecole normale supérieure* des Lyzeums Henri IV. Der Jüngste in der Widerstandsgruppe *Jean-Marie Action* und im Maquis *Le Tabou*. Der Jüngste in der geheimen Untergrundorganisation im Konzentrationslager Buchenwald. Ähnlich im Politbüro der Kommunistischen Partei Spaniens. Damit ist es nun wohl endgültig vorbei: alles hat ein Ende. Ich bin der älteste Minister dieser Regierung, deren Durchschnittsalter um die Vierzig liegt.

Das macht mir zu schaffen. Ich tröste mich mit den Versen von Saint-John Perse.

Hohes Alter, hier sind wir. Seit langem gewärtiges Stelldichein mit dieser Stunde tiefer Bedeutung . . .

Die Wörter klappern leise in meinem Gedächtnis.

Sie passen in gewisser Weise ganz gut zu mir. Nicht nur, weil sie mir dazu verholfen haben, die Ursache dieses vage empfundenen Unbehagens zu verstehen – die ganz ohne Verbitterung getroffene Feststellung meines vorgerückten Alters –, sondern weil sie der Realität ungeschminkt Ausdruck verleihen.

Seit langem gewärtiges Stelldichein . . .?

Aber ja, trotz der scheinbaren Überheblichkeit desjenigen, der diese Worte auf sich selbst bezieht. Denn heute erfüllt sich nach allen Unzulänglichkeiten und Katastrophen der Geschichte: Exil, Kampf auf Leben und Tod oder vielmehr Kampf ums Überleben (oder bloß ums Überbleiben?) das Schicksal einer Familie und einer Gesellschaft. Das ist irritierend, vor allem für mich selbst, da die Erfüllung dieses Schicksals die Bedeutung meiner eigenen, individuellen Verdienste schmälert. Da diese Erfüllung die Wahrheit des Historischen Materialismus auf ironische Weise zu bestätigen scheint, der ja dem sozialen

Hintergrund und den Rahmenbedingungen, in denen eine Person aufwächst, eine ausschlaggebende Bedeutung für ihr weiteres Schicksal zuspricht.

Es ist in unserer Familie nämlich Tradition, Minister zu sein.

Antonio Maura, mein Großvater mütterlicherseits, eine der zentralen Persönlichkeiten der Konservativen Partei – die Spanien in geregelter, wenn auch manipulierter Alternanz lange Zeit regiert hat –, war mehrfach Premierminister unter König Alfonso XIII., dem Großvater des jetzigen Königs. Als begnadeter Redner, geborener Anführer und entschlossener Befürworter einer autoritären Reform der Institutionen einer krisengeschüttelten Monarchie hat Antonio Maura die spanische Politik des ersten Drittels dieses Jahrhunderts im Schlechten, im weniger Schlechten und wohl auch im Guten zutiefst geprägt. Gegen Ende seines Lebens wurde er vom König in den Adelsstand erhoben, lehnte es aber ab, den ihm verliehenen Herzogstitel zu führen, und überließ es seinen Kindern, von ihm Gebrauch zu machen.

Miguel Maura, einer seiner jüngsten Söhne und zugleich der Onkel, der mir am nächsten stand, weil er der Liebling meiner Mutter war, ist 1931 einer der Gründer der Zweiten Spanischen Republik gewesen. Er büßte als Mitglied des Revolutionskomitees eine Gefängnishaft in Madrid ab, aus der er im April desselben Jahres entlassen wurde; er ist daraufhin zum Generaldirektor der unseligen Öffentlichen Sicherheit an der Puerta del Sol und später zum ersten Innenminister des neuen Regimes ernannt worden.

Es ist also einem wohlerworbenen Recht oder, genauer gesagt, einem sozialen Privileg zu verdanken, daß ein Vertreter der dritten Generation der Mauras in diesem Jahrhundert – wenn auch erst in vorgerücktem Alter und einer Nebenlinie, der Linie der Mutter eben, entstammend – Mitglied einer Regierung der wiedererrichteten Demokratie geworden ist. Das einzige Regime, in dem wir nicht vertreten waren, war das des Generals Franco.

Bei manchen Lesern mag meine Abschweifung über Saint-John Perse Anstoß erregt haben. Sie könnten sie als billigen literarischen Trick empfunden haben. Es ist aber keiner. Am 15. Juli 1988, gegen zehn Uhr vormittags, ist mir in den ersten Minuten meines ersten Ministerrates im Sitzungssaal der Moncloa tatsächlich Saint-John Perse eingefallen, als ich mir meines vorgerückten Alters bewußt geworden bin.

Diese plötzliche Erinnerung ist also authentisch: In diesem Punkt dulde ich keinen Zweifel. Nicht, daß ich literarische Kniffe grundsätzlich ablehnen würde. Es gibt keine Kunst ohne Kunstgriffe. Kein authentisches Gedächtnis ohne künstlerische Strukturierung der Erinnerungen. In diesem bestimmten Fall aber ist es gerade ihre Wahrheit, die dieser Erinnerung eine spezifisch literarische Qualität verleiht: die Wahrheit eines lautlosen, innerlichen Aufblitzens der prachtvollen französischen Sprache in diesem spanischen Ministerrat.

Das ist aber keineswegs der Grund dafür – das Argument wäre wenig stichhaltig –, daß ich diesen Bericht auf französisch schreibe. In welcher Sprache auch immer ich schließlich geschrieben habe, häufig nach langem Zögern und einem ständigen Hin und Her, bei dem die Manuskripte meiner Bücher ähnlich die Sprachen wechselten wie eine Schlange, die sich häutet, mein dichterisches Gedächtnis ist immer ein zweisprachiges gewesen. Ein wenigstens zweisprachiges, sollte ich sagen. Es kommt ebenfalls vor, daß mir einige Verse aus den *Amores* Ovids einfallen und ich sie leise aufsage. Oder bestimmte deutsche Verse von Goethe, Heine, Hölderlin, Brecht oder Celan. Oder aber gewisse Strophen von Brodsky. In diesem Fall handelt es sich um englische Fassungen, da ich nicht imstande wäre, die Gedichte Joseph Brodskys auf russisch zu rezitieren: das ist eine Sprache, die ich nicht beherrsche. Oder die mich nicht beherrscht. Die sich nie die Mühe gemacht hat, sich für mich zu interessieren.

Wenn ich dieses Buch also auf französisch schreibe – ohne zu zögern, in fester Absicht –, dann deshalb, um Abstand zu gewinnen, um mich unter den Schutz der Sprache selbst zu stellen. Die Gefahr eines derartigen Unterfangens, das zwangsläufig, ja geradezu unwiderstehlich in der ersten Person Singular abgefaßt und damit von Singularität durchtränkt sein muß, liegt in einer allzu großen Nähe zum Ereignis, zu den handelnden Personen der Geschichte. In einer Promiskuität der Erinnerungen. Eine weitere Gefahr liegt in jener Versuchung zum Pittoresken, die leicht zum Anekdotischen verkommen kann. Im äußersten Fall zum Klatsch. Freilich stellen pikante Anekdoten, nicht völlig an den Haaren herbeigezogene Gerüchte oder kleine, spitze oder komische Bemerkungen das Salz derartiger Berichte dar. Sie spiegeln darüber hinaus auch das von der Umwelt abgekapselte, endogame, narzißtische Leben der Zirkel der Macht wider, wo immer diese auch sein mögen. Letzten Endes überall: Macht gibt es überall. Man hat aber die Wahl, ob man sich auf sie einläßt oder nicht, und auf französisch zu schreiben hilft mir, mich nicht auf sie einzulassen, eine Auswahl zu treffen: zwingt mich zu einem Abstand von der berichteten und analysierten Situation. Zu den Personen dieser Geschichte, und auch zu mir selbst. Denn ich wende mich an einen hypothetischen Leser, der über die pikanten Details nicht Bescheid weiß, der nicht zum Komplizen meiner augenzwinkernden Anspielungen und Andeutungen werden kann: an einen französischen Leser, der sich nur für die allgemeine Bedeutung der Ereignisse interessieren wird, da er, von einigen seltenen Ausnahmen abgesehen, wohl nicht in der Lage ist, die spanischen Besonderheiten zu würdigen. Daß dieser Bericht auf französisch geschrieben wurde, bringt ihn vermutlich um einen Teil seiner Unmittelbarkeit, seiner Schärfe. Was ich aber auf der einen Seite verliere, gewinne ich möglicherweise auf der anderen, auf der der Genauigkeit.

Wie dem auch sei, ich sehe keinen Grund dafür, daß mir nur deshalb ein Sonett von Quevedo, eine *Soledad* von Góngora über das Altern oder ein Gedicht von Miguel de Unamuno einfallen müßte, weil ich in der Moncloa sitze, umgeben von spanischen Ministern. Die unversehens aufblitzende poetische Erinnerung hat mit der unmittelbaren Umgebung nichts zu tun, sie gehorcht anderen Mechanismen, völlig anderen Antrieben.

Hohes Alter, sieh unsre Eroberungen: fruchtlos sind sie, und frei sind unsre Hände. Die Bahn ist durchlaufen und nicht durchlaufen; es ist gesagt und nicht gesagt. Und heim kehren wir, unter der Bürde der Nacht, und wissen mehr von Tod und Geburt, als der Menschen Traum uns lehren mag . . .

Hohes Alter, hier bin ich.

III
Von der Kultur und ihrem Ministerium

In den ersten Wochen wohnte ich im *Palace*, da die Dienstwohnung in der Calle de Alfonso XI, die ich besichtigt hatte, noch nicht fertiggestellt war. Ich konnte sie erst im September, nach den Ferien beziehen. Das kümmerte mich weiter nicht, ich liebe das Leben in Hotels. Ich liebte das Leben im *Palace*, ich hatte dort schöne Erinnerungen. Es war vorgekommen, daß ich dort glücklich gewesen bin.

Früher, einst, hatte ich es immer so eingerichtet, daß ich abends mit dem letzten Flugzeug von Paris eintraf. Am nächsten Tag überquerte ich vor allen anderen Dingen, vor allen Verpflichtungen die Plaza de Neptuno und ging kurz nach der Öffnung des Museums in den Prado. Auch wenn es nur für einige Minuten war. Ich stellte mich vor die Boschs und die Patinirs. Oder ging in den Saal, in dem die Schwarzen Malereien Goyas zu sehen sind. Einige Momente der Träumerei vor der *Judith* aus der »Quinta del Sordo«, dem Haus des Tauben: der ganze Tag wurde davon überstrahlt, in ein dunkles Licht getaucht.

Früher, einst, in einer noch weiter zurückliegenden Vergangenheit war ich zusammen mit Domingo Dominguín ins *Palace* gegangen, um Ernest Hemingway zu treffen. Das war um die Mitte der fünfziger Jahre. Ich hatte Hemingway in El Escorial bei Antonio Ordóñez kennengelernt, der sich gerade von einer frischen Verletzung erholte: das Horn eines Stiers hatte ihm bei einem Kampf in Madrid den Schenkel durchbohrt. Ordóñez war Domingos Schwager.

Die Mahlzeit war trotz der schrillen Stimme und der unpassenden Kommentare Marys, Hemingways letzter

Frau, in einer angenehmen Atmosphäre verlaufen. Hemingway war nicht glücklich darüber, daß ich Journalist war. Er duldete keine spanischen Journalisten in seiner Nähe. Domingo hatte mich ihm unter einem der Decknamen vorgestellt, die ich während meiner Zeit im Untergrund benutzte: Larrea. Ich hätte Hemingway gerne erzählt, warum ich mich für diesen Namen entschieden hatte. Es hatte einen literarischen Grund, der ihm gefallen hätte. Ich durfte ihm aber natürlich nicht verraten, daß es sich um einen falschen Namen handelte. Domingo hatte ihm gesagt, ich sei Soziologe und bereite mich auf das Auswahlverfahren für die Besetzung eines Lehrstuhls an der Madrider Universität vor.

Entweder sah ich nicht wie ein Soziologe aus, oder Hemingway brachte Soziologen dasselbe Mißtrauen entgegen wie Journalisten. Es schien seine Zweifel jedenfalls nicht zu zerstreuen, daß ich Soziologe war. Er blieb mir gegenüber zurückhaltend. Bis ich ihn einmal zum Lachen brachte, als ich ihm José Bergamíns Definition der Soziologie zitierte: »Eine unklare Wissenschaft ohne bekannten Wohnsitz.« Im Spanischen schwingt in dieser Formel mehr mit; sie ist polysemantisch, würden Pedanten sagen. *Una ciencia vaga, sin domicilio conocido.* *Vaga* bedeutet auf spanisch nicht nur »vage, unklar«, sondern auch »faul«. Die Soziologie ist somit eine unklare, faule Wissenschaft. Und obendrein ohne bekannten Wohnsitz.

Da wurde Hemingway gesprächiger. Ich weiß nicht, ob wegen dieser Definition der Soziologie oder wegen ihres Autors, Bergamín. Er hatte ihn während des Bürgerkriegs in Madrid kennengelernt. Im Hotel *Florida*, zusammen mit André Malraux. Sein vom Alter und einer offensichtlichen, physischen Traurigkeit verhangener Blick blitzte kurz auf. José Bergamín? Er erinnerte sich sehr gut an Bergamín. Ich erwähnte, freilich ohne ins Detail zu gehen, daß dieser ein Freund meines Vaters gewesen war. Was auch stimmte. Bergamín ist tatsächlich ein Freund meines Vaters gewesen. Und er war ebenfalls ein Freund jenes Juan Larrea gewesen, dessen Namen ich für die Zwecke der Illegalität angenommen hatte. Er hätte, zumindest was das Alter betrifft, mein Vater sein können. Ich bin aber selbstverständlich auf all diese Einzelheiten nicht eingegangen.

Es war am Anfang der Mahlzeit in El Escorial, und Hemingway wurde allmählich gesprächiger. Später, als das Eis gebrochen war, unterhielt ich mich mit ihm über seine Spanien-Bücher: über den Stierkampf, den Tod, die Frauen, die Kellner, die Speisen: über die heitere und verzweifelte Fähigkeit der Spanier, an ihrem archaischen und rebellischen, offenen und verschlossenen, stolzen und geselligen Wesen festzuhalten. Ich sprach über *Wem die Stunde schlägt*. Über den Einfluß, den seine Literatur auf eine ganze Generation spanischer Schriftsteller ausgeübt hat: als ein radikales und heilsames Gegenmittel gegen die imperiale Rhetorik des Kastilischen in der frühen Franco-Ära.

Allmählich war er davon überzeugt, daß ich wirklich kein Journalist war. Ich weiß nicht, ob er mich tatsächlich für einen Soziologen hielt, aber er entspannte sich jedenfalls. Die Mahlzeit verlief in einer angenehmen Atmosphäre. Trotz Mary Hemingway.

Wir haben uns daraufhin mehrmals wiedergesehen. In einem Madrider Restaurant, das Hemingway mochte, *El Callejón*. Und auch an der Hotelbar im *Palace*. Ich war mit Domingo Dominguín hingegangen. Der alte Ernest saß da, allein, traurig, bärtig. Wir setzten uns an einen Tisch und unterhielten uns lange miteinander.

Hemingway und Domingo waren damals überall bekannt. Jedenfalls bei den Leuten, die im *Palace* verkehrten. Domingo war weniger berühmt als sein Bruder Luis Miguel. Er war zum einen nie ein so guter Torero wie Miguel gewesen und hatte sich außerdem schon seit Jahren vom Stierkampf zurückgezogen gehabt. Eines Nachmittags war er in der Arena an einen schwierigen Stier geraten. Es gibt nichts Gefährlicheres auf der Welt als einen schwierigen Stier: gefährlicher als der Teufel. Ein durchtriebener Stier, schlau genug, um die natürliche, rohe Eleganz seiner klaren und direkten Attacke auf die rote Chimäre in Zaum zu halten. Schlau genug, um den Menschen hinter der Chimäre, den Körper hinter dem roten Tuch anzugreifen. Er, Domingo, war an einen solchen Stier geraten. Das Publikum weidete sich an den Schwierigkeiten, die er hatte, um mit der Situation fertigzuwerden. Um mit dem Tod fertigzuwerden. Das Publikum forderte mit beleidigenden Zurufen, die seinen Mut, seine Männlichkeit, seine Ehre in Zweifel zogen, er möge sich dem Stier noch weiter nähern. Domingo, dessen Bauch und Schenkel von Narben übersät waren, hatte auf einmal verstanden, daß das Publikum an diesem Nachmittag seinen Tod wollte. Sein Tod hätte das ausbleibende Schauspiel gewissermaßen aufgewogen. Denn es gibt kein Schauspiel mit einem schwierigen und tückischen Stier. Es gibt nur die Arbeit des Todes. Plötzlich, mit einem Mal, hatte er den Entschluß gefaßt, nie wieder eine Arena zu betreten und seinen zukünftigen Leichnam Tausenden Dummköpfen zum Fraß vorzuwerfen. Er würde sie nie wieder betreten, zumindest nicht als Stierkämpfer. Er hatte die Arenen für immer verlassen.

Domingo war zwar weniger berühmt als Luis Miguel, sein geliebter Bruder, aber dafür beliebter. Die Leute fühlten sich zu ihm stärker hingezogen. Zum Teil vielleicht gerade deshalb, weil er weniger berühmt, ein weniger guter Torero war. Bei Luis Miguel war es die Arroganz seines Erfolges, die nicht immer gefiel: jene verführerische Aura eines Engels des Lebens, von der er bei der Arbeit des Todes umgeben war.

Hemingway und Domingo Dominguín waren an der Bar des *Palace* jedenfalls bekannt. Die Leute blieben häufig bei ihnen stehen, um sie zu grüßen. Die neugierigsten unter ihnen blickten mich nachdrücklich an und versuchten herauszufinden, wer ich war. Wurden sie allzu insistierend, wurden ihre Andeutungen allzu unüberhörbar, stellte mich Hemingway in seinem flüssigen, von einem schweren Yankee-Akzent gefärbten Spanisch vor. »Larrea, Soziologe.« Und fügte laut auflachend Bergamíns Definition hinzu, freilich ohne die Quelle zu erwähnen. »Die Soziologie, Sie wissen ja: eine unklare und faule Wissenschaft, ohne bekannten Wohnsitz!« Er sagte es auf spanisch, mit einem gemeinsamen Wort für »unklar« und »faul«. Ich erwähne dies nochmals, damit der geneigte französische Leser diese kastilische und polysemantische Ironie voll auskosten kann. Die Leute lachten über Hemingways Bemerkung, auch wenn ihnen ihr Sinn nicht ganz klar war. Oder ihr Unsinn. Aber selbst wenn sie nicht gelacht hätten, Hemingway hätte auch für sich allein gelacht. An dieser Definition der Soziologie schien er sichtlich Gefallen gefunden zu haben.

Eines Tages benutzte Domingo die völlige Sicherheit vor dem Entdecktwerden, die ich in ihrer Gesellschaft genoß, dazu, um mich einer der Personen vorzustellen, die an unseren Tisch gekommen waren, Don Ernesto zu begrüßen. Es war ein Polizeikommissar, ein Stierkampfliebhaber. Domingo fand es äußerst amüsant, im Herbst 1956 einen Polizeikommissar mit einem Mitglied des Politbüros der illegalen Kommunistischen Partei bekanntzumachen.

1988 aber, als ich Minister wurde, war Hemingway bereits tot. Domingo ebenfalls. Sie hatten beide ihrem Leben ein Ende gesetzt. Sie hatten sich beide eine Kugel in den Kopf gejagt. Ich war überrascht. Ich spreche natürlich von Domingo: ich war überrascht über Domingo, den vitalsten Menschen, den ich jemals gekannt habe. Erfindungsreich wie das Leben selbst. Unvorhersehbar wie das Leben selbst. Vielleicht, niemand wird es je wissen, vielleicht hatte er gerade wegen dieser Lebenskühnheit die Versuchung des Todes empfunden. An einem Abend allein? Wer weiß?

Im Fall von Hemingway war ich hingegen keineswegs überrascht. In Madrid, fünf Jahre zuvor, hatte man bereits den Tod um den alten Ernest herumschleichen sehen. Ich spreche nicht vom Unfalltod, der immer schon um ihn herumgeschlichen war. Ich spreche von jenem Tod, der wie ein Abendnebel aus ihm selbst emporstieg. In der Bar des *Palace* hatte er aber seine großen Auftritte. Er prahlte, daß sich die Balken bogen, rühmte sich ziemlich unwahrscheinlicher sexueller Heldentaten. Er war mit den spanischen Argotausdrücken auf sexuellem Gebiet sehr gut vertraut, der alte Ernest. Trotz der ungeschminkten und schrillen Wahrheit der spanischen Wörter waren seine sexuellen Heldentaten aber wenig glaubhaft. Vor allem dann, wenn er vorgab, sie in der letzten Nacht mit Mary vollbracht zu haben. Denn es war offensichtlich, daß es mit Mary keine sexuellen Heldentaten mehr zu vollbringen gab. Keine Heldentaten mehr, keine Lust, kein sexueller Austausch mit Mary, das war deutlich zu sehen. Es war klar, daß dieses Paar die Zeit des Begehrens, das Territorium der körperlichen Zärtlichkeit hinter sich gelassen hatte.

Hemingway konnte tun, was er wollte, der Tod hockte in seinen Augen. Er konnte nicht mehr schreiben, und es gibt für einen Schriftsteller keinen schlimmeren Tod, als nicht mehr schreiben zu können. Das ist in Wahrheit die einzige Art, auf die er stirbt: selbst wenn er dadurch unsterblich wird. Das Ende des Begehrens kann man wahrscheinlich überleben. Das Ende des Schreibens kann man nicht überleben, wenn man Schriftsteller ist. Hemingway hat nach diesen Nachmittagen in der Bar des *Palace*, fünf Jahre vor seinem Tod, freilich noch einiges geschrieben. Texte auf Bestellung, die er daraufhin nicht in Sammelbänden abgedruckt haben wollte. Und auch *The Dangerous Summer*. Eine Reportage über eine Stierkampfsaison, die unter dem Zeichen der Rivalität zwischen Luis Miguel Domínguin und seinem Schwager Antonio Ordóñez stand. Über diesem Text, der erst viel später als Buch erschienen ist, schwebte bereits der Schatten des Todes. Und nicht nur der Schatten von *Tod am Nachmittag*, das weit früher entstanden und viel besser war als die Reportage über den gefährlichen Sommer. Nicht nur der Schatten jenes Todes, der in diesem Sommer 1959 auf die Körper von Domínguin und Ordóñez gefallen war. Sondern vor allem der Schatten jenes Todes, der sein Schreiben eingeholt hatte. *The Dangerous Summer* ist ein Text, in dem Hemingway versucht, wie Hemingway zu schreiben: es gelingt ihm nur selten. Es gelingt ihm nur in der Wiederholung stilistischer Höhepunkte und Bravourstücke, die er bereits lange zuvor fertiggebracht hatte. Sofern man bei *The Dangerous Summer* überhaupt von einem gelungenen Text sprechen kann, ist es ausschließlich darin gelungen, ein Schreiben zu Grabe zu tragen.

Selbst wenn er sich in der Bar des *Palace* zweifelhafter sexueller Heldentaten rühmte – das heißt: deren Wahrheitsgehalt man anzweifeln konnte, auch wenn sie moralisch einwandfrei: ehelicher Natur waren –, verfiel Hemingway nie dem jämmerlichen Hang zu schriftstellerischer Aufschneiderei. Wenn er über seine Arbeit sprach, was nur selten der Fall war, dann tat er dies immer mit Genauigkeit und Bescheidenheit. Und auch mit einer gewissen Wehmut.

Eines Tages hatte ich nach einer seiner illusionslosen Betrachtungen über die Kunst des Schreibens den Sog verspürt, der von seinem abgründigen Schweigen ausging. Ich fragte ihn, ob er den Aufsatz von Claude-Edmonde Magny über den amerikanischen Roman kenne. Nein, das sagte ihm nichts. Warum sollte er auch Bücher über den amerikanischen Roman lesen, rief er aus. Es ist mein Beruf, amerikanische Romane zu schreiben, und nicht irgendeine Scheiße über den amerikanischen Roman zu lesen, polterte er. Natürlich, wandte ich ein, aber in diesem Fall handelt es sich eben nicht um Scheiße. Das Buch enthalte ein faszinierendes Kapitel über ihn. Das besänftigte ihn sofort. Ein Kapitel über ihn? und? Ich nannte ihm seinen Titel: Hemingway oder die Verherrlichung des Augenblicks. In diesem Moment kam aber jemand an unseren Tisch. Ein Arzt wollte Hemingway, der sich schon seit längerer Zeit nicht mehr ganz gesund fühlte, untersuchen. Als Hemingway uns verließ, um dem Arzt zu folgen, wandte er sich nochmals kurz mir zu: »Die Verherrlichung des Augenblicks?« fragte er. »Sie müssen mir das nächste Mal mehr davon erzählen, Larrea!«

Ich habe aber Ernest Hemingway nie mehr wiedergesehen.

1988, als ich Minister wurde, war er bereits tot. Domingo auch. Ich habe im *Palace*, in der großen Halle im Erdgeschoß unter der farbig verglasten Rotunde oft an sie gedacht. An dieses Leben, an diese beiden Toten. An diesen Tod, an diese beiden Lebenden. Domingo hatte sich am anderen Ende der Welt, in Guayaquil, eine Kugel in den Kopf gejagt. Viele Jahre später lernte ich die Frau kennen, mit der Domingo damals sein Leben geteilt hatte. Sofern man sein Leben wirklich mit einer Frau teilen kann. Oder mit sonst jemandem. Sofern man sein Leben mit etwas anderem teilen kann als mit dem Tod.

Wie auch immer, diese Frau, die ihr Leben mit Domingo zu teilen geglaubt hatte oder der anscheinend zumindest ein Teil von Domingos Leben zugefallen war, zeigte mir den Brief, den er geschrieben hatte, kurz bevor er sich eine Kugel in den Kopf jagte.

Ich zitterte am ganzen Körper, als ich diesen Brief las.

Domingo Dominguín zitierte einen Satz, den ich in einem meiner Romane als Motto verwendet hatte. Er führte bewußt jenen Satz an, in dem es indirekt um die Frage des glücklichen Lebens ging. Denn das Leben kann manchmal dem Glück ähneln: das ist nicht undenkbar. Er hatte diesen Satz, den ich *Der zweite Tod des Ramon Mercader* vorangestellt hatte, abgeschrieben: »Für die geteilten Sonnen« und sich eine Kugel in den Kopf gejagt. In Guayaquil, am anderen Ende der Welt. Sofern man der Ansicht ist, die Welt beginne an unserem Ende. Ich zitterte am ganzen Körper, als ich den Brief Domingos an jene Frau las, mit der er nur mehr den Tod teilen konnte. Zitternd sah ich diese Frau an: Wir konnten nur mehr Domingos Tod miteinander teilen.

Im Juli 1988 wohnte ich also im *Palace*.

Domingo war aber tot, und Madrid hatte sich verändert. Vielmehr: meine Lebensweise in Madrid hatte sich verändert. Meine Beziehung zur Stadt meiner Kindheit hatte sich verändert. Dies war im übrigen nicht das erste Mal. Seitdem ich 1953 als politischer Illegaler nach Madrid zurückgekehrt war, habe ich verschiedene Arten kennengelernt, wie man dort leben kann.

Früher, bei meiner ersten Rückkehr, war mein Leben eine ausgedehnte Flanerie, ein Spaziergang ohne Ende gewesen. Auf den ersten Blick zumindest. Jedenfalls dem äußeren Anschein nach.

Ich schlenderte durch die Straßen, stellte mich an die Theken von Cafés, ging in Museen und Buchhandlungen. Der Weg, der mich von einem dieser Orte zu einem anderen führte, war scheinbar eigenwillig, gehorchte aber einer durchdachten Strategie, einem straff programmierten Zeitplan. Ich hatte Tag für Tag bestimmte Kontakte und Besprechungen sicherzustellen. Und ich stellte sie sicher, in den beiden Bedeutungen des Wortes: indem ich sie zum gewünschten Ergebnis führte und indem ich sie für alle Beteiligten in völliger Sicherheit ablaufen ließ.

Wenn ich mich bei dieser Gelegenheit auf mich selbst besinne und frage, wofür ich im Leben begabt war, dann weiß ich eines mit Gewißheit: ich war für das Leben im Untergrund begabt. Das war der Beruf, in dem ich am erfolgreichsten war, ganz gleich, welche anderen guten Eigenschaften man mir darüber hinaus zubilligen mag. Ich war ein ausgezeichneter Illegaler. Zu den Treffen, ganz gleich, ob sie auf der Straße oder in einem geschlossenen Raum stattfanden, traf ich nie überstürzt, nie in letzter Minute ein. Ich kam niemals direkt mit dem Taxi. Es war mir lieber, zu Fuß hinzugehen, ein wenig vor der Zeit, um mich in der Umgebung etwas umsehen, die Atmosphäre des Viertels schnuppern zu können. In einer Gegend, die einem vertraut ist, fallen einem ungewöhnliche Dinge immer sofort auf: merkwürdige Spaziergänger, verdächtige Autos: Zeichen. Es bleibt in einem solchen Fall genug Zeit, um unauffällig zu verschwinden, sich in Luft aufzulösen. Das Flanieren wurde so zu einer Verteidigungs-, zu einer Überlebensstrategie.

Ich hatte überlebt. Es war den Männern der franquistischen Geheimpolizei nie gelungen, mich zu beschatten, mir eine Falle zu stellen.

Einige Wochen nach meiner Ankunft in Madrid empfand ich jedoch einen Moment des Zweifels. Eine rückblickende Gefühlsaufwallung. Ich nahm an einem diplomatischen Empfang teil. Ich hielt ein Glas in der Hand und begann mich gerade zu langweilen, als ich einen Mann auf mich zutreten sah.

Er mußte in den Vierzigern sein, aber eher auf der schlechten Seite der Vierziger. Sein Schnurrbart war typisch spanisch. Er trug graue Kleidung. Ich spreche nicht von ihrer Farbe, an die ich mich nicht mehr erinnere. Ich spreche von ihrer Banalität: Allerweltskleidung in einem funktionellen Grau. In einem Funktionärsgrau. Ich stellte fest, daß sein Lächeln einnehmender war als seine äußere Erscheinung. Denn dieser Unbekannte kam mit einem strahlenden Lächeln auf mich zu. Er sah überglücklich aus, mich zu treffen. Er eilte durch die Menschenmenge dieses diplomatischen Empfangs auf mich zu und trug als Wegzehrung ein breites, glückliches Lächeln zur Schau.

Bei mir angekommen, stellte er sich vor.

»Herr Minister«, sagte er, »erlauben Sie mir, mich vorzustellen . . . Ich bin Oberinspektor Soundso . . .«

Er nannte mir seinen Namen, den ich nicht behalten habe. Sein Name ist für die Geschichte, die ich erzähle, jedenfalls ohne Bedeutung. Sein Beruf hingegen schon: Oberinspektor. Es überraschte mich keineswegs, daß er von der Polizei war, dieser Mann, der mit einem seligen Grinsen auf mich zugekommen war.

Ich nickte, murmelte, ich sei sehr erfreut, und wartete

auf die Fortsetzung. Es mußte eine Fortsetzung geben, das war klar.

Und da kam sie auch schon.

»Ich bin sehr froh, Sie kennenzulernen, Herr Minister . . . Als ich vor Jahren die Aufnahmeprüfung in die Polizei bestanden hatte, war es meine erste Aufgabe, Sie zu beschatten!«

Ich fuhr hoch. Der Typ war ein Aufschneider: keinem Polizisten der Franco-Diktatur war es je gelungen, mich zu beschatten. Dessen glaubte ich mir völlig sicher zu sein.

»Mich beschatten?« erwiderte ich. »Das war in welchem Jahr?«

Er nannte mir das Jahr, ich lachte erleichtert auf.

»1971? Da war alles schon längst vorbei, in diesem Jahr! Da haben Sie sich keine großen Verdienste erworben! Für eine Beschattung war es damals schon viel zu spät . . . Ich hatte einen echten Paß und war ganz legal unterwegs . . . Ich gab nicht mehr acht, wissen Sie!«

Das wolle er auch nicht leugnen. Er wolle sich nicht einer polizeilichen Heldentat rühmen. Er sei bloß 1971 eines schönen Tages, sagte er, in die Generaldirektion der Sicherheitspolizei gerufen worden. Er hatte gerade die Aufnahmeprüfung für den Polizeidienst bestanden. Man habe ihm Fotos von mir vorgelegt und mitgeteilt, daß ich am Tag darauf zu dieser oder jener Zeit aus Paris kommend am Madrider Flughafen ankommen werde. Man habe ihm gesagt, wer ich sei: Federico Sánchez. Ich hätte einen regulären Paß, habe man hinzugefügt. Es ginge lediglich darum, mich im Auge zu behalten, die Personen, die ich traf, nach Möglichkeit zu identifizieren und in einer Liste zu erfassen. Vor allem nicht eingreifen, mich ungehindert kommen und gehen lassen.

Ich zuckte mit den Schultern. Ich dachte, daß sich die

franquistische Polizei nach dem endgültigen Untertau-
chen von Federico Sánchez doch mehr für mich interessiert hatte, als ich glaubte. Ich hätte diesen grinsenden
Polizisten, der so glücklich darüber war, daß er mir seine
kleine Geschichte erzählen konnte, beinahe gefragt, ob
er sich an die Personen erinnerte, die ich während meines
Aufenthalts in Madrid getroffen hatte. Aber ich habe es
nicht getan. Ich würde mich doch von ihm in kein Gespräch verwickeln lassen. Er hatte mir die kleine Geschichte erzählt, die ihm am Herzen lag, das mußte genügen.

Außerdem war ich nicht darauf angewiesen, daß er
mir die Namen derer nannte, die ich während dieses Auf-
enthaltes 1971 in Madrid getroffen hatte. Ich bin in Madrid immer mit denselben Freunden verkehrt. 1971 lebte
Domingo Dominguín noch: Ich habe ihn sicher getroffen, sofern er gerade in Madrid war. Und ich habe sicher
auch Javier Pradera getroffen. In all diesen Jahren gab es
keine Madrid-Reise, bei der ich Pradera nicht getroffen
hätte. In all diesen Jahren der Freundschaft: ein ganzes
Leben aus Diskussionen, Lachen, Wut, Einverständnis.
Ich hatte Javier Pradera in einer Nacht im Sommer 1951
kennengelernt. Es war trotz der späten Stunde noch
drückend heiß. Ein gemeinsamer Freund hatte uns miteinander bekannt gemacht. Ich trug damals, wie schon
erwähnt, den Namen Larrea. Ich wußte, wer er war, und
kannte den Ruf, den er trotz seines jungen Alters an der
Universität genoß. Ich lud ihn auf ein Glas in einem der
Straßencafés der Castellana ein. Wir haben uns bis um
vier Uhr früh miteinander unterhalten. Wir sind seit damals im Gespräch geblieben. Seit beinahe vierzig Jahren.
Während der ganzen Zeit meiner politischen Tätigkeit
im Untergrund war er mein fähigster Mitarbeiter, der
klarsichtigste. Später, als ich aus dem PCE – den er kurz

darauf ebenfalls verlassen sollte – ausgeschlossen wurde, stieg er zum literarischen Direktor eines der bekanntesten spanischen Verlage, Alianza Editorial, auf. Als Gründungs- und Redaktionsmitglied der Tageszeitung *El País* wurde er zu einem der anerkanntesten und einflußreichsten Meinungsmacher der spanischen Demokratie. Ich hatte also alles in allem gut gewählt, als ich in dieser längst vergangenen Sommernacht das ganze Feuerwerk meiner Dialektik abbrannte, um ihn für eine gemeinsame Arbeit im Untergrund zu gewinnen!

Nein, ich war wirklich nicht auf diesen Polizeiinspektor angewiesen, um mich an die Freunde erinnern zu können, die ich 1971 getroffen hatte.

Ich drückte ihm meine Freude aus, ihn kennengelernt zu haben, und verabschiedete ihn.

Wenige Minuten später war er aber schon wieder da. Plötzlich sah ich, wie er genauso vergnügt wie zuvor zurückkam. Dieses Mal war er nicht allein. Er war in Begleitung eines anderen Polizisten. Eines Mannes, der jedenfalls auch wie ein Polizist aussah. Dieser andere Mann war älter. Und er hatte ein vertrautes Gesicht. Das heißt: ich erkannte dieses Gesicht zwar nicht wieder, es kam mir aber irgendwie vertraut vor. Ich wußte nicht, wer er war, hatte aber das Gefühl, ihn schon einmal gesehen zu haben.

Es ging mir aber auf alle Fälle auf die Nerven, daß er, allein oder nicht, zu mir zurückkam. Ich machte mich bereit, ihn kühl zu empfangen.

»Herr Minister«, plapperte er ganz aufgeregt drauflos, »darf ich Ihnen Kommissar Ballesteros vorstellen . . .«

Ich deutete einen Gruß an und verbiß mir einen saftigen Fluch. Ich wußte, daß mir dieses Gesicht nicht unbekannt war. Der Kommissar Ballesteros hatte in der Geheimpolizei Francos schon gegen Ende meiner Zeit im Untergrund von sich reden gemacht. Ich wußte, daß er in den Nachrichtendiensten des neuen Regimes weitergearbeitet hatte.

Kommissar Ballesteros war im Gegensatz zu seinem Kollegen gar nicht vergnügt. Er schien unbewegt, blickte mich kalt an. In seinen Augen schien dennoch etwas wie Respekt aufzuleuchten. Oder Wertschätzung, wahrscheinlich beruflicher Art.

Der jüngere Inspektor schwätzte munter drauflos, nun zu Ballesteros gewandt.

»Ich erzählte dem Herrn Minister gerade, daß es meine erste Aufgabe bei der Polizei war, ihn zu beschatten . . .«

Ein feines, aber sofort wieder erlöschendes Lächeln huschte über das verschlossene Gesicht des Kommissars.

»Ja«, sagte er, »der Herr Minister ist jemand, den wir häufig beschattet haben . . .«

Ich hatte nicht einmal Zeit zu protestieren.

»Oder vielmehr jemand«, fügte Ballesteros hinzu, »den wir häufig *versucht* haben zu beschatten . . .«

Er betonte nachdrücklich das »versucht«.

Ich konnte nicht anders, als herzlich aufzulachen.

»Kommissar«, sagte ich, »das ist das schönste Kompliment, das Sie mir machen können!«

Und kehrte den beiden den Rücken zu.

Ich ließ den Kommissar Ballesteros, den von allen Regimes geschätzten Geheimdienstexperten, und den Inspektor, dessen Name mein Gedächtnis nicht belastet hat, stehen.

Der Übergang zur Demokratie war in Spanien, wie schon häufig festgestellt worden ist, durch einen allmählichen und friedlichen Verlauf gekennzeichnet. Er war, um das Schlagwort aufzugreifen, mit dem Václav Havel die antitotalitäre Revolution 1989 in Prag bezeichnet hat, ein *samtener Übergang*. Der Übergang Spaniens von der Diktatur zur Demokratie ist das einzige mir bekannte historische Beispiel, das dem Hegelschen Modell insofern entspricht, als es den Begriff der Aufhebung einlöst: die dialektische Erhaltung-Überwindung der Vergangenheit im Werden (in der Gegenwart und in Gegenwart – oder unter dem Primat?) der Zukunft.

Freilich vollzieht sich bei jeder großen politischen Revolution – Exkurse über Tocqueville wären hier wohl fehl am Platz – eine derartige Erhaltung und Überwindung der Formen und Strukturen des alten Regimes. In den meisten Fällen kommt es zu dieser Erhaltung-Überwindung jedoch infolge und trotz – oder wegen? – eines gewaltsamen, immer blutigen und auch langwierigen revolutionären Umbruchs.

In Spanien wurde die Entwicklung hingegen ungeachtet einiger rhetorischer Beteuerungen aus dem Umfeld der traditionellen Linken – die Sozialistische Partei unter Felipe González war zwar schnell genug ihrem Mutterschoß und den Topoi dieser Tradition entrissen worden, um das Schlimmste zu verhüten und diese Loslösung unwiderruflich zu machen; meines Erachtens aber nicht gründlich genug, um aus ihr wirklich neue Werte und eine neue politische Kultur hervorgehen zu lassen –, ungeachtet einiger großsprecherischen, von einem Teil der Linken zu Beginn dieses Übergangs abgegebener Stellungnahmen von einem überwältigend mehrheitlichen Bürgerwillen getragen: von dem Willen zu einer progressiven, friedlichen und gemäßigten Reform, der sich in diesem Veränderungsprozeß, der gelegentlich auch über sein Ziel hinausschoß, stets zu den vertrauenseinflößenden Werten der Kontinuität bekannte.

Diese Reife des spanischen Volkes, seine außerordentliche politische Intelligenz waren der wesentliche historische Faktor dieser entscheidenden Periode. Die ihre zentralen Figuren hatte, ihre Hauptdarsteller: Persönlichkeiten, in denen sich die Bestrebungen des Volkes verkörperten und die daher imstande waren, diesen Bestrebungen eine konkrete Gestalt zu verleihen. Nichts von alldem wäre aber möglich gewesen, alles wäre, gelinde gesagt, weit schwieriger und zweifellos gewaltsamer verlaufen, wenn das spanische Volk nicht bei jeder sich ihm bietenden Gelegenheit, bei jeder Wahl also, massiv für die Reform und gegen den Umbruch, für gemäßigte und gegen extremistische Positionen, für die Chancen der Zukunft und gegen selbst die heroischsten Verdienste der Vergangenheit eingetreten wäre.

Daraus erklärt sich die mehrheitliche Unterstützung für die rechtszentristische Koalition unter Adolfo Suárez in der ersten, konstitutiven Phase des Übergangs. Daraus wird aber auch – einige Jahre später, als die zentristische Koalition abbröckelt und die spanische Gesellschaft zutiefst die objektive Notwendigkeit verspürt, den Prozeß der Demokratisierung in einem zweiten Anlauf voranzutreiben – der Erdrutschsieg der Sozialistischen Partei bei den Wahlen 1982 verständlich, der ihr ermöglichte, ihre absolute Mehrheit zwei weitere Male, 1986 und 1989, zu behaupten.

Und schließlich erklärt sich auch der Verfall der Kommunistischen Partei als einer maßgebenden politischen Kraft – ein Verfall, der schon lange vor dem Zusammenbruch der staatskommunistischen Systeme Osteuropas einsetzte und somit im wesentlichen internen Faktoren

zuzuschreiben ist – durch eben diesen kollektiven Weitblick der Spanier. Entgegen den forschen Prognosen vieler Beobachter aus dem Umfeld der französischen Linken hatte der PCE der Anziehungskraft der Demokratie
nicht viel entgegenzusetzen. Er zerfiel zu Staub, wie eine
Mumie, die der sauerstoffarmen Atmosphäre eines Gra-
bes entrissen wird. Seine Vergangenheit, so heldenhaft
sie auch gewesen sein mag, interessierte nicht mehr: sie
konnte nur schwer mit der gesellschaftlichen Wirklichkeit in Einklang gebracht werden. Die Zukunft, die er
ankündigte, interessierte noch weniger: sie war keine
Utopie mehr, sondern ein Alptraum. Der PCE, zwischen
dieser Vergangenheit und dieser Zukunft in einer aus-
sichtslosen Lage, rieb sich in taktischen Manövern des
Apparats, in Rivalitäten zwischen Parteibonzen und
opportunistischen Kehrtwendungen auf. Er war in Spanien zwischen 1936 und 1939 durch die Gewalt der Ba-
jonette des Bürgerkriegs an die Macht gekommen und
wurde dem Willen des Volkes gemäß von der politischen
Bühne verabschiedet.

Dieser »Erfindung einer demokratischen Tradition«,
um den Titel eines Aufsatzes von Victor Pérez Diaz zu
zitieren, eines der luzidesten Intellektuellen des heutigen
Spanien, »ist jedoch ganz wesentlich ein kollektives, teils
bewußtes, teils unbewußtes Bestreben zugute gekommen, gewisse geschichtliche Epochen zu vergessen und
andere umzudeuten. Die franquistische Vergangenheit
wurde in der Öffentlichkeit nur wenig diskutiert, meist
mit Schweigen übergangen. Jede Anspielung auf eine
persönliche Beteiligung am Bürgerkrieg wurde sorgfältig
vermieden. Mit Schweigen übergangen wurden auch die
Symbole des Krieges, sowohl die der Sieger als auch die
der Besiegten. Die Kirche vergaß ihre heiligen Kreuz-
züge, die Kommunisten und Anarchisten vergaßen ihre

Revolution, die Todesstrafe wurde abgeschafft. Das Land schuf sich ein friedfertiges, von Dialog, Toleranz und gegenseitigem Verständnis geprägtes Selbstbild . . .«

Diese kollektive, teils instinktive und spontane, teils von jenen Parteien bewußt orchestrierte Amnesie, die bei diesem *samtenen Übergang* die Führungsrolle übernommen hatten, ist zweifellos eine der wesentlichen Kennzeichen des letzten Jahrzehnts. Es gab in Spanien weder Säuberungen noch Untersuchungskommissionen, noch massive politische Polemiken um den Bürgerkrieg von 1936 bis 1939, der doch unbestreitbar das zentrale historische Ereignis dieses Jahrhunderts war.

All das macht begreiflich, daß ich auf einem diplomatischen Empfang die Bekanntschaft von Kommissar Ballesteros machen und allmorgendlich in den Zeitungen die Namen jener Journalisten lesen konnte, die schon im Faschismus aktiv, einflußreich und gefürchtet waren.

Diese massive Amnesie wirkte sich in der ersten, konstitutiven Periode des Übergangs, als es darum ging, das demokratische System zu errichten und zu konsolidieren, sicherlich positiv aus. Ohne diese kollektive – und im übrigen mit den Eigentümlichkeiten und Stereotypen der spanischen Seele, mit ihrem vorgeblichen Hang zu Gewalt und Tod nur schwer zu vereinbarende – Zurückhaltung wären nicht die Werte und Probleme der Zukunft, sondern die Mythen der Vergangenheit im Vordergrund der politischen und moralischen Strategien gestanden.

In einer Phase jedoch, in der der Zusammenbruch der kommunistischen Systeme mit jener anderen, in vielerlei Hinsicht qualitativ neuen Krise der parlamentarischen Demokratie in den meisten westlichen Ländern zusammenfällt, in der sich die Tendenz zu einer übernationalen europäischen Integration mit dem rapiden Anwachsen nationalistischer Strömungen konfrontiert sieht, die schwer zu handhaben seien und entweder positive oder negative Auswirkungen haben werden – negative, wenn sie zu einem barbarischen Wuchern ethnischer Staatsgemeinschaften, identitätsbesessener Bürokratien führen; positive insofern, als sie als erste Anzeichen der Auflösung totalitärer Imperien gelten können – genau in dieser entscheidenden Phase der zeitgenössischen Geschichte kann diese Frage neu gestellt werden.

Wird der bis heute vorherrschende Konsens der Wiederversöhnung, der im großen und ganzen positive Ergebnisse gebracht hat, tatsächlich ausreichen, um die jetzt einsetzende Phase der realen und dynamischen Institutionalisierung der mittlerweile bewährten Demokratie zu bewältigen? Ist die Demokratie nicht gerade das System, das von seinen inneren, in sozialer Transparenz und unter Beteiligung der Bürger eingegangenen und ausgetragenen Konflikten lebt und sich mit Hilfe dieser Konflikte weiterentwickelt? Ist jetzt nicht der Augenblick dafür gekommen, sich gemeinsam der *Wiederkehr des Verdrängten* zu stellen, unsere selbstgewollte Amnesie jener sozialen Konflikte und politischen Gegensätze, die schließlich im Bürgerkrieg kulminierten, hinter uns zu lassen und sie – ohne Groll, ohne Gedanken an Revanche oder Heimzahlung, versteht sich – mit dem Willen zu einer gesellschaftlichen Weiterentwicklung auszutragen, die sich weder den revolutionären Mythen der Vergangenheit noch den Tabus oder Ausgrenzungen der Gegenwart ausliefert?

Jedesmal, wenn ich in diesen Julitagen 1988 mein Zimmer verließ, standen zwei Polizisten im Korridor des *Palace*. Sie waren zu meinem Schutz da, was mich, zumindest anfangs, immer wieder überraschte. Oder in mir ein Gefühl des Unbehagens weckte: ich mußte mich erst daran gewöhnen, von der Polizei beschützt, anstatt verfolgt zu werden.

Einer dieser Männer – es waren selbstverständlich mehrere, die sich bei diesem Wachdienst ablösten – war den ganzen Tag und die ganze Nacht über im Korridor des *Palace* postiert, wo er das Kommen und Gehen überwachte. Der andere begleitete mich ständig, verlor mich nie aus den Augen. Selbst wenn ich mich im Ministerium von einem Büro in ein anderes begab oder das private Eßzimmer im letzten Stockwerk aufsuchte, blieb mir dieser Sicherheitsoffizier ständig auf den Fersen.

Dieser lückenlose Polizeischutz war, so unauffällig oder, besser gesagt, so unsichtbar er sich zu machen wußte und so persönlich sympathisch mir die mit dieser Aufgabe betrauten Männer auch gewesen sein mögen, und sie waren es, sicherlich einer der unangenehmsten Aspekte meines Lebens als Minister. Ähnlich unangenehm war nur die mir von manchen Personen entgegengebrachte kriecherische Höflichkeit und Unterwürfigkeit, vor allem dann, wenn sie grundlos war und nicht einmal vorgab, um eine Vergünstigung oder ein Vorrecht zu bitten, sondern bloßer Ausdruck einer Dienstbotenseele, ob diese nun von einem berühmten Schriftsteller oder einem wohlhabenden Finanzier in all ihrer Ekelhaftigkeit vor mir ausgebreitet wurde.

Welche Meinung ich auch zum Thema meiner Bewachung haben mochte, es gab keine Möglichkeit, die allgemeinen und in Hinblick auf die ständige Bedrohung durch terroristische Attentate der ETA getroffenen Sicherheitsvorkehrungen zu umgehen, außer mit einem beträchtlichen Aufwand an Einfallsreichtum und Zeit: es war nicht der Mühe wert. Ich mußte knapp drei Jahre lang die Unannehmlichkeiten eines Begleitschutzes hinnehmen, der die Spontaneität des Alltagslebens auf manchmal komische, meist aber ärgerliche Weise beeinträchtigte.

Als letzte Zuflucht stand mir unter diesen Bedingungen die Möglichkeit offen, an den Wochenenden nach Paris zu flüchten, und wenn es nur für vierundzwanzig Stunden war. Es war mir gelungen, mich während meiner privaten Reisen nach Paris meiner Eskorte zu entledigen. Ich fand die anonyme Atmosphäre öffentlicher Verkehrsmittel, ihrer stets neuen menschlichen Komödie wieder. Ich konnte wieder Spaziergänge, Stunden des Flanierens in Buchhandlungen und Galerien oder Café-Gespräche mit Freunden von früher und seit jeher genießen. Einige flüchtige Augenblicke lang wurde das Leben wieder persönlich, gewann seine Dichte, seine Geheimnisse, seine Improvisationen wieder.

Trotz dieser Nachteile eines ständigen Polizeischutzes war meine Ankunft im Ministerium eher vergnüglich. Für mich, muß ich hinzufügen. Ich machte mich mit einer Begeisterung an die Arbeit, die mich selbst überraschte. Deren Antrieb und Ursache eine nie nachlassende Neugier war, die allen Aspekten meiner neuen Aufgabe galt.

Ich traf frühmorgens, lange vor den meisten hochrangigen Beamten des Ministeriums ein. Mein Büro war geräumig, möbliert und diskret eingerichtet, ohne übertriebenen Luxus und ohne eklatante Geschmacksverirrung. In diesen Madrider Hundstagen – die Gluthitze fiel wie ein Fallbeil auf die Passanten, sobald sich die Sonne hoch über den Himmel erhoben hatte – war es in ihm vor allem angenehm kühl, und es herrschte dank einer gut eingestellten Klimaanlage und der Doppelfenster der Glaswand auf die Plaza del Rey eine kompakte Stille. Ich habe die von meinem Vorgänger, Javier Solana, hinterlassene Inneneinrichtung unverändert beibehalten. Vielleicht, weil ich diesen Raum nie als etwas Privates betrachtet habe, das ich mit Zeichen meiner Identität hätte versehen oder markieren müssen.

Jeden Morgen fand ich auf meinem Schreibtisch die Mappe mit der von meinem Sekretariat sortierten und registrierten Korrespondenz, die Unterschriftenmappe sowie den täglichen Pressespiegel vor.

Ich begann mit letzerem.

So stieß sich schon am 14. Juli, also zwei Tage nach meinem Amtsantritt, das Wirtschaftsblatt *Expansión* an der bloßen Existenz des Kulturministeriums. Unter dem Titel *Das unbegreifliche Ministerium* entwickelte die Leitartiklerin der Tageszeitung eine Argumentation, die im wesentlichen aus folgenden Zeilen bestand:

»Unbegreiflich ist, daß im Organigramm der Regierung unverändert jenes Ressort aufscheint, das Jorge Semprún zugefallen ist: das längst überholte Kulturministerium. Denn die Existenz von Ministerien für kulturelle Angelegenheiten ist nur in zwei Arten von Staaten begreiflich: in unterentwickelten, in denen nur der Staat über die nötigen Mittel verfügt, um kulturellen Bedürfnissen nachzukommen, und in – gleich ob rechten oder linken – Diktaturen, deren Machthaber die Kultur aus Angst vor ideologischer Unterwanderung kontrollieren und überwachen, ihr den Stempel des Offiziellen aufdrücken, um sie sich desto ungehinderter dienstbar machen zu können.«

In diesem Leitartikel wird eine Frage angeschnitten, die nicht zu umgehen ist: Welche Beziehungen herrschen in einem demokratischen Land zwischen Kultur und Staat? Oder genauer gesagt: welche Rolle spielt der Staat in diesem Bereich? Soll er, abgesehen von der unerläßlichen Pflege des Kulturerbes, überhaupt eine Rolle spielen?

Die oben angeführten Argumente zur prinzipiellen Überflüssigkeit von Kulturministerien in demokratischen Ländern sind allerdings nur wenig stichhaltig.

Es ist zunächst falsch, das Bestehen derartiger Ministerien in einen direkten Zusammenhang mit einem Mangel an Freiheit oder Wohlstand zu stellen, so als ob nur arme oder totalitäre Länder einen Bedarf an Kultur hätten.

In Spanien ist das Kulturministerium jedenfalls erst von der Demokratie geschaffen worden. Es war Adolfo Suárez, der dieses Ressort nach dem Sieg seiner Partei – oder eher seiner Parteienkoalition –, der *Unión de Centro Democrático*, die bei den ersten freien Wahlen 1977 die absolute Mehrheit der Parlamentssitze gewann, gegründet hat. Zuvor, unter der Diktatur, hatte es lediglich ein Informations- und Tourismusministerium gegeben, dem eine hauptsächlich mit Zensur und Propaganda beschäftigte Generaldirektion für Volkskultur und Theater angegliedert war. Die in ihren Archiven Polizeiakten zu allen Schriftstellern, Künstlern und Intellektuellen hortete, die des Nonkonformismus verdächtigt werden konnten.

Das spanische Kulturministerium ist somit keineswegs etwas »längst Veraltetes«, sondern ganz im Gegenteil eine »Neuheit«. Die sich seit ihrer Gründung im Jahr 1977 außerdem ständig weiterentwickelt hat.

Das von Suárez ins Leben gerufene Ministerium trug eine Bezeichnung, in der sowohl der Bruch mit der Vergangenheit als auch der Wille zur Kontinuität zum Ausdruck kam – ein charakteristisches Merkmal der Übergangsphase, aus der es hervorgegangen ist. Der Bruch wurde durch die Verwendung des Wortes »Kultur« deutlich, und die Kontinuität durch den zweiten Teil seiner offiziellen Bezeichnung: es war ein Ministerium für Kultur und Wohlfahrt. Nun ist jede Bezugnahme auf die Wohlfahrt seitens einer staatlichen Instanz verdächtig, wie man weiß. Oder wissen müßte. Jede Bestrebung des Staates, sich in einem institutionellen Rahmen um das Wohlergehen seiner Bürger zu kümmern, ist im Keim gefährlich. Wohlfahrt und Glück sind von dem Moment an zu potentiellen oder offenkundigen Gefahren geworden, da sie in Europa als neue Ideen verkündet wurden.

Im konkreten Kontext von 1977, in der Anfangsphase des spanischen Demokratisierungsprozesses, machte die Kombination von Kultur und Wohlfahrt durchaus Sinn. Diese Konzeption des Ministeriums wies auf den Fortbestand gewisser sozialer, gemeinnütziger Funktionen des Staates hin, die auf die paternalistische Tradition jenes Ständestaates zurückgehen, der in anfangs radikaler, später abgeschwächter Form während der gesamten Franco-Diktatur als vorherrschendes Gesellschaftsmodell gedient hatte. Aus diesem Grund war im Organigramm des alten Regimes auch die »Volkskultur« enthalten: die Kultur als Sozialleistung.

In den Jahren des Übergangs entledigte sich das Ministerium ähnlich einer Schlange, die sich häutet, der Relikte dieser Vergangenheit.

Es trennte sich zunächst von der in seiner offiziellen Bezeichnung enthaltenen »Wohlfahrt«. Daraufhin trennte es sich von jenem imposanten Amtsgebäude, das Manuel Fraga Iribarne, der umtriebige Minister Francos, derzeit Präsident der autonomen Regierung von Galicien und unerschütterlichste Stütze Fidel Castros in Spanien – der Objektivität halber muß man auch die historischen Verdienste Fragas anerkennen: es ist ihm gelungen, den Großteil der nach dem Tod Francos verwaisten spani-

schen Rechten, die an ihren autoritären Mythen und gesellschaftlichen Rachegelüsten laborierte, dem System
der parlamentarischen Demokratie zuzuführen –,
trennte sich von jenem Amtsgebäude also, das Don Manuel mit dem von ihm gewohnten Größenwahn an der
Castellana hatte errichten lassen. Das Gebäude wurde
an das Verteidigungsministerium abgetreten, zu dem
seine feierliche und abweisende Kargheit zweifellos auch
besser paßt.

Als ich 1988 das Ministerium übernahm, hatte es seinen Sitz bereits an der Plaza del Rey, im Herzen von Madrid; sein Organigramm war erneut konzentriert worden und betraf jetzt nur mehr kulturelle Angelegenheiten
im engeren Sinn. Das Staatssekretariat für Sport war
dem Erziehungsministerium, die Institute für Jugend-
und Frauenangelegenheiten waren dem neu geschaffenen Ministerium für Soziales angegliedert worden.

War es ein symbolischer Zufall oder ein Wink des
Schicksals? Tatsache ist jedenfalls, daß das Gebäude, in
dem die Ämter meines Ministeriums untergebracht waren, auf dem Grundstück eines ehemaligen Zirkus errichtet worden war. Genau an dieser Stelle hatte in meiner Kindheit die Kuppel des Zirkus Price gestanden, den
ich mit meinen Brüdern so oft besucht hatte. Als der Zirkus schließlich abgerissen wurde, errichtete man dort ein
modernes, recht nüchternes Gebäude, das sich in das
umgebende Stadtviertel nicht allzu schlecht einfügte. In
ihm waren zunächst die Abteilungen für Planung und
Öffentlichkeitsarbeit der Bank Urquijo untergebracht.

Auch wenn dieser Standort im Grunde absichtslos gewählt worden war, entbehrte er nicht einer gewissen Pi-
kanterie. Er konnte als Warnung dienen. Denn Zirkus-
kunststücke und Rentabilitätsdruck sind eben genau die
beiden Klippen, an denen Kulturpolitiken scheitern kön-

nen. An den beiden äußersten Enden des staatlichen Tätigkeitsbereichs, in dem interventionistische Maßnahmen und Investitionsmittel zum Tragen kommen, bilden eine vornehmlich als Spektakel und Fest konzipierte Zirkus-Politik einerseits und die rigorose Forderung nach Rentabilität des Kulturmarkts andererseits die beiden Prüfsteine und zugleich Fallgruben jeder Kulturpolitik.

Es war also völlig abwegig, wenn die Leitartiklerin von *Expansión* – einer ansonsten durchaus seriösen Wirtschaftszeitung, deren Artikel ich hier unter vielen anderen, ähnlichen, wegen der radikalen Knappheit seiner Formulierungen herangezogen habe – das Kulturministerium als etwas »längst Veraltetes«, als Relikt einer vergangenen Diktatur und Unterentwicklung darstellte . . . Von einem – an sich durchaus achtenswerten – Geist der Liberalität beseelt, argumentierte sie völlig abstrakt, ohne Rücksicht auf die historischen Tatsachen.

So gesehen, muß diese Frage im spanischen Kontext genau umgekehrt gestellt werden: Warum hat die spanische Demokratie das Bedürfnis verspürt, ein Ministerium für kulturelle Angelegenheiten zu schaffen, wo sie sich doch unter einer zunächst rechtszentristischen und später linken politischen Mehrheit der Aufgabe der wirtschaftlichen und gesellschaftlichen Modernisierung des Landes verschrieben hatte? Geschah dies nicht gerade in der Absicht, mit jener Tradition der Untätigkeit und des Autoritarismus zu brechen, die in Spanien während des größten Teils dieses Jahrhunderts die Beziehungen zwischen der öffentlichen Hand und dem kulturellen Leben geprägt hatte?

Eine objektive Analyse der unterschiedlichen Funktionen des Staates im Kulturbereich zeigt, daß nationale Traditionen dabei eine wesentliche, wenn nicht ausschlaggebende Rolle spielen.

In Großbritannien etwa wäre es bis heute undenkbar, daß sich eine zentrale Behörde mit kulturellen Angelegenheiten befaßte, die über die Pflege des künstlerischen Kulturerbes hinausgehen. Die politische Tradition der angelsächsischen Länder tendiert im allgemeinen dazu, den Staat zu entlasten, ihm jegliche Entscheidungsgewalt auf diesem Gebiet abzusprechen; sie wird den Institutionen der Zivilgesellschaft übertragen: Vereinen, Universitäten, Stiftungen, verschiedenen Berufsständen und Körperschaften sowie Einzelpersonen.

Freilich ist dieses angelsächsische Modell inzwischen in eine – vor allem in den Vereinigten Staaten spürbare – tiefe Krise geraten, und es hat den Anschein, als müßten sich die liberalen Gesellschaften auf die Suche nach neuen Regelmechanismen und neuen dialektischen Beziehungen zwischen öffentlicher und privater Initiative machen.

Was immer sich dabei auch ergeben mag, T. S. Eliot hat den traditionellen britischen Standpunkt in einem mittlerweile klassischen Text von 1948, *Notes toward the Definition of Culture*, folgendermaßen dargestellt:

»Was das Eingreifen des Staates oder einer halboffiziellen, vom Staat geldlich unterstützten Körperschaft zugunsten von Kunst und Wissenschaft betrifft«, schreibt er gegen Ende des fünften Kapitels, das den Beziehungen zwischen Kultur und Politik gewidmet ist, »so sehen wir die Notwendigkeit einer solchen Hilfe unter den gegenwärtigen Umständen nur zu gut. Wenn eine Körperschaft wie der British Council ständig Vertreter von Kunst und Wissenschaft ins Ausland entsendet und Vertreter des Auslands nach England einlädt, so ist das heute von unschätzbarem Wert – *aber es darf nicht dahin kommen, daß wir die Verhältnisse, die solche Lenkung*

notwendig machen, als normal und gesund hinnehmen«
(Hervorhebungen von mir).

Dieser zivilgesellschaftlichen Tradition der angelsächsischen Länder steht eine andere Tradition gegenüber. In
ihr werden staatliche Eingriffe auf kulturellem Gebiet als
etwas durchaus Sinnvolles, Normales betrachtet. Diese
Tradition des Etatismus wird von Frankreich in reinerer
Form als von allen anderen Ländern Europas verkörpert.

Dabei handelt es sich zweifellos um eine alte Tradition, die jedoch erst im Zuge der Revolution von 1789
ihre endgültige Entfaltung und Kodifizierung erfuhr.
Wie bedeutend auch immer das Erbe des Ancien Régime
gewesen sein mag, und es ist nicht gerade gering zu ver-
anschlagen, wie stark und in manchen Punkten entschei-
dend sich die darauffolgende napoleonische Gestaltung
zentralstaatlicher Praktiken ausgewirkt haben mag, die
Französische Revolution hat in diesem Bereich des politischen und gesellschaftlichen Lebens, wie in vielen anderen auch, unbestreitbar eine entscheidende Rolle gespielt.

Diese historische Tatsache ist während der innerfran-
zösischen Polemik um den *Etat culturel* etwas in den
Hintergrund geraten. Marc Fumarolis Essay dürfte trotz
der Triftigkeit seiner kritischen Anmerkungen sein Ziel
in der Hauptsache insofern verfehlen, als er das von De
Gaulle für André Malraux geschaffene Ministerium für
kulturelle Angelegenheiten als den Anbeginn aller staatlichen Interventionspolitik darstellt.

Will man sich von der Notwendigkeit eines Rück-
blicks in die Geschichte Frankreichs überzeugen und einen Überblick über diesen Fragenkomplex gewinnen,
schlägt man am besten in Eduard Pommiers bewun-
dernswerter Arbeit *L'Art de la liberté: Doctrine et dé-
bats de la Révolution française* nach.

Ein von Pommier zitierter Autor dieser Zeit erinnert daran, daß in der Monarchie den Künsten das Streben nach Genuß und der Hang zu verschwenderischer Prachtentfaltung zugute gekommen ist; im Anschluß daran verkündet er – wir sind im Jahr 1791 –, daß die Künste »im Reich der Freiheit Hand in Hand mit dem Streben nach Ruhm und der Liebe zur Allgemeinheit einen neuen Aufschwung nehmen, sich ausbreiten und zu voller Blüte gelangen werden«. Hier wird wohl deutlich, daß derartige Proklamationen am Ursprung eines Stils und einer Rhetorik stehen, die auf eine lange Ahnenreihe zurückblicken können.

Heutzutage würde es freilich keiner der Lobredner und Pfründner staatlicher Kulturaktivitäten wagen, den ideologischen – und damit naiven – Optimismus so weit zu treiben wie unser Autor des 18. Jahrhunderts. Zu den Schriften Winckelmanns über die Vorrangstellung der griechischen Kunst merkte dieser an: »Es bedarf nur der Willenskundgebung dieser erlauchten Versammlung von Volksvertretern, und dieselben Wunderwerke, die die schönsten Jahrhunderte Griechenlands ausgezeichnet haben, können auch in unserer Mitte geschaffen werden . . .«

Daß Genie sich durch ein Dekret der Nationalversammlung oktroyieren läßt, ist zweifellos ein Geistesblitz. Darüber sollten wir aber nicht vergessen, daß die Revolution zur selben Zeit in den Stein des Hauptportals der Kirche von Houdan die Inschrift einmeißeln ließ: »Das französische Volk erkennt die Existenz des Höchsten Wesens und der Unsterblichkeit der Seele an«, was noch gewagter ist.

Grob gesagt, hat die Revolution von 1789 auf den Gebieten der Erhaltung des Kunsterbes, der Kunstpolitik und der Erfindung des Festes als künstlerischem Ausdrucksmittel eine Tradition begründet, mit der sich seit damals alle politischen Entscheidungsträger Frankreichs auseinandersetzen müssen, ob sie an ihr festhalten wollen oder nicht.

In Spanien war eine eher zentralistische und bürokratische nationale Tradition vorherrschend, die durch die imperialen Realitäten und Rhetoriken noch verschärft und durch das Nachhinken der in vielerlei Hinsicht verzögerten Modernisierungsbestrebungen zementiert worden ist. Kurz gesagt, eine etatistische Tradition, in der sich Dirigismus und Desinteresse, Arroganz und Fahrlässigkeit, moralische Zensur und Prinzipienlosigkeit auf unheilvolle Weise vermischten.

Die einzigen Kräfte, die über die Jahrhunderte hinweg ein Gegengewicht zu diesem selbstsicheren, herrschsüchtigen und pedantischen Zentralismus bildeten, waren regionale und lokale Gemeinwesen, die nationalen Identitäten. Dazu kam noch, daß die verspätet einsetzende Industrialisierung Spaniens genau von diesen Regionen an der Peripherie des Landes – allen voran Katalonien und das Baskenland – ihren Ausgang genommen hat. All diese historischen Faktoren haben die zwischen den einzelnen Regionen herrschenden Ungleichgewichte, die kulturellen und politischen Konflikte noch weiter zugespitzt. Die Reform des bürokratischen Zentralismus konnte erst nach der Ausrufung der Zweiten Republik in den dreißiger Jahren unseres Jahrhunderts, als Katalonien und dem Baskenland Autonomiestatuten zugestanden wurden, konsequent in Angriff genommen werden. Der Sieg Francos und die folgende lange Periode der Diktatur versetzten dieser bereits eingeleiteten Entwicklung jedoch einen schweren Rückschlag.

In diesem historischen Kontext konnte es nicht überraschen, daß das Kulturministerium als angeblicher Vertreter des verabscheuten Zentralismus ebenfalls von den Nationalismen der Peripherie in Frage gestellt wurde. Insbesondere vom katalonischen Nationalismus, der kulturell am lebendigsten ist.

Kaum war ich am Montag, dem 11. Juli 1988, an dem Tag also, an dem ich mein neues Amt antrat, am Flughafen in Madrid angekommen, mußte ich mich auch schon Journalistenfragen zu diesem Thema stellen: Was hatte ich zu den Erklärungen von Jordi Pujol, dem Präsidenten der autonomen Regierung Kataloniens, der *Generalitat*, zu sagen?

Pujol hatte einige Stunden zuvor in einer Stellungnahme zur Kabinettsumbildung und zu meiner Ernennung als Kulturminister sozusagen das Absterben des Staates gefordert. Zumindest in Madrid und auf kulturellem Gebiet. Bei dieser Gelegenheit hatte er ebenfalls seiner Meinung Ausdruck verliehen, daß eine vollinhaltliche Umsetzung der in der Verfassung von 1978 verankerten Bestimmungen zur Autonomie der Regionalregierungen die Auflösung des Kulturministeriums in Madrid nach sich ziehen müßte. Die – in der Verfassung tatsächlich vorgesehene – Übertragung kultureller Zuständigkeiten auf die autonomen Regionalregierungen hätte die Funktion einer staatlichen Zentralinstanz jeglichen Inhalts entleert. Abschließend forderte Präsident Pujol, begleitet von einigen Liebenswürdigkeiten zu meiner Person, erneut die Abschaffung des Kulturministeriums.

Es war eine gewissermaßen rituelle Forderung.

In all meinen Amtsjahren brachten die katalanische und die baskische nationale Minderheit zu Beginn einer jeden Parlamentsdebatte über das Kulturbudget als allererstes einen generellen Änderungsantrag zum Gesetzesentwurf ein, der, da das Ministerium ja völlig überholt sei, die Streichung des angesetzten Kulturbudgets vorsah. Nachdem diese grundsätzliche Feststellung getroffen – und der Antrag regelmäßig von der Kammer überstimmt – worden war, forderten die nationalistischen Fraktionen genauso regelmäßig kräftige Erhöhungen der für ihre autonomen Regierungen vorgesehenen Mittel.

Es liegt auf der Hand, daß die Verfassung anders ausgelegt werden kann und muß, als es manche Strömungen der nationalistischen Parteien tun. Sie sieht nämlich neben den Zuständigkeiten der autonomen Regionen unmißverständlich formulierte Pflichten des Staates auf kulturellem Gebiet vor, die das Wesen seiner Zentralität betreffen. Wie weit die Übertragung von Kompetenzen auf die Regionalorgane auch gehen mag, sie wird nie das Wesen dieses staatlichen Zentralismus – oder die Zentralität seines Wesens – erschöpfen können, sondern sich stets als eine legitime Aufteilung dieser Kompetenzen gemäß den historischen Traditionen eines in hohem Maß bereichernden Pluralismus darstellen.

Die Gefahr einer einseitigen Auslegung der Verfassung liegt in einer absurden Umkehrung der derzeit herrschenden innerstaatlichen Beziehungen: der Staat der Autonomien könnte in eine Autonomie der Staaten umschlagen. Das von den Nationalismen mehr oder weniger freimütig geforderte Absterben des Staates – beginnend mit seinem schwächsten und scheinbar harmlosesten Glied: dem Kulturministerium – würde so zu einer Stärkung der staatlichen Strukturen in den autonomen Regionen führen: der herkömmliche bürokratische Zentralismus Spaniens würde von Staatsgebilden überwuchert werden, die eifersüchtig über die Identität ihrer tatsächlichen oder angenommenen kulturellen oder ethnischen

Differenz wachten. Das Zurückdrängen des Staates, das Ausklammern mancher seiner historischen Funktionen darf in der Perspektive eines demokratischen Universalismus – die einzige annehmbare Perspektive – nur zugunsten der Zivilgesellschaft und nicht auf ihre Kosten erfolgen. Eine ungehinderte Vermehrung staatlicher Instanzen und regionaler Bürokratismen würde diesem konkreten Universalismus und damit der Zivilgesellschaft hingegen einen schweren Schlag versetzen.

Die verfassungsrechtliche Analyse der verschiedenen Lesarten jener konstitutionellen Texte, die 1978 die neue Gestalt des spanischen Staates festschrieben, ist aber nicht das Wesentliche. Wesentlich ist, daß diese Gestalt – die sich bis heute weiterentwickelt, da der Prozeß der Wiedereinsetzung autonomer Regierungen noch nicht abgeschlossen ist und daher, Hand in Hand mit der zunehmenden Bedeutung eines maximalistischen Hochreizens von Verhandlungspositionen, die Gefahren einer Krise oder sogar eines Rückschlags birgt – eine der wesentlichen Errungenschaften des Übergangs zur Demokratie darstellt.

Die einzige größere Schwierigkeit, der einzige Bruch in seinem ansonsten reibungslosen Verlauf bildete die Etablierung der autonomistischen Form des spanischen Staates. Oder vielmehr die Wiederherstellung. Denn sie ist eine der wesentlichen Hinterlassenschaften der Republik von 1931, die sich damit rehabilitiert und wieder in ihre Rechte eingesetzt sieht. Eine Hinterlassenschaft der demokratischen Kräfte der Linken, die im übrigen gegen den heftigen Widerstand der extremen und teilweise auch der im Parlament vertretenen Rechten erkämpft werden mußte.

Damit hat die konstitutionelle Monarchie von 1978 die Grundzüge der von den Regionen Katalonien und

Baskenland während der Republik errungenen Autono-
miestatute – in freilich umgestalteter und erweiterter
Form – zu neuem Leben erweckt.

In Katalonien wurde der Bruch mit den herrschenden
Vorstellungen von der Kontinuität des Staates durch die
– vor jeglichem Volksentscheid erfolgende – Regierungs-
übernahme durch Josep Tarradellas, den letzten Exilprä-
sidenten der *Generalitat*, symbolisiert. Die katalanische
Generalitat, verkörpert in der Person ihres Präsidenten,
ist daher das einzige legitime Organ der Republik von
1931, das – sowohl symbolisch als auch physisch – die
militärische Niederlage und das lange Exil überlebt hat.
Seine Legitimität entspringt somit völlig anderen historischen Wurzeln als die der anderen Instanzen der wiedererrichteten Demokratie.

Trotz des hartnäckigen Fortbestehens des ETA-Terro-
rismus im Baskenland (der insofern als eines der letzten
Relikte des Franquismus gelten kann, als er die von ihm
vertretenen negativen Werte einer nationalistischen und
ideologischen Ausgrenzung ständig wiederaufleben läßt,
indem er sie im paranoiden Bestreben, sie gewaltsam zu
vernichten, bestätigt), trotz der zum Teil bestehenden
Verwechslung der durch die Existenz einer eigenen kulturellen Identität gefestigten, historischen Autonomiege-
biete – Katalonien, Baskenland, Galicien – einerseits mit
den neuen Autonomiegebieten, die einen eher administrativen Charakter haben, andererseits, trotz der zuwei-
len komplexen Probleme, die das konkrete Funktionieren eines Staates der Nationalitäten und Regionen mit
sich bringt, stellt dieser eine grundlegende Errungen-
schaft und einen der größten Erfolge des Übergangs zur
Demokratie dar.

Und das in doppelter Hinsicht.

Zunächst, weil dieser Staat der Nationalitäten und

Regionen die beste Lösung des jahrhundertealten Problems der Einheit Spaniens in seiner Vielfalt darstellt. Und dann, dies ist aber genauso wichtig, wenn nicht noch wichtiger, weil die tiefgreifende autonomistische Dezentralisierung und die damit Hand in Hand gehende Wiederanerkennung regionaler Identitäten in der Perspektive der europäischen Integration einen ganz wesentlichen Vorteil bietet.

Durch eine jener Listen, für die die Vernunft – oder Unvernunft – der Geschichte berüchtigt ist, kann sich das Nachhinken, ja in mancher Hinsicht der Archaismus Spaniens, was zumindest die Struktur des modernen Nationalstaates betrifft, in einen positiven, dynamischen Faktor verwandeln; dies gilt insbesondere für den Beitrag unseres Landes zur Gestaltung eines geeinten Europas, dessen übernationale Elemente logischerweise und notwendigerweise an Bedeutung zunehmen werden und daher durch eine Betonung regionaler und nationaler Gemeinwesen und Identitäten ausgeglichen werden müssen.

Ich stand in der Kirche von Figueras und hörte dem Priester zu, der die Grabrede auf Salvador Dalí hielt. Er hielt sie bereits zum dritten Mal. Er hatte sie zuerst auf katalanisch gehalten, dann auf kastilisch, und schließlich auf französisch. So weit waren wir gerade.

Jordi Pujol, der Präsident der *Generalitat*, und ich, wir hörten nun schon das dritte Mal die Grabrede auf Salvador Dalí: jetzt auf französisch. Wir wußten noch nicht – ich vermute, daß es auch Präsident Pujol noch nicht wußte –, daß der die Messe lesende Priester uns seinen Text auch noch auf englisch und auf deutsch herunterbeten würde. Es war mir nicht klar, was der Priester von

Figueras mit dieser krampfhaften grabrednerischen Mehrsprachigkeit beweisen wollte. Vielleicht bloß, daß er polyglott war: nach dieser Leistung würde ihm das zweifellos gelungen sein. Niemand würde mehr daran zu zweifeln wagen. Vielleicht hielt er sich aber auch für den Papst in Rom und bildete sich ein, auf dem Petersplatz eine *Urbi-et-orbi*-Zeremonie abzuhalten.

Was immer auch die wahren Beweggründe des polyglotten Priesters gewesen sein mögen, es war Mittwoch, der 25. Januar 1989, und wir standen in der Kirche von Figueras. Wir nahmen an der Beisetzungsfeier für Salvador Dalí teil. Jordi Pujol war als Vertreter der Regierung Kataloniens, ich als Vertreter der spanischen Regierung anwesend. In dieser Eigenschaft war ich gewissermaßen Dalís Erbe, da der Maler die katalanische Öffentlichkeit noch ein letztes Mal vor den Kopf gestoßen hatte, als er seine gesamte Hinterlassenschaft dem spanischen Staat vermachte. Die Eröffnung seines Testaments am Vorabend dieser Messe hatte bei gewissen extrem nationalistisch gesinnten Politikern und Intellektuellen Kataloniens für beträchtliche Aufregung gesorgt; sie klagten nun den spanischen Staat empört eines »neuerlichen Raubs von Kulturgütern Kataloniens« an.

Ich sah verstohlen zu Präsident Pujol hinüber, als ich hörte, wie der Priester zur vierten Version seiner Grabrede ansetzte; ich hatte Lust zu schreien. Oder laut herauszulachen, je nachdem. Ich hatte jedenfalls Lust, meinen Empfindungen freien Lauf zu lassen.

Im September 1975 hatte General Franco die von seinen Ausnahmegerichten über fünf junge Antifaschisten verhängte Todesstrafe mit seiner Unterschrift besiegelt. Der General hatte nur noch einige Wochen zu leben, aber er übte sein Metier bis zum letzten Augenblick aus. Sein Metier bestand darin, für Recht und Ordnung zu sorgen, um welchen Preis auch immer. Diesmal hatte er um den Preis von fünf Menschenleben für Recht und Ordnung gesorgt.

In einem Klima allgemeinen Entsetzens und empörter Abscheu hatte sich in diesem September 1975 nur eine einzige Stimme in Spanien erhoben, um General Franco zu seiner Tat zu gratulieren: die Stimme Salvador Dalís. Er hatte ihm seine Anerkennung für die Hinrichtung fünf junger Antifaschisten ausgesprochen. Denn wenn es Salvador Dalí gelungen sein mag, als großer Maler anerkannt zu werden, ist es ihm nie gelungen, ein anständiger Mensch zu werden.

Ich sah verstohlen zu Präsident Pujol hinüber, der von der franquistischen Polizei verhaftet und mißhandelt worden war. Ich erinnerte mich an die fünf 1975 ermordeten jungen Antifaschisten. Ich erinnerte mich an das Telegramm Salvador Dalís an Francisco Franco. Ich dachte an die nächsten Tage, an die sich bereits ankündigende Polemik über den Nachlaß, den Dalí dem spanischen Staat vermacht hatte. Da mir diese Zeremonie, diese repetitive und vielsprachige Totenrede im Grunde gleichgültig waren, blieben mir genug Zeit und innere Distanz, um die Haltung überdenken zu können, die ich in dieser Angelegenheit einnehmen würde.

Wir standen in der mysteriösen, aber strengen Rangordnung des Protokolls in der Kirche von Figueras, und der Priester begann mit der fünften und letzten Fassung – der deutschen – seiner Totenrede für Salvador Dalí.

Ich bedauerte die Abwesenheit von zwei Freunden.

Zunächst die von Luis Buñuel. Eine unwiderrufliche Abwesenheit, Luis Buñuel war lange vor dem Gefährten seiner verrückten Jugendjahre gestorben, lange vor jenem brillanten Dalí, der mit allen künstlerischen Talenten begnadet war. Die drei waren gegen Ende der zwanziger

Jahre in der *Residencia de Estudiantes* in Madrid unzertrennlich gewesen: Buñuel, Dalí, Lorca. Von diesen drei Namen läßt sich das Schicksal einer der Schriftsteller- und Künstlergenerationen des 20. Jahrhunderts ablesen, die wohl am reichsten mit Begabungen gesegnet waren.

Ich bedauerte die Abwesenheit Luis Buñuels. Ihm hätte der schwarze Humor dieser Situation gefallen. Es hätte ihm Spaß gemacht, mich in meiner Eigenschaft als Vertreter des spanischen Staates in der Rolle des Erben von Salvador Dalí zu sehen. Ich malte mir ein Treffen mit ihm im Café Flore aus, einige Zeit nach Dalís Begräbnis. Ich stellte mir die Nacherzählung dieser Begräbnisfeierlichkeiten vor, die er zum besten gegeben hätte, begleitet und unterbrochen von unserem homerischen Gelächter. Luis Buñuels Abwesenheit war aber unwiderruflich an diesem Januartag in Figueras, als der redselige Pfarrer die allerletzte Fassung seiner Grabrede beendete und in höchster Eile den Rest der Beisetzungsfeier abspulte.

Ich vermißte ebenfalls die Anwesenheit von Eduardo Arroyo.

Es gab selbstverständlich keinen Grund, daß er hätte anwesend sein sollen. Dennoch bedauerte ich seine Abwesenheit. Er hätte ohne weiteres für den polyglotten Priester einspringen können: seine Grabrede auf Salvador Dalí wäre herrlich gewesen; er hätte seinen Sarkasmus und seinen Zorn einfließen und einige Wahrheiten über das damalige Spanien aufblitzen lassen können. Ich erinnerte mich an Arroyos Erzählung von einer mondänen und recht freizügigen Nacht auf einem Privatbesitz in der Nähe von Paris, in der Salvador Dalí vor vielen Jahren die ihm auf den Leib geschneiderte Rolle des Hanswursts vom Dienst, des institutionalisierten Unruhestifters gespielt hatte. Diese Erinnerung war hier, an diesem Ort und bei diesem Anlaß, wohl fehl am Platz –

gewisse Details von Eduardos Erzählung waren ziemlich gepfeffert –, ich muß aber gestehen, daß sie mich aufheiterte.

Weder Luis Buñuel noch Eduardo Arroyo waren in Figueras anwesend. Ich war es aber, zusammen mit Präsident Pujol und einigen Dutzend anderer Persönlichkeiten, die mir zum Großteil unbekannt oder, sofern ich sie zufällig kannte, gleichgültig waren. Das war ganz ohne Zweifel weniger ulkig.

Nach der Zeremonie wechselte ich einige Worte mit dem Präsidenten der *Generalitat*. Ich gab ihm zu verstehen, daß ich entschlossen war, die Frage des Dalí-Nachlasses unter Berücksichtigung der Interessen beider Parteien zu regeln. »Obwohl die Bilder Eigentum des Staates sind«, kündigte ich ihm an, »werden die Museen Kataloniens den Anteil an Dalís Erbe behalten können, der ihnen von Natur aus zusteht. Sie können sich darauf verlassen, daß wir eine gerechte Aufteilung vornehmen werden!«

Zuerst leuchtete in seinem Blick Überraschung auf. Wohl auch gemischt mit Befriedigung. Aber dennoch Überraschung. Als hätte er auf meine Ankündigung gewartet, ich wollte die in Salvador Dalís Testament getroffenen Bestimmungen beim Wort nehmen und in den staatlichen Museen über das Werk des Malers nach freiem Ermessen verfügen.

Dieser Ausdruck einer freudigen Überraschung in seinem Blick wich jedoch rasch dem Ausdruck des Zweifels. Oder vielmehr des Mißtrauens. Hielt ich nicht mit etwas hinter dem Berg? Versuchte ich nicht, durch diese Kundgebung meines guten Willens seine Wachsamkeit zu täuschen? Präsident Pujol sah plötzlich wie ein Bauer aus, der sich mit den Unbilden des Klimas und mit der ungeliebten Konkurrenz auf dem Markt herumschlagen muß: ein berechnender Blick, der das Für und Wider sorgfältig gegeneinander abwog. Der Blick eines Vertrauens, das sich zu einer Art Gütertrennung gezwungen sieht.

Sein Mißtrauen galt nicht nur der Glaubwürdigkeit meiner Ankündigung. Es war ein Mißtrauen, das tiefer ging, grundsätzlicher war. Wäre es nicht im Grunde für den katalanischen Nationalismus vorteilhafter, wenn sich der Staat in der Frage des Dalí-Nachlasses arrogant und annexionslüstern zeigte? Eine derartige Haltung würde eine Propaganda rechtfertigen, die gewohnheitsmäßig alle Sünden Madrid auflud und die Hauptstadt zum Sündenbock für alle Probleme Kataloniens machte.

Einige Tage nach diesem Gespräch am Rande des Begräbnisses von Salvador Dalí war ich gezwungen, nach Barcelona zu fahren. Die vom extremistischen Flügel des katalanischen Nationalismus losgetretene Polemik hatte, wie befürchtet, eine unannehmbare Wendung genommen. Es fehlte nur wenig, und man hätte uns bezichtigt, Dalís Testament gefälscht oder es ihm unter Ausnützung seines verwirrten Geisteszustandes abgenötigt zu haben. In dieser Situation hütete sich Präsident Pujol wohlweislich, die Wogen zu glätten. Dazu hätte er nur die Erklärung an die Öffentlichkeit zu bringen brauchen, die ich ihm gegenüber in Figueras abgegeben hatte. Offenbar wollte er aber die Wogen gar nicht glätten. Er wollte wahrscheinlich ganz im Gegenteil den Konflikt verschärfen. Dabei handelt es sich um eine in Spanien altbekannte Taktik der peripheren Nationalismen: die überwiegend gemäßigten Flügel reizen die Verhandlungen mit Madrid – das so lange allen Vorschlägen gegenüber offen bleiben wird, als die Übertragung der Zuständigkeiten an die Autonomien noch nicht abgeschlossen ist – bis zum äußersten aus und bedienen sich zu diesem Zweck des Drucks, der von den extremistischen Flügeln eben dieser Nationalismen ausgeübt wird.

Sicher hätte ich mich ducken, das Gewitter vorüberziehen lassen und abwarten können, daß die Tatsachen die Aufrichtigkeit und Großzügigkeit des Kulturministeriums beweisen würden. Doch schien mir dieser Konflikt eine ausgezeichnete Gelegenheit für eine politische Operation zu sein, die über den konkreten Anlaß des Dalí-Nachlasses hinausging und zudem die Möglichkeit bot, das im Kulturbereich generell gespannte Klima zwischen den zentralen Behörden und der *Generalitat* zu entkrampfen.

Anfang Februar 1989 fuhr ich also nach Barcelona.

Die Angelegenheit wurde problemlos bereinigt. Ich hatte eine lange Aussprache mit Präsident Pujol, gefolgt von einer Arbeitssitzung mit Joan Guitart, dem *Conseller* für kulturelle Angelegenheiten der *Generalitat*. Sie ließen sich wohl oder übel von der Ernsthaftigkeit meiner Vorschläge überzeugen. Wir kamen überein, eine gemischte Expertenkommission zusammenzustellen, deren Aufgabe es sein sollte, ein vollständiges Inventar der Hinterlassenschaft Dalís zu erstellen und eine gerechte Aufteilung der Bilder vorzubereiten, bei der die Bedürfnisse und Möglichkeiten der verschiedenen in Frage kommenden Museen in Madrid und Barcelona berücksichtigt werden sollten.

Die nach dieser Übereinkunft abgehaltene Pressekonferenz setzte den laufenden Kampagnen der Extremisten ein Ende oder entzog ihnen zumindest jegliche Grundlage.

Auf katalanischer Seite war damit Ruhe eingekehrt; trotzdem wurde die Angelegenheit von neuem hochgespielt, diesmal allerdings in Madrid.

Einen Tag, nachdem die Zeitungen die Ergebnisse meiner Unterredungen mit den Spitzenpolitikern der *Generalitat* gemeldet hatten, kam meine Sekretärin in mein Büro hereingestürzt. Sie war sichtlich aufgeregt. Sie teilte mir mit, daß mich der Vizepräsident am Telefon zu sprechen wünschte. Ich war zunächst über die Aufregung überrascht, die diese im Grunde banale Ankündigung bei ihr auszulösen schien. Dann fiel mir ein, daß sie einige Zeit zuvor in der Calle de Ferraz, in der Zentrale des PSOE, gearbeitet hatte. Und ich verstand, daß diese Aufregung – in die sie nie geraten war, wenn es darum ging, eine Verbindung mit Felipe González persönlich herzustellen – von jener offenkundig mit Furcht durchmischten Autorität herrührte, die Alfonso Guerra beim Verwaltungspersonal des PSOE genoß. Er wurde dort offenbar gefürchtet wie die Pest oder wie der liebe Gott: ein Herr der Fliegen und der Apparate, vor dessen Lächeln und vor dessen gerunzelter Stirn man sich anscheinend in acht zu nehmen hatte!

Ich hatte also den Vizepräsidenten in der Leitung.

Er begann das Gespräch mit einem völlig nebensächlichen Detail. So nebensächlich, daß es unverständlich war, warum er sich persönlich mit ihm befaßte. Das war aber nur die Einleitung. Nachdem die Sache geklärt war, legte er eine kurze Kunstpause ein. Und brachte dann folgende Bemerkung an.

»Ich habe die Zeitungen gelesen«, sagte er. »Wir lassen also vor den Katalanen die Hosen runter?«

Auf spanisch: *¿Nos bajamos los pantalones ante los Catalanes?*

Da ich ihn nun schon etwas besser kannte, hatte ich geahnt, daß er etwas zum Dalí-Nachlaß zu sagen haben würde. Ich hätte aber nie gedacht, daß er es mit einer derartigen Unverschämtheit tun würde.

Ich wandte höflich ein, daß das, was er sagte, keinen Sinn hatte, daß hier niemand vor niemandem die Hosen hinunterließ und daß wir – mit »wir« meinte ich die Regierung, die spanische Demokratie – gut beraten wären, so vorzugehen, wie ich es in die Wege geleitet hatte.

Er ließ sich in keine Diskussion ein. Er wollte im Grunde nicht diskutieren, er wollte nur Angst machen. Auf diese Weise, mit diesen Methoden hatte er wahrscheinlich in den Reihen des Apparats des PSOE für Ordnung, Disziplin und Schweigen gesorgt. Auf diese Weise hatte Alfonso Guerra den PSOE seit dem Wahlsieg von 1982 offenbar allmählich bolschewisiert. Ich sollte dieses Wort aber lieber unter Gänsefüßchen setzen. Er hatte also den PSOE »bolschewisiert«, aber in einem sozialdemokratischen Kontext, weshalb das Schlimmste noch verhindert werden kann: es wäre immer noch möglich, den PSOE zu »entbolschewisieren«, ohne gleichzeitig die ganze Gesellschaft aus den Angeln zu heben.

Der Vizepräsident ließ sich also in keine Diskussion ein. Er murmelte etwas vor sich hin und legte auf. Er wollte weder diskutieren noch überzeugen. Er wollte Angst machen. Zu seinem Unglück habe ich aber echte Bolschewiken gekannt. Ich habe sie manchmal geachtet, manchmal gehaßt. Sie haben mir aber nie Angst einjagen können. Es würde also auch diesem Salon-»Bolschewiken« nicht gelingen, mir Angst einzujagen oder meine Meinung oder meine Politik zu ändern.

Ich legte ebenfalls auf und dachte über das Unglück nach, das es für die spanische Demokratie – die erst dann endgültig gefestigt sein wird, wenn die Frage der peripheren Nationalismen im Sinn ihres Mitspracherechts und ihrer Mitverantwortung bei den zentralen Angelegenheiten des Staates geregelt ist – bedeutete, einen Mann als Vizepräsidenten der Regierung zu haben, der zu derartigen Rüpelhaftigkeiten fähig ist. Einen Mann, der obendrein mit politischer Blindheit geschlagen ist.

»Wir lassen also vor den Katalanen die Hosen runter?«

Ende Januar 1990, als das Teilungsprotokoll zum Vermächtnis Dalís von *Conseller* Guitart und mir unterzeichnet wurde, erschien in der Tageszeitung *El País* ein Leitartikel, von dem ich hier einige Zeilen wiedergebe:

»Die durch ein Abkommen zwischen dem Kulturministerium und der *Generalitat* Kataloniens ermöglichte Aufteilung des Dalí-Nachlasses bietet eine recht befriedigende Lösung der nach dem Tod des Malers aus dem Ampurdán ausgebrochenen Erbstreitigkeiten . . . Es war nicht leicht, zu einer Übereinkunft zu gelangen, da das Klima von Anfang an vergiftet war . . . Diejenigen, die eine weitere absurde Konfrontation zwischen Katalonien und dem übrigen Spanien, zwischen Barcelona und Madrid herbeiführen wollten, sind nun Zeugen einer beispielgebenden Demonstration von Eintracht und Dialogbereitschaft geworden. Viele wollen nun das ›Rezept Dalí‹ auf alle Bereiche der Beziehungen zwischen den Autonomien und den zentralen staatlichen Behörden ausgeweitet sehen . . .«

Die aufgrund gegensätzlicher nationalistischer – autonomistischer oder aber zentralistischer – Leidenschaften ausgesprochen heikle Lösung dieser Frage führte zu einer endgültigen Entkrampfung der Beziehungen zwischen Madrid und Barcelona. Wir hielten eine Gesprächsrunde in der katalanischen Hauptstadt ab, an der ich gemeinsam mit dem Untersekretär und allen Generaldirektoren des Kulturministeriums teilnahm. Als Ergebnis dieser Begegnung mit unseren Amtskollegen der *Generalitat* wurde ein umfassendes Abkommen von mehrjähriger Gültigkeit getroffen, das eine bis dato einmalige Arbeits-

grundlage für die Beziehungen zwischen der Zentralbe-
hörde und einer historischen Autonomie schuf.

Auch auf dieses Abkommen reagierte Alfonso Guerra
sofort, nachdem es geschlossen worden war. Zu dieser
Zeit – Frühjahr 1990 – sprach er aber schon nicht mehr
mit mir. Ich hatte inzwischen zum Fall seines Bruders
Juan Guerra, der passiver Bestechung und illegaler Bereicherung angeklagt worden war, öffentlich Stellung
genommen, und er hatte jeden Kontakt mit mir abgebrochen. Daher wandte er sich an Joaquín Almunia, den für
die Beziehungen zu den autonomen Regierungen zuständigen Minister für öffentliche Verwaltung, um erneut
gegen meine Politik zu protestieren, die er als »Defätis-
mus« gegenüber dem katalanischen Nationalismus bezeichnete. Almunia setzte mich umgehend von den zen-
tralistischen Sorgen des Vizepräsidenten in Kenntnis und
gab mir gleichzeitig den Rat, sie unbeachtet zu lassen.
»Du hast schon recht«, sagte er.

Soweit bin ich aber noch nicht. Ich bin immer noch bei
meiner Ankunft in Madrid im Juli 1988.

An einem meiner ersten Vormittage im Ministerium
fand ich auf meinem Schreibtisch einen umfangreichen
Aktenordner vor. Er stammte aus den Beständen der
vom ehemaligen Informationsministerium übernomme-
nen franquistischen Archive und betraf mich.

Der Ordner enthielt mehrere Dutzend Dokumente,
zum Großteil polizeilicher Herkunft, die meine Aktivitäten ab dem Zeitpunkt nachzeichneten, seitdem sie öffentlich geworden waren. Das heißt, seitdem Federico
Sánchez 1964 aus der Kommunistischen Partei ausgeschlossen und von jenem Ich abgelöst worden war, das
ich manchmal bin: ich. Berichte über Reisen oder Konfe-

renzen, Fotokopien von da und dort publizierten Artikeln – vor allem in der antifranquistischen Intellektuellenzeitschrift *Cuadernos de Ruedo Ibérico*, die in Paris unter der freundschaftlichen verlegerischen Betreuung von François Maspero erschien –, banale Informationen zu den Filmen von Alain Resnais oder Costa-Gavras, deren Drehbücher ich geschrieben habe, alles in einem wirren Durcheinander. Eines war jedenfalls sicher: Fraga Iribarnes Informationsministerium hatte mich keineswegs aus den Augen verloren.

Als erstes Blatt enthielt dieser Ordner eine biographische Notiz; ich kann dem Vergnügen nicht widerstehen, einen Auszug daraus zu zitieren.

»SEMPRUN MAURA, JORGE – COM.«

(Die letzten drei Buchstaben bedeuten natürlich »Kommunist«.)

»Sohn von José María Semprún Gurrea, über den Manuel Azaña am 27. Juni 1937 in seinen Memoiren schrieb (*Cahiers de la Pobleta*, Gesammelte Werke, Bd. IV, Editions Oasis, Mexico 1968, S. 633 f.):

›In diesen Tagen habe ich ebenfalls Herrn Semprún kennengelernt, unseren Gesandten in Den Haag. Er war mit einer Schwester von Miguel Maura verheiratet, den ich oft die Vorzüge seines Schwagers rühmen hörte. Als die Republik ausgerufen wurde, ernannte ihn Innenminister Maura zum Zivilgouverneur von Toledo, offenbar in der Absicht, ihn als offiziösen Mittelsmann beim Erzbischof zu verwenden. Ich habe Semprún bis 1935 persönlich nicht gekannt; in diesem Jahr stattete er mir einen Besuch ab und machte mir einige seiner Bücher zum Geschenk. Wir haben uns seitdem etwa vier oder fünf Mal unterhalten. Er ist ein außergewöhnlich gut informierter, gebildeter und intelligenter Mann. Katholisch und der Republik gegenüber völlig loyal. Ich habe einige seiner letzten, in ausländischen Zeitschriften erschienenen Aufsätze über die Situation der Katholischen Kirche in Spanien gelesen; ihre Argumentation ist zutreffend und äußerst ausgewogen.‹

‹Der Kommunist Jorge Semprún Maura ist somit ein Enkel von Don Antonio Maura).«

Ich konnte mir eine gewisse Befriedigung über den Anfang dieser biographischen Notiz, die das franquistische Informationsministerium zusammengebraut hatte, nicht verhehlen. Ich finde, daß ich in dieser Art Verbrecherkartei in sehr guter Gesellschaft bin. Und es macht mir ein großes Vergnügen, daß mein Vater hier durch ein Zitat von Manuel Azaña vorgestellt wird, das obendrein einem bewundernswerten Text entnommen ist: seinen inmitten der tragischen Begebenheiten des Bürgerkriegs von Tag zu Tag geschriebenen Memoiren.

Azaña ist zweifellos einer der interessantesten spanischen Intellektuellen dieses Jahrhunderts. Er verkörperte als begnadeter Redner, als Romancier, als unbestechlicher, ironischer und gebildeter Essayist, als Memoirenschreiber und Literaturkritiker (als der er in Frankreich, wo nur eines seiner Bücher, *La Veillée à Benicarlo*, 1939 übersetzt wurde, unbekannt oder verkannt ist; das Buch ist seitdem unauffindbar, da es von den Nazis eingestampft und seither nicht wiederaufgelegt worden ist) auf unnachahmliche Weise eine konsequente Reformpolitik, die sich auf die Mehrheit der Bürger stützte: in ihrer Zielsetzung hegemonial, in ihrer politischen Umsetzung und Artikulation pluralistisch. Er hat nie die Erfordernisse der Freiheit den Postulaten jenes gleichmacherischen Radikalismus geopfert, der zwangsläufig in der Minderheit ist und sich häufig in Schlagworten, um nicht zu sagen in bloßem Wortgeklingel erschöpft, aber in der spanischen Linken dennoch weit verbreitet war und ist.

Ich saß an diesem Julitag 1988 in meinem angenehm kühlen Ministerbüro, und in mir kamen, ausgelöst durch die Lektüre dieser franquistischen Dokumente, Erinnerungen aus der fernen und nahen Vergangenheit hoch.

Am 14. April 1931 war in Spanien die Republik ausgerufen worden. Ein Schlüsselereignis, eine echte politische Revolution. Dennoch verlief sie denkbar unkompliziert und friedlich. Bei den ersten Wahlen nach einer mehrjährigen – von König Alfons XIII. eingesetzten – Militärdiktatur statteten die Spanier die republikanischen Listen mit einer bequemen Mehrheit aus. Der König vermied in weiser Einsicht, durch die katastrophale und noch frische Erfahrung der Militärregierung anscheinend klüger geworden, den offenen Konflikt: er dankte ab.

Spanien steht nicht umsonst im Ruf blutiger politischer Auseinandersetzungen. Über ein Jahrhundert lang – seit der dramatischen Volkserhebung gegen Napoleon – war das politische Leben von Bürgerkriegen, *Pronunciamentos*, Streiks und Aufständen geprägt. Zu Perioden der Ruhe kam es nur dann, wenn sie von diktatorischen Regierungen gewaltsam durchgesetzt oder durch die völlige Erschöpfung der Kriegsparteien erzwungen wurden. Im Gegensatz dazu verliefen sowohl der Übergang von einer autoritären und korrumpierten Monarchie zu einer parlamentarischen Demokratie 1931 als auch der mehr als vierzig Jahre später erfolgende Übergang von der Franco-Diktatur zur konstitutionellen Monarchie – in beiden Fällen handelte es sich also um einen Übergang zur Demokratie – auf durchaus friedliche Weise.

Nachdem im Jahr zuvor alle revolutionären Unternehmungen – blutige Generalstreiks, örtlich begrenzte Aufstände republikanischer Garnisonen – gescheitert waren, brach die Monarchie nach diesen Wahlen, deren Bedeutung scheinbar zweitrangig war, am 14. April 1931 völlig unverhofft wie ein Kartenhaus zusammen. Die Menschen gingen auf die Straße, die Gefängnistore öffneten sich, Madrid war ein Fest, und keine einzige Glasscheibe ging zu Bruch.

Mein Onkel Miguel Maura wurde aus dem Moncloa-Gefängnis entlassen und zum Innenminister der provisorischen Regierung ernannt. In der Calle de Alfonso XI ließ meine Mutter von allen Balkonen unserer Wohnung die dreifarbige Oriflamme der Republik im Wind der vornehmen Viertel wehen. Und wir, die älteren Geschwister, drehten pausenlos die Handkurbel des Grammophons und ließen ununterbrochen eine mitreißende Marseillaise erschallen. Das führte zwangsläufig zu feindseligen Reaktionen unserer Nachbarn. In der Umgebung wurden hölzerne oder eiserne Fensterläden geräuschvoll zugeschlagen; die Musik von Rouget de Lisle und die dreifarbige Siegesfahne waren den Bürgerfamilien des Retiro-Viertels anscheinend unerträglich.

Später, in den langen Jahren des Exils, sind diese drei Farben – das traditionelle Blutrot und Gold, ergänzt durch das Violett der Fahnen jener kastilischen *Comunas*, die sich im Kampf um ihre Freihandelsrechte gegen Karl V. erhoben hatten – in den wechselnden Wohnungen unserer Familie stets gegenwärtig geblieben. In Saint-Prix, in jener baufälligen und altersschwachen Unterkunft der Rue Auguste-Rey, die mein Vater, Semprún Gurrea, in der schwierigen Besatzungszeit bewohnte; dann in der Rue de Reinebourg, wo er in einem nach der Befreiung wiedererlangten, relativen Wohlstand lebte, da die Verbindung mit Spanien und dem dort zurückgelassenen Vermögen wieder hergestellt werden konnte, in all diesen Wohnungen hoben sich die bunten Farben dieses Wimpels strahlend vom weißen Hintergrund der

Wände ab. Farben, die in Rom schließlich verblichen sind, in jener Wohnung des Generalfeldmarschalls Gonzaga, in der mein Vater gestorben ist, ohne Spanien wiedergesehen zu haben, da er nicht zurückkehren wollte, solange Franco an der Macht war.

An einem Tag im April 1945 – fast auf den Tag genau vierzehn Jahre nach der Ausrufung der Republik – gingen wir in Buchenwald zum Appellplatz hinauf und versammelten uns hinter einem dreifarbigen, aus Lumpen zusammengenähten Fähnchen zur ersten Kundgebung im Namen der Freiheit. Die Buchenwalder »Rotspanier«, die Überlebenden der Ebro-Schlachten und der *Ciudad Universitaria* von Madrid, die Überlebenden des *Maquis* der Glières, der Ardèche oder des Auxois, im Gleichschritt, Schulter an Schulter: ein paar Dutzend Gespenster hinter der Geisterfahne verlorener Schlachten, verlorener Illusionen ohne Zukunft.

Und schließlich, als ob der Roman eines Lebens noch eines letzten romanhaften Farbtupfers bedurft hätte, sprang mir die Fahne der Republik im Juli 1988 während meines ersten Ministerrates im Königreich Spanien erneut in die Augen.

Ihre Geschichte ist in wenigen Worten erzählt.

Die Fahne wurde vom ehemaligen Innenminister José Barrionuevo, der inzwischen mit dem Verkehrsressort betraut worden war, in die Ministerratssitzung mitgebracht. Kurze Zeit zuvor war nämlich in einer Polizeistube unter einem Berg verstaubter Akten das Privatarchiv Manuel Azañas, des letzten Präsidenten der Republik, entdeckt worden. Azaña war als Führer einer jener republikanischen Parteien, um die er in der ersten Legislaturperiode der *Cortes* im Jahr 1931 die meisten Linksparteien einschließlich der Sozialisten versammeln konnte, zwischen 1933 und 1935 von der wieder an die

Macht gelangten Rechten verfolgt und schließlich 1936 nach dem Wahlsieg der Volksfront zum Präsidenten der Republik ernannt worden.

Azaña übte in den Wirren des Bürgerkriegs sein Amt mit jenem Sinn für das rechte Maß, mit jenem Weitblick und jenem unbeugsamen Willen zur Wiederherstellung des nationalen Zusammenhalts aus, die aus ihm ein Vorbild an Klarsicht und Gerechtigkeitsliebe machen. Und all dies inmitten der Greuel eines Krieges, der zwar zweifellos gerecht war, aber das Land durch brudermör-derische Exzesse und mehr noch durch die offenkundig unvereinbaren totalitären Zielsetzungen der dynamisch-sten Kräfte beider Lager in tiefes Unglück stürzte.

Als Azaña nach der Niederlage der Republik nach Frankreich flüchten mußte, ließ er sich in Pyla-sur-Mer nieder, wo er 1940 beinahe vom rapiden Vormarsch der Wehrmacht überrascht worden wäre. Er flüchtete erneut und ging nach Montauban, dessen sozialistischer Bür-germeister den antifaschistischen Flüchtlingen trotz des inzwischen eingesetzten Vichy-Regimes vorübergehend Unterschlupf bot. Unweit des *Hôtel du Midi*, in dem Azaña bis zu seinem Tod wohnte, war eine Gruppe deut-scher Exilanten meist jüdischer Herkunft untergebracht. Dort wartete Hannah Arendt, Proust, Montesquieu und Simenon lesend, auf das Visum, das ihr die Reise in die Vereinigten Staaten ermöglichen sollte. Zu dieser Gruppe gehörte auch die Familie Cohn-Bendit, der es gelang, der Verfolgung zu entkommen; 1945 kam in Montauban Daniel Cohn-Bendit zur Welt.

Manuel Azaña ist in Montauban im November 1940 gestorben. Sein Grab am dortigen Friedhof versinnbild-licht – genauso wie das Grab Antonio Machados in Collioure, das Grab Pablo Picassos in Vauvenargues, ge-nauso wie die unbestatteten Toten aus dem Film *L'Affi-*

che rouge oder all jene, zu deren Ehren das von Malraux in einer seiner Grabreden beschworene Denkmal auf dem Hochplateau der Glières errichtet wurde, genauso wie der heute unsichtbare Rauch aus den Schornsteinen der Verbrennungsöfen von Mauthausen und Buchenwald – die schemenhaften, aber unauslöschlichen Grenzen des spanischen Beitrags zum geistigen Antlitz eines Europas, das dem Pluralismus seiner Identitäten gegenüber offen ist und sich der Universalität seiner praktischen Vernunft verschrieben hat.

In Pyla-sur-Mer beschlagnahmten die Nazis die Papiere und persönlichen Gegenstände, die Azaña bei seiner zweiten Flucht zurücklassen mußte. Die Dokumente wurden daraufhin den franquistischen Behörden übergeben und verschwanden schließlich spurlos, bis sie vierzig Jahre später, als Barrionuevo Innenminister war, in einem mittlerweile in Vergessenheit geratenen Depot wiederaufgefunden wurden. Unter den wiederentdeckten Gegenständen kam auch jene schwere, mit Seide bestickte Fahne des Bataillons der Präsidentengarde zutage, die Manuel Azaña ins Exil begleitet hatte. Es war diese dreifarbige Fahne, die mir am Tag meiner ersten Ministerratssitzung aufgefallen war.

Die Dokumente waren dem *Archivo Histórico Nacional* anvertraut worden, doch die Fahne der Garde und einige Haushaltsgegenstände, die dem ehemaligen Präsidenten der Republik gehörten, hatten keine Abnehmer gefunden. Das heißt: es war nicht leicht zu entscheiden, welche Einrichtung oder Stiftung sie in ihren Gewahrsam hätte nehmen können. Barrionuevo brachte sie, nachdem er sein Ministerium und damit auch die Obhut über diese Reliquie abgegeben hatte, in die Moncloa mit, damit die Regierung der Republik über ihr zukünftiges Schicksal entscheiden könne.

Als ich die drei Farben der seidenen Fahne im Sitzungs-saal aufleuchten sah, dachte ich, daß dieser Zufall voller Bedeutung, die Symbolik durchaus passend war. Denn hier handelte es sich um genau jene demokratische Ver-nunft – die einzige intellektuelle Leidenschaft Azañas –, der Felipe González treu geblieben war, die er in einer konkreten historischen Situation unermüdlich umzuset-zen suchte, in der sich die parlamentarische Monarchie als das für eine Verteidigung und Illustration der *res publica* am besten geeignete politische System herausge-stellt hatte.

Einige Tage zuvor waren die neu ernannten Minister der Regierung in einem kurzen Festakt im Palast La Zar-zuela auf die Verfassung vereidigt worden. Wir begaben uns im Beisein von König Juan Carlos, Königin Sofía und von Regierungspräsident Felipe González nacheinander an das Pult, auf dem ein aufgeschlagenes Exemplar einer Prachtausgabe der spanischen Verfassung lag. Der Pro-tokollchef rief uns einen nach dem anderen mit deutlich vernehmbarer und feierlicher Stimme auf. Als ich an der Reihe war, hatte ich den Eindruck, daß er meinen zwei-ten Familiennamen, Maura, mit besonderem Nachdruck betonte. Als ob mich dieser Name in eine ganz bestimmte Tradition, eine ganz bestimmte historische Kontinuität eingereiht hätte. Als ob das feierliche Aussprechen dieses Namens die Anwesenheit eines ehemaligen leitenden Funktionärs der illegalen Kommunistischen Partei an diesem Ort und zu diesem Anlaß weniger überraschend gemacht hätte. Ich fühlte mich aber keiner Tradition ver-pflichtet. Ich fühlte mich nur meinen persönlichen Über-zeugungen verpflichtet. Ich verneigte mich, wie es das Protokoll vorsah, eine Sekunde lang vor dem König und der Königin Spaniens und ging zum Pult, auf dem der Verfassungstext lag. Ich blickte kurz zu Felipe González hinüber. Er lächelte zurück, und ich verspürte in seinem Blick herzliche Anteilnahme. Ja, sogar freundschaftlichen Stolz. Ich stieg zum Pult hoch. Ich warf einen Blick auf Justizminister Múgica Herzog, der als *Notario mayor* des Königreiches die zuständige Instanz war, vor der wir unsere Eide abzulegen hatten. Einen kurzen Augenblick lang erinnerte ich mich an unsere erste Begegnung in San Sebastián vor fünfunddreißig Jahren. Ich legte meine rechte Hand auf die Seiten mit dem Text der Verfassung und las die Eidesformel. Ich schwor, der Verfassung nach Treu und Glauben zu dienen und die mit meinem Amt verbundenen Pflichten in Loyalität dem König gegenüber zu erfüllen. *Con lealtad al Rey.* Ich sprach die rituellen Worte mit ruhiger Stimme, im vollen Bewußtsein eines jeden Wortes, aus innerer Überzeugung. Die Loyalität König Juan Carlos gegenüber ist der durch bestimmte historische Umstände bedingte Ausdruck einer grundsätzlichen Entscheidung: Loyalität dem Mann gegenüber, der in der Nacht des 23. Februar 1981 den Körper des Königs, seinen Körper – symbolisch, auf den nächtlichen Fernsehschirmen, diesen Körper mit den technischen Mitteln der modernen Medien bis an die Grenzen der einstigen Sakralisierung vervielfältigend – vor die Panzer der Putschisten geworfen hatte. Sie ist nichts anderes, nicht mehr – aber auch nicht weniger –, als die Loyalität dem Wesen der Demokratie gegenüber.

Wenn mir die ersten Zeilen der in den Archiven des ehemaligen franquistischen Informationsministeriums aufgefundenen biographischen Notiz Vergnügen machen, so finde ich ihren Schluß ausgesprochen belustigend. Jede Anspielung auf meinen Großvater Antonio Maura, ob sie nun von rechts oder von links kam, hat mich immer zum Lachen gebracht. Manchmal etwas gezwungen, aber lachen mußte ich trotzdem.

Wenn sie von rechts kommt, schwingen bei dieser Anspielung meist Erstaunen und Empörung mit: Wie konnte dieser große Mann, ein Konservativer, guter Katholik und Hüter der Ordnung, einen Kommunisten als direkten Nachkommen haben? Diese Abstammung macht meinen Fall also noch schwerwiegender: ich bin ein Verräter. Oder zumindest jemand, der völlig aus der Art geschlagen ist. Hätte ich nicht an meinem angestammten Platz bleiben können, eingesponnen in den mütterlichen Kokon meiner Klasse und meines Clans? Manchmal entlastet mich diese Herkunft allerdings von jedem Verdacht oder bietet zumindest die Möglichkeit, daß für mein Seelenheil doch noch Hoffnung besteht.

Auch links hat meine soziale Herkunft auf verschiedene Weise Erwähnung gefunden, je nachdem. Im Juli 1956 versammelte sich das Zentralkomitee der Spanischen Kommunistischen Partei in einer ostdeutschen Kaderschmiede, der unweit eines Sees in der Umgebung von Berlin gelegenen Edgar-André-Schule der SED, um die Ergebnisse des XX. Kongresses der KPdSU zu diskutieren. Ich war in das Politbüro gewählt worden, und in meiner Biographie, mit der ich für diese Funktion vorgeschlagen wurde, hieß es, ich gehörte einer Familie der Großbourgeoisie mit Verwandtschaftsbeziehungen zum Adel an. Es stimmt, daß ich über die Mauras mit wenigstens einer Herzogin verwandt bin, und nicht gerade einer der geringsten: mit der Herzogin von Medina Sidonia.

Ein leichtes, aber merkliches Schaudern durchrieselte die Reihen der alten Kommunistengarde, die sich in diesem Jahr in der Edgar-André-Schule versammelt hatte. Die bejahrten Bonzen, zum Teil heldenhaft und brüderlich, zum Teil widerwärtig und süffisant – die Parteileitung wurde erst später verjüngt: 1956 war ich mit dreiunddreißig Jahren ihr jüngstes Mitglied –, kannten alle meine wirklichen Namen. In unserer Mitte ging schemenhaft das Gespenst der Mauras um, des Klassenfeindes, um es vorschriftsmäßig zu sagen. Es ging aber auf sozusagen positive Weise um: auf durchaus erfreuliche Weise. War es nicht ein eklatanter Beweis für die Fortschrittlichkeit der kommunistischen Ideen, daß der Sprößling einer solchen Familie von der Schande seiner Herkunft erlöst werden konnte?

Einige Jahre später kam freilich alles wieder ins rechte Lot. Der Hinweis auf meine Herkunft wurde nun in dem Prozeß, der meinem Parteiausschluß vorausging, als zusätzliches Argument gegen mich verwendet. Ich war eben schicksalshaft zur Hölle meiner Herkunft gefahren, war in den Schoß des Klassenfeindes zurückgekehrt. Da gab es nichts mehr zu hoffen; von jemandem wie mir würde überhaupt nichts mehr zu erhoffen sein.

Derjenige, der in Spanien den Hinweis auf meine sozialen Wurzeln am raffiniertesten, aber auch am perversesten gehandhabt hat, ist jedoch ein Schriftsteller. Was keineswegs erstaunlich ist, da die echten Schriftsteller im literarischen Umgang mit sozialen Wurzeln immer schon am raffiniertesten und perversesten gewesen sind. Und Manuel Vázquez Montalbán, denn es handelt sich um ihn, ist zweifellos ein echter Schriftsteller. Da er ebenfalls ein ehemaliger Kommunist ist – diese Bezeichnung ist aber vielleicht unangebracht: manchmal scheinen mir die politischen Glossen, die Montalbán wie morgendliche Kothäufchen in den spanischen Zeitungen absetzt, wenn er seine gespielte soziale Empörung und sein schlechtes Gewissen in höchsten Tönen kundtut, eher den blinden oder im besten Fall einäugigen Enthusias-

mus des Frischbekehrten zu verraten –, und da ich ein
Teil seiner Vergangenheit bin, hat er zu mir eine äußerst
komplexe Beziehung. Eine ein klein wenig, dies sei in allen literarischen Ehren gesagt, sadomasochistische Beziehung. Ich brauchte jedenfalls nur nachzusehen, mit
welchem Namen er mich bezeichnete, um ohne weiteres
erraten zu können, wie er mit mir umgehen würde.
Nannte er mich Federico Sánchez, wußte ich, daß der
Honig einer menschlichen, nichtsdestoweniger virilen
Zuneigung, des freundschaftlichen Respekts und der tiefen Verbundenheit ehemaliger Kampfgefährten reichlich
fließen würde. Nannte er mich ganz einfach bei meinem
Namen – bei jenem Pseudonym also, das in meinem Paß
steht: Jorge Semprún –, so wußte ich von Anfang an, daß
er sich die Mühe geben würde, objektiv zu erscheinen,
das Für und Wider sorgfältig abzuwägen und so zugleich
seine Distanz als auch seine Nähe zu mir zu wahren.
Fügte er jedoch meinen zweiten Familiennamen, Maura,
hinzu, war mir klar, daß er aggressiv, ungerecht, ja ge-
hässig sein würde: in eisige Fernen entrückt. So war es
mir in meiner Zeit als Minister gelungen, seine Artikel-
chen über mich zu entschlüsseln, indem ich als allererstes
nach dem Codenamen suchte, mit dem er mich be-
dachte: sprangen mir in ihnen die fünf Buchstaben des
Namens Maura in die Augen, verzichtete ich auf die
überflüssige Lektüre seines Textes oder vielmehr Texti-
kels.

Ich las in diesen Tagen des Juli 1988 in der morgendlichen Einsamkeit meines Büros die Zeitungen, was in ihnen über mich und meine Ernennung zum Minister stand, und war irritiert.

Schon deshalb, weil ich es nicht gewohnt war, mit meinem öffentlichen Image konfrontiert zu werden. In Literaturkritiken – zumindest in den zutreffenden, und seien sie auch negativ – wird die Person des Autors gewöhnlich nicht kritisiert, ja nicht einmal zur Sprache gebracht. Sie wird im allgemeinen vernachlässigt oder ausgespart. In der Unmittelbarkeit periodisch erscheinender Publikationen befassen sie sich nicht mit dem Leben, sondern mit dem Werk des Schriftstellers. Ein Rückgriff auf die Person des Autors im Rahmen einer expliziten oder versteckten Analyse der Beziehung zwischen seinem Leben und seinem Werk ist nur in den Formen des Essays oder der Biographie möglich. Und damit in der opak schillernden Dichte der vergehenden Zeit. Mit Ausnahme freilich jener Schriftsteller, deren Leben aufgrund gesellschaftlicher Umstände Anstoß erregt oder zum Gegenstand einer identifikatorischen oder eifersüchtigen Bewunderung wird, was es mit ihren Schriften sonst auch auf sich haben mag.

Ich war bis dahin nur ein einziges Mal mit meinem öffentlichen Image konfrontiert worden: 1977, als ich *Federico Sánchez. Eine Autobiographie* veröffentlichte. Dabei handelte es sich jedoch um eine Ausnahmesituation. 1977 war das Jahr der ersten demokratischen Wahlen, das Jahr, in dem Pablo Picassos *Guernica* nach Madrid kam, in dem Vicente Aleixandre – der fünfundzwanzig Jahre zuvor einen Sonderdruck seiner Antrittsrede an der Spanischen Akademie, *El amor, la poesía*, Jacques Grador gewidmet hatte – den Nobelpreis erhielt, das Jahr also, in dem ich mein erstes Buch auf spanisch geschrieben habe. Damit war ich, zumindest provisorisch, ohne endgültige Verpflichtung und ohne Treuegelöbnis, zur Sprache meiner Kindheit zurückgekehrt.

Von der *Autobiographie* wurden in Spanien mehrere hunderttausend Exemplare verkauft, eine für mich neue und auch einzigartige Erfahrung. Das Buch hatte in der Welt der Politik, in den Medien, in der gesamten spanischen Gesellschaft einen tiefgreifenden Diskussionsprozeß ausgelöst, der mehrere Monate andauerte. Es hat auf die weitere Entwicklung zweifellos Einfluß genommen. Das antifranquistische Legitimitätsmonopol, das sich Carrillos PC unter dem Zeichen der Ambivalenzen einer allumfassenden Ideologie auf zugleich opportunistische und arrogante Weise anzueignen versucht hatte, war durch die Wirkung dieser Veröffentlichung schwer erschüttert worden.

In der anschließenden Polemik war es jedoch Federico Sánchez, der aufs Korn genommen wurde. Es ging um ihn, mich selbst betraf all dies nur indirekt. Oder nur postum: diese literarische Figur war für mich gestorben. Ich hatte sie nur in der Bemühung um historische Genauigkeit vorübergehend wiederauferstehen lassen. Kurz gesagt, Federico Sánchez rechnete mit der Geschichte mit einer über zehnjährigen Verspätung auf mich ab. Meine eigene Abrechnung mit ihr war bereits abgeschlossen, als er wieder auf der Bildfläche erschien. Für mich waren die Themen, die er in dieser Autobiographie behandelte – oder die ich an seiner Stelle behandelte –, sozusagen Vorgeschichte: für mein Bewußtsein und mein Wissen war der Kommunismus bereits Vorgeschichte, auch wenn er letztlich noch weitere fünfzehn Jahre lang eine wesentliche Rolle in der Weltgeschichte spielen sollte.

Auf alle Fälle war jenes Image meiner Person, das in der Polemik um Federico Sánchez in Erscheinung trat, ein unbestreitbar öffentliches. Es betraf in nichts mein Privatleben, meine Vorlieben, meine stolze oder gefährdete Einsamkeit. Es betraf zweifellos mich, mein Tun und Treiben, mein politisches Engagement unter dem Namen Federico Sánchez. Es ging zwar ohne jeden Zweifel um mich, aber nicht als Privatperson. Ich konnte mich von dieser öffentlichen Aufregung unberührt fühlen. Sogar die Beleidigungen, an denen es nicht fehlte, galten nur den politischen Aspekten meiner Person. Daß man mich da und dort als »Revisionisten« oder »Sozial-Verräter« beschimpfte, brauchte mich nicht zu bekümmern: mein Wissen um mich selbst war davon nicht betroffen.

Als ich 1988 Kulturminister wurde, befand ich mich jedoch in einer völlig anderen Lage. Federico Sánchez war nicht mehr da, um seine Rolle als Mittelsmann oder Fürsprecher, das heißt letztlich als Sündenbock zu spielen. Er war nicht mehr da, um seinen Rücken hinhalten und die Schläge gegebenenfalls erwidern zu können. Freilich wurde dabei ebenfalls sein Phantom heraufbeschworen. Journalisten erinnerten an seine vergangene Existenz. Die Beziehung zwischen uns beiden hatte sich mittlerweile jedoch umgekehrt. Früher war er der Hauptdarsteller gewesen. Ich hatte mich selbst im Hintergrund seines Lebens, seines Tuns und Treibens wiederfinden können. 1988 war er hingegen nur mehr ein Abglanz meiner Existenz, eine Episode meiner selbst. Ich war es, um den es jetzt ging. Ich, dem man manchmal auch Vorwürfe machte. Die zahlreichen Zeitungsartikel betrafen nun wirklich mich. Ob sie schmeichelhaft klangen, erstaunt, skeptisch, verärgert oder beleidigend, sie richteten sich nun wirklich an mich: *ad hominem*.

Es war für mich eine völlig neue Erfahrung. Und ziemlich irritierend, wie ich gestehen muß.

Die Lektüre dieser Zeitungen rief in mir ein Gefühl

hervor, das auf gewisse Weise symmetrisch, aber spiegel-verkehrt zu dem Gefühl war, das ich hatte – und immer gehabt habe –, wenn ich in Polizeiakten über mich Ein-sicht nahm.

Das Selbstbild, das man aus Polizeiakten gewinnen kann, ist immer irritierend. Bereits aufgrund der Unver-hältnismäßigkeit zwischen dem betriebenen Aufwand und den letztlich erzielten Ergebnissen. Die Nachrichten-dienste des Generalstabs, der Sicherheitspolizei und der Botschaften Francos hatten dem Stab des Informations-ministers jahrelang vertrauliche Mitteilungen über mich zukommen lassen: mein Tun und Treiben war in ihnen zwar peinlich genau registriert worden, aber die Wahrheit über mich ist ihnen versagt geblieben. Eine Polizeiakte wird nie Ihre Wahrheit dingfest machen können, selbst wenn sie aus kleinen, aneinandergereihten Wahrheiten besteht, selbst wenn sie aus unbestreitbaren Tatsachen zusammengestellt ist. Weil sie Sie in ein » Tun « einschließt, Sie auf eine willkürliche Reihe von » Handlungen « redu-ziert. Eine Polizeiakte ist irritierend, weil sie nur indirekt den Menschen betrifft, der Sie sind: den Menschen, der in Ihnen ist, was immer Sie auch tun mögen. Denn Sie kön-nen Handlungen, die Sie begangen haben, vergessen, ver-schweigen, für null und nichtig betrachten oder sogar in Abrede stellen, aber Sie werden nie das in Abrede stellen oder vergessen können, was Sie sind. Wie groß auch die Angst sein mag, mit der Sie sich fragen, wer Sie sind – eben weil die Unausweichlichkeit Ihres Seins so bedrückend ist –, Sie werden stets die Gewißheit haben zu sein: wie groß auch das Unbehagen oder das Desinteresse sein mag, die diese rätselhafte Lust in Ihnen hervorruft.

Die Polizeiakten betrafen also nur meine Handlungen. Und diese obendrein nur unter politischen Gesichts-punkten: meine feindseligen Akte gegen das Franco-Regime. 1988 betrafen die Zeitungsartikel hingegen ausschließlich mich selbst. Mich selbst, das heißt: meine Identität. Alles, was ich in den ersten Wochen meines Ministeramts gesagt oder getan habe, jedes Wort und jede Handlung wurden unweigerlich auf eine Art Stereotyp, auf eine vorgefaßte Meinung über das bezogen, was ich angeblich war oder bin. Eine je nach der Zeitung und dem Journalisten freilich jeweils unterschiedliche, ja geradezu widersprüchliche Meinung.

Eines der von den Kritikern meiner Ernennung am häufigsten angewandten Verfahren bestand darin, mir mein Spaniertum abzusprechen, mich zu einem Ausländer zu machen. Konnte ich nach so vielen in Frankreich verbrachten Jahren überhaupt noch ein echter Spanier sein? Und hatte ich nicht die meisten meiner Bücher auf französisch geschrieben? Was war bloß in Felipe González gefahren, als er das Kulturministerium einem französischen Schriftsteller anvertraute?

Der Ausdruck, mit dem ich in diesem Zusammenhang am häufigsten bezeichnet wurde, war *afrancesado*, wörtlich: französisiert, dessen historische Bedeutung aber vielschichtiger ist. Seit der Aufklärung und der Französischen Revolution dient die Bezeichnung *afrancesado* dazu, jeden Verfechter moderner Ideen als Ausländer abzustempeln. Der *Afrancesado* dieser konservativen Tradition ist obendrein jemand, dessen Freiheitsliebe mit einem Hang zur Libertinage gepaart ist.

Die Geschichte jener Wörter und Sätze, deren sich die Spanier und die Franzosen über die Pyrenäen hinweg als Wurfgeschosse bedient haben, um ihr gegenseitiges Mißtrauen, ihre tiefverwurzelte Feindschaft auszudrücken, ist jedoch eine lange Geschichte, die weit hinter die Episoden der Revolutionen und der napoleonischen Kriege zurückreicht.

San Luis rey de Francia es / el que con Dios pudo tanto / que para que fuese santo / le perdonó el ser francés, dieser kleine anonyme Vierzeiler (»Der heilige Ludwig, König von Frankreich, hatte / bei Gott so viel Einfluß / daß ihm dieser, um ihn zu einem Heiligen machen zu können, / verzieh, daß er Franzose war«), der mir als Kind in einem Geschichtslesebuch begegnet war, zeigt, wie alt diese weitverbreitete Feindseligkeit ist. Die Franzosen sind den Spaniern im Lauf der Jahrhunderte darin nichts schuldig geblieben. Montesquieu verdanken wir die wahrscheinlich lapidarste Formel über die Beziehungen zwischen unseren beiden Ländern: er sprach den Spaniern seine Anerkennung dafür aus, daß sie »alle anderen verachten, aber nur den Franzosen die Ehre erweisen, sie zu hassen«.

Wie auch immer sich diese Beziehungen entwickelt haben mögen, auf die ich hier nicht weiter eingehen möchte (der zeitgenössische spanische Historiker Shlomo Ben-Ami, seit der von der Regierung Felipe González' betriebenen Aufnahme diplomatischer Beziehungen zwischen den beiden Ländern israelischer Botschafter in Madrid, hat sich in seiner so klugen wie unterhaltsamen Arbeit *L'Image de l'Espagne en France* dieses Themas angenommen), mich störte die Bezeichnung *afrancesado* keineswegs. Ganz im Gegenteil, ich verstand sie als Ehrentitel. Luis Buñuel machte es ebenso: er hat zeitlebens verkündet, ein *Afrancesado* zu sein. Wir waren damit in der Ideen- und Kunstgeschichte der letzten zwei Jahrhunderte übrigens in allerbester Gesellschaft. Die von José Marchena bis zu Pablo Picasso reichende Ahnenreihe ist durchaus beachtlich.

Im Sprachgebrauch der Journalisten einer gewissen Presse bezog sich der Begriff *afrancesado* jedoch nicht auf eine ernsthafte Analyse der Einführung der Moderne in Spanien. Sie verwendeten ihn ausschließlich als Schmähung, in einem Kontext der Ausgrenzung und Intoleranz, womit sie es sich ersparten, meine Äußerungen und Projekte nach objektiven Kriterien beurteilen zu müssen. Es ging ihnen einzig und allein darum, mich in die Hölle meines Andersseins zu verbannen.

Sie taten mir eigentlich leid, muß ich sagen. Ich las ihre Unterschriften, all diese Rodríguez und Gutiérrez, und mußte lachen. Ich konnte den Stammbaum meiner Familiennamen bis in graue Vorzeiten zurückverfolgen, und sie gaben vor, mich aus Spanien ausbürgern zu wollen. Ich hörte Don Quijote bei seiner Aufzählung der Adelsgeschlechter der damaligen Zeit Sancho Panza gegenüber den Namen der Gurrea de Aragón nennen, ich wußte, daß das Blut der Gurrea in meinen Adern floß, und die Rodríguez und Gutiérrez sahen gut aus.

Sie taten mir ganz einfach leid.

Dennoch stellte dieses Thema meines Fremdseins in Spanien eines der Leitmotive der rechten Presse und der Sensationsblätter dar. Diese – oder zumindest die meisten unter ihnen – sind eine spanische Besonderheit; in ihnen mischen sich hinter ein und demselben Titelblatt so verschiedene Gattungen wie das Informationsmagazin, die Regenbogenpresse, das Klatschblatt und der Erpresserbrief im Dienst irgendeiner Finanzlobby. Während meiner ganzen Zeit als Minister war ich Zielscheibe sporadischer Kampagnen, die sich des Themas des *Afrancesado* bedienten. Sie waren manchmal in einem sachlich politischen, manchmal hingegen in einem unverhüllt persönlichen Ton gehalten, den ich ziemlich widerwärtig fand.

In meinem Tagesablauf als Minister gab es eine exquisite Stunde, die ich über alles liebte. In der ersten Zeit zumindest, in diesem Juli meiner Ankunft in Madrid. Eine zweite exquisite Stunde, müßte ich vielmehr sagen. Die erste war die am Morgen, wenn ich vor den anderen im Amt eintraf. Ich machte es mir in meinem Büro gemütlich, in der wohltuenden, summenden Kühle der Klimaanlage, und blätterte die Zeitungen durch. Eine freundliche Haushälterin brachte mir sehr starken Kaffee und eisgekühltes Mineralwasser. Sie drang darauf, daß ich etwas essen sollte: Kekse, einen Toast? Ich wollte nichts außer dem starken Kaffee, den sie selbst zubereitete. Sie war eine sehr mütterliche Frau, obwohl sie wahrscheinlich jünger war als ich. Die Mütterlichkeit mancher Frauen oder vielmehr ihre Fähigkeit zur Bemutterung auch älterer Männer ist unerschöpflich.

Die zweite exquisite Stunde war die der Siesta. Im Sommer schien das Leben nach dem Mittagessen den Atem anzuhalten. Keine Termine, keine Telefonate, kein Anruf eines Generaldirektors, der ein dringendes Problem gelöst haben wollte. Ich aß gegen vierzehn Uhr im privaten Speisezimmer des Ministers im letzten Stock des Gebäudes, die Zeit gehörte mir bis etwa siebzehn Uhr. Genügend Zeit zu haben und allein sein zu können sind kostbare Dinge. Sie sind es immer, unter allen Umständen, und mehr noch, wenn man ein öffentliches Leben führt, das Leben einer öffentlichen Person.

Eine exquisite Stunde: ich nutzte sie für eine kleine Zwischenbilanz.

Unter all den Problemen des Ministeriums gab es einige, die sofortiges Handeln erforderten. Ich mußte mich umgehend mit ihnen befassen. Mich zumindest mit ihnen vertraut machen, um unmittelbar nach der bevorstehenden Sommerpause die Entscheidungen treffen zu können.

Am 19. Juli, eine Woche nach meiner Ernennung, führte ich ein erstes Gespräch mit Baron Heinrich Thyssen. Meinem Vorgänger im Kulturministerium, Javier Solana, war es gelungen, seine Privatsammlung, eine der bedeutendsten der Welt, für eine Dauer von zehn Jahren nach Spanien zu holen. Es war eine in jeder Hinsicht brillante Unternehmung, die aber noch nicht formal abgeschlossen war. Es blieb noch die heikle juristische Arbeit der endgültigen Ausformulierung eines Mietvertrags zwischen ihm und dem spanischen Staat. Darüber hinaus mußte noch über die notwendige Umgestaltung des – dem Prado gegenüberliegenden – Villahermosa-Palasts entschieden werden, den die spanische Regierung für die Präsentation der Sammlung Thyssen-Bornemisza zur Verfügung gestellt hatte.

Bei unserer ersten Kontaktnahme, die im privaten Speisezimmer des Ministeriums stattfand – unser Restaurateur war an diesem Tag gebeten worden, uns fürstlich zu bewirten –, war außer Baron Thyssen und seiner Frau, Carmen Cervera (einer bildhübschen und lebhaften Spanierin, die vom Anfang bis zu seinem kürzlich erfolgten, endgültigen Abschluß die gute Fee dieses Abenteuers war), auch der Herzog von Badajoz, der Schwager König Juan Carlos', anwesend, der bei dieser Unternehmung von Anfang an mitgewirkt hat, ein Mann von vollendeter Höflichkeit und ein hervorragender Ratgeber, der bereits von der Krankheit gezeichnet war, die ihn später dahinraffen sollte, der er aber mit dem Mut und der Kaltblütigkeit des Grandseigneurs die Stirn bot.

Mir zur Seite standen Miguel Satrústegui, der Untersekretär des Ministeriums, der als Vertreter des Staates die Angelegenheit bisher betreut hatte, und der Rechtsanwalt Rodrigo Uría, ein Berater des Ministeriums. Er war zweifellos die Schlüsselfigur dieser Unternehmung und ist mir während meiner Jahre in der Regierung darüber hinaus ein lieber Freund geworden. Denn es haben sich insgesamt drei Kulturminister mit diesem Vorhaben befaßt: Javier Solana konzipierte es unter Mithilfe Satrústeguis; ich brachte seine erste Phase zum Abschluß, in der die Leihgabe auf eine Dauer von zehn Jahren festgelegt wurde, ordnete den Ausbau des Villahermosa-Palastes an und bereitete schließlich mit der Unterstützung von Wirtschaftsminister Carlos Solchaga den endgültigen Ankauf der Sammlung Thyssen-Bornemisza durch den spanischen Staat vor; Minister Solé Tura schließlich konnte die Früchte der Arbeit seiner beiden Vorgänger ernten und sich deren Verdienste anrechnen. Im Lauf der Jahre waren auch mehrere Untersekretäre des Ministeriums mit dieser Angelegenheit betraut. Ihnen stand jedoch in dieser ganzen Zeit nur ein einziger juristischer Berater zur Seite, eben Rodrigo Uría, dessen schmunzelnde Geduld, wache Intelligenz und politische Klugheit wahre Wunder bewirkt haben.

Bereits bei unserer ersten Begegnung ist zwischen Heinrich Thyssen und mir ein Funke der Sympathie und des gegenseitigen Respekts übergesprungen. Das war von mir aus nur natürlich: daß sich ein so wohlhabender Mann derart enthusiastisch und verständig der Kunst widmet, daß er aus seiner Bildersammlung den Mittelpunkt und den ganzen Stolz seines Lebens macht, ist bereits bemerkenswert. Daß es ihm aber außerdem ein Anliegen ist, dieses Privatvergnügen der Allgemeinheit zugänglich zu machen, verdient uneingeschränkte Hochachtung. Das ist zweifellos vorbildlich.

Aber noch etwas anderes: Heinrich Thyssen pflegt

einen sehr erfrischenden Nonkonformismus und einen respektlosen Humor, die den Umgang mit ihm sehr angenehm machen. Denn schließlich kann ein Mann, der schöne Bilder und schöne Frauen derart leidenschaftlich liebt, von seinem Vermögen nicht völlig verdorben worden sein.

Nachdem der Abschluß des Mietvertrages in die Wege geleitet war – er wurde im Dezember anläßlich einer recht fröhlichen Feier im Ministerium unterzeichnet –, blieb noch das Problem der Umgestaltung des Villahermosa-Palastes zu lösen. Das Gebäude war ursprünglich das Palais einer Adelsfamilie gewesen und hatte die Büros der Bank López Quesada beherbergt; es waren an ihm Veränderungen vorgenommen worden, die eine vollständige Umstrukturierung der Innenräume in Hinsicht auf seine zukünftige Verwendung als Museum erforderlich machten.

Die Thyssens hatten ursprünglich vorgehabt, mit dieser Aufgabe einen Architekten zu betrauen, der sich zwar großer Beliebtheit erfreute und einen Hang zu einem aufwendigen, monumentalen Urbanismus mit einer Fülle an Kolonnaden und Türmchen hatte, jedoch über keinerlei Erfahrung mit der Planung und Gestaltung derartiger Stätten der Erinnerung verfügte. Ich befürchtete, daß uns dieser brillante Weltmann ein Gebäude liefern würde, das vor allem Eindruck auf den eingeschüchterten Besucher machen sollte: in dem nur sein eigener Ruhm geglänzt hätte, wogegen wir eher eine zurückhaltende Architektur benötigten, die hinter das würdevolle Strahlen der Bilder zurücktritt, es zur Geltung bringt, anstatt die Kunstfertigkeit des Designers unter Beweis zu stellen.

Um sie von ihrer Idee abzubringen, lud ich die Thyssens nach Mérida ein, wo Rafael Moneo – er war mein Kandidat – ein Museum römischer Kunst errichtet hatte, das mir wegen seiner konzeptuellen und meditativen, das heißt zur Meditation einladenden Kargheit vorbildlich schien.

Der Besuch des Museums in Mérida überzeugte Heinrich Thyssen und Carmen Cervera augenblicklich davon, die Leitung der Umbauarbeiten am Villahermosa-Museum Rafael Moneo anzuvertrauen. Das Ergebnis kann heute von jedermann besichtigt werden: es ist ein unbestrittener architektonischer Erfolg.

Der nunmehr endgültige Verbleib der Sammlung Thyssen-Bornemisza in Spanien war eine Entscheidung des Staates, die über Sonderkredite finanziert worden ist. Der Ankauf ist also nicht aus den Mitteln des Kulturbudgets bestritten worden. Die Sammlung ist unter künstlerischen Gesichtspunkten von außerordentlicher Bedeutung. Insbesondere für Madrid. Die Werke, aus denen sie besteht, sind zwar schon als solche beeindruckend, stellen ganz ohne Zweifel einen universellen Wert dar. Dieser Wert wäre in jeder Hauptstadt der Welt zur Geltung gekommen. Doch kommt dieser Sammlung in Madrid darüber hinaus noch ein gewisser Mehrwert zu. Zunächst schon durch den Standort des Museums, in dem sie untergebracht ist: gegenüber dem Prado, einige hundert Meter vom Museum für zeitgenössische Kunst Reina Sofía entfernt. Damit ist ein außergewöhnliches Ensemble entstanden, dessen mögliche Erweiterungen und Zukunftsperspektiven man sich unschwer vorstellen kann.

Die Sammlung Thyssen-Bornemisza ist aber noch aus einem anderen Grund für Madrid besonders interessant. Sie ergänzt nämlich auf wirklich wunderbare Weise die Bestände des Prado und der Reina Sofía. Da sie Bilder umfaßt, die vom italienischen Quattrocento bis zum amerikanischen abstrakten Expressionismus, von Ghirlandajo bis Jackson Pollock reichen, füllt sie genau jene Lücken, die die benachbarten Sammlungen des Prado und des Museums für zeitgenössische Kunst aus historischen Gründen aufweisen.

Dieses Museumsdreieck wird an dem Tag, an dem die spanische Regierung nach der unvermeidlichen budgetären Sparpolitik der kommenden Jahre die Finanzierung einer unterirdischen Verbindung zwischen den drei Gebäuden, ähnlich der des Grand Louvre, beschließen wird, zu einem magischen Ort werden.

Als ich mich im Juli 1988 mit dieser Angelegenheit befassen mußte, war jedoch bereits absehbar, daß die Unterbringung der Sammlung Thyssen-Bornemisza im Villahermosa-Palast zwar ein unverhoffter Glücksfall für Spanien war, aber dem Prado-Museum beträchtliche Nachteile brachte. Der Villahermosa-Palast war nämlich ursprünglich für den Prado, in Hinblick auf eine Vergrößerung seiner Ausstellungsfläche angekauft worden. Wie alle Museen der Welt hat auch der Prado nicht genügend Platz, um alle Werke seiner zahlreichen Sammlungen permanent ausstellen zu können. In den unterirdischen, perfekt ausgestatteten Speichern des Museums werden Hunderte, wenn nicht Tausende Bilder aufbewahrt. Diese Werke, die zeitweilig für Ausstellungen verliehen werden, sind zwar häufig zweite Wahl, aber dennoch für ein breiter angelegtes und zugleich detaillierteres Gesamtbild der Geschichte der europäischen Malerei unverzichtbar.

Wären die neuen Räumlichkeiten des Villahermosa-Palastes also dem Prado zugute gekommen, hätte dieser seine Sammlungen auf einer großzügigeren Ausstellungsfläche präsentieren können. Daß es der Museumsleitung nicht leichtgefallen ist, diese Möglichkeit in den Schornstein zu schreiben, ist verständlich.

Am 26. Juli besichtigte ich den Prado vom Keller bis zum Dach. Das ist durchaus wörtlich zu verstehen: von den unterirdischen Speichern, in denen sich die nicht zugänglichen Bestände und die komplizierten Maschinerien der Klimatisierung und Wartungsanlagen befinden, bis zu den Dachböden, in denen die Restaurationswerkstätten untergebracht sind.

Ich brachte einen ganzen Tag damit zu und war selig vor Glück.

Ich habe meine Kindheit wenige hundert Meter vom Prado entfernt verbracht, in jener Calle de Alfonso XI, in die ich ein halbes Jahrhundert später zurückkehren sollte. Sonntags nahm mein Vater die drei Brüder meiner Altersstufe – Gonzalo, Alvaro und mich – gerne auf einen Museumsbesuch mit. Damals waren die Säle noch fast menschenleer. Man konnte so lange vor den Bildern stehenbleiben, wie man wollte, ohne von Menschenmassen erdrückt zu werden. Keine Horden lärmender und unaufmerksamer Schulkinder. Keine Touristenscharen – ich werde nicht sagen, von welcher Nationalität: sie stehen einander um nichts nach, wenn sie eben in Scharen auftreten –, die gierig Wissen in sich hineinschaufeln und bei ihren Wettläufen von einem Raum zum anderen sportliche Höchstleistungen vollbringen. Keine Gaffer, angelockt von der verführerischen Reklame für kulturell wertvolle Freizeitbeschäftigungen. Keine Invasion ehrenhafter Vertreter der aufstrebenden Mittelschichten, denen ein wachsendes Pro-Kopf-Einkommen die Möglichkeit bietet, Museumsbesuche zu einem programmierten und imageträchtigen Bestandteil ihrer Lebensqualität zu machen.

Der Prado war damals ein nüchterner, einsamer Ort mit einer etwas dünnen Atmosphäre, der nur für die Malerei und von der Malerei lebte. Ein freilich etwas unscheinbares, mönchisches Leben, im unveränderlichen Gleichbleiben der verrinnenden Zeit.

Nach kurzer Zeit bekamen wir unweigerlich das Gefühl, unwirklicher und körperloser als die strengen oder lächelnden Personen zu werden, die auf den historischen Gemälden oder Porträts dargestellt waren. Als ob unser Lebenshauch von ihnen absorbiert worden wäre, als ob ihr ewiger Blick unsere vergängliche körperliche Erscheinung in Nichts aufgelöst hätte.

Ich halte hier aber kein Plädoyer für die gute alte Zeit der menschenleeren Museen, die – ohne Zwang, aber auch ohne Heuchelei – einer feinsinnigen Elite vorbehalten waren, deren Seelen beim geringsten Kontakt mit der Wirklichkeit wie Kristallgläser geklirrt hätten.

Freilich stellt uns auch die kulturelle Vermassung unserer Marktgesellschaften – die zweifellos die bestmöglichen sind und sich auch am besten dazu eignen, den Anspruch auf Freiheit und Gerechtigkeit durchzusetzen: wie viele Millionen Menschen werden noch sterben müssen, damit diese offenkundige Tatsache endlich anerkannt wird? –, freilich stellt uns auch die Funktionsweise unserer Massen- und Marktdemokratien unweigerlich vor neue Probleme. Die im übrigen eine geistige Herausforderung sind.

Ich möchte darüber bis auf weiteres nur einige wenige Worte verlieren.

Nichts scheint mir oberflächlicher und oft auch lächerlicher zu sein als der derzeitige Hang mancher, auch erstrangiger Schriftsteller, Künstler und Intellektueller zu Diatriben und elegischen Klageliedern über die Dekadenz der Kultur und die Niederlage des Denkens. Halten wir zunächst fest, daß es sich dabei um eine Mode und gelegentlich um einen Tic handelt, der die Möglichkeit bietet zu zeigen, daß man »in« ist: um den Ausdruck eines Herdentriebs also, obwohl all jene, die diese durch die Umstände und eine gewisse elitäre Lebensart erzwungene Pflichtübung absolvieren – gibt es etwas Konformistischeres als eine Elite? –, der festen Überzeugung sind, originell zu sein und dem heiligen Amt der wahren Kultur zu dienen.

Hier ist wohl nicht der Ort für eine auch noch so brillante und überzeugende Abschweifung über die Ursprünge dieser Mode. Ich darf auch nicht vergessen, daß ich heute, am 26. Juli 1988, das Prado-Museum besichtige und mit meinen Gedanken wirklich nicht allzusehr abschweifen darf. Meine Umgebung würde mir irgendwann auf die Schliche kommen. Wie sähe das denn aus, ein geistesabwesender Minister!

Aber noch ein Wort, um daran zu erinnern, daß seit der Erfindung der Schrift und in noch höherem Maß des Buchdrucks jeder technologische Fortschritt, der unweigerlich mit einer Vermehrung des Wissens und damit der von den Menschen eingeforderten Freiheiten einhergeht – freilich sowohl im Guten als auch im Schlechten: immer, wenn der Mensch mehr Macht über die Welt gewann, wuchsen damit auch die der menschlichen Freiheit immanenten Mächte des Bösen, wie seit Immanuel Kant allgemein bekannt sein sollte –, daß jeder technologische Fortschritt also Hand in Hand mit der Demokratisierung der Kultur, deren epiphänomenale Karikatur die Vermassung ist, eben dieses Klagelied über die Dekadenz und die Seinsvergessenheit mit sich brachte, gleich, mit welchem ideologischen Aufputz es sich auch schmücken mochte.

In diesem langwierigen Entwicklungsprozeß – der Buchdruck ist ja nicht gestern erfunden worden – gab es natürlich Phasen einer plötzlichen Beschleunigung, eines Bruchs oder eines qualitativen Sprungs. Hierher gehört etwa, um in der jüngeren Vergangenheit zu bleiben, das

Aufkommen der sogenannten populären, auflagenstarken Massenpresse gegen Ende des letzten Jahrhunderts. Und die Erfindung des Fernsehens um die Mitte des zwanzigsten Jahrhunderts. Es wird noch andere, noch erstaunlichere Phänomene dieser Art geben, da kreative technologische Umwälzungen eine der Grundlagen unserer Zivilisation sind.

All diese Umwälzungen hatten nicht zu übersehende Folgen, die unsere kulturelle Landschaft, unser geistiges Universum von Grund auf verändern. T. S. Eliot klagte schon vor vielen Jahren darüber, daß die klassische englische Dichtung schon sehr bald von niemandem mehr verstanden werden würde. Denn sie lebt, wie er meinte, von ihrer normativen Bezugnahme auf die Mythologie der Antike. Die inzwischen weit verbreitete Unkenntnis dieser Mythologie werde die englische Dichtung in absehbarer Zeit für einen zeitgenössischen Leser unverständlich werden lassen.

Auf die Gefahr hin, die Empfindlichkeit zartbesaiteter Seelen zu verletzen, möchte ich hinzufügen, daß ich das Veralten einer Dichtung, deren volles Verständnis die Kenntnis des *Who's who* des Olymps, des Klatsches und der Bettgeschichten der griechischen Götter erfordert, nicht gerade für das Todesurteil des zeitgenössischen Geisteslebens halte. Ich tröste mich darüber ohne weiteres mit der Feststellung hinweg, daß die Mythen von Antigone oder Ödipus trotz oder gerade dank der Fernsehserien im kollektiven Bewußtsein weiterleben.

Mit einem Wort also: Zur Zeit von Jean Jaurès wurden Doktorarbeiten in lateinischer Sprache verfaßt, was heutzutage undenkbar wäre. Das beweist zweifellos die schwindende Bedeutung dieser Sprache, die ähnlich wie das Englische heute die *lingua franca* der kulturellen Kommunikation war. Wer würde aber zu behaupten wagen, daß das Überholtsein des Lateinischen als Sprache der Doktoren der Beweis für einen allgemeinen Niedergang der Kultur sei?

Ich sollte mich aber lieber beeilen.

Alfonso Pérez Sánchez, der Direktor des Prado, scheint bemerkt zu haben, daß ich seinen Ausführungen nicht mehr mit der gebotenen Aufmerksamkeit folge.

Ich komme also zu einem vorläufigen Schluß: Wenn ich den Zauber des einstigen, menschenleeren und sich selbst überlassenen Prado heraufbeschwor, so nicht, um die Gefahren der demokratischen, modernen Tourismus- und Kunstmärkte an den Pranger zu stellen. Es wäre aber durchaus möglich – und dies wäre für ein Kulturministerium eine rühmliche Aufgabe! –, auf diesem Gebiet, und nur auf diesem Gebiet, jenen Marxschen Grundsatz anzuwenden, mit dem er die kommunistische Gleichheit definierte: *Jeder nach seinen Fähigkeiten, jedem nach seinen Bedürfnissen* . . .

Man würde also jedermann, ob Bürger Athens oder Barbar, dieselben Fähigkeiten, dasselbe Kunstverständnis zusprechen: Die Museen müßten daher allen offenstehen, ohne andere Einschränkungen als die der Sicherheit und des Erhaltungszustands der Kunstwerke. Es ist aber abwegig, jedermann dieselben Bedürfnisse zuzuschreiben. Daher muß die Ungleichheit der Bedürfnisse wiederhergestellt werden – ein Schüler, der seinen Pflichtbesuch absolviert, braucht die *Judith* Goyas auf eine andere Weise als ein Kunsthistoriker, ein Maler oder ein Liebhaber –, damit die Gleichheit des Zugangs zur Kunst nicht die einen schädigt und irgendwelche anderen bevorteilt. Das heißt letztlich niemanden.

Ich frage mich, welches Gesicht der Museumsdirektor machen würde, wenn ich ihm gegenüber hier und jetzt diesen Ton anschlagen würde.

Ich tue es aber nicht. Ich kündige ihm zum Abschluß meines Besuchs an, daß für den Prado ein benachbartes Gebäude gefunden werden müsse, das den Verlust des Villahermosa-Palastes ersetzt. Ich werde mich, das verspreche ich ihm, dieser Aufgabe annehmen, solange ich Minister bin.

Im Juli 1988 wohnte ich im *Palace*.

Domingo Dominguín war tot, und Madrid hatte sich verändert. Zumindest hatte sich meine Lebensweise in Madrid verändert. Meine Beziehung zur Stadt hatte sich verändert. Von meinem Dienstwagen aus sah die Stadt ganz anders aus: anonymer, distanzierter. Ich konnte die kugelsicheren Fensterscheiben meiner gepanzerten Limousine nicht öffnen, um die Gerüche Madrids einzuatmen, den tosenden Lärm der Stadt hereinzulassen. Alles war weit entfernt, aseptisch.

Früher hatte sich die Stadt während meiner langen, ziellosen Spaziergänge wie ein Bilderbuch vor mir geöffnet. Ich hatte sie auf sinnliche Weise erfahren und in Besitz genommen. Ich hatte die Stadt bis in ihre absonderlichsten Winkel hinein erforscht und mir alle ihre Reize eingeprägt. Ich erkannte die Schatten der Bäume wieder, ihre ätherischen Düfte in den Straßen und Parks. Ich kannte die Bars, in denen man den aromatischsten Kaffee, das kühlste Bier serviert bekam. Ich wußte, an welche Theke man sich montags morgen zu stellen hatte, um die kompetentesten Kommentare zu den Fußballmatches des Vortags hören zu können.

So war Madrid im Lauf der Jahre unter meinen Schritten größer geworden, hatte sich bis in entfernte Vorstädte ausgedehnt, die von der sich ausbreitenden Stadt verschlungen wurden.

All dies war nun zu Ende, Madrid hatte sich verändert. Meine Art und Weise, in der Stadt, von der Stadt zu leben, hatte sich verändert.

Dennoch kam es vor, daß ich an manchen Abenden, in der bescheidenen und vorübergehenden Frische einer Brise aus dem Norden, die Stimmung von damals wiederfand. Dank einiger Freunde von damals. Ich traf sie zu einem Abendessen im Freien, auf der Terrasse eines Restaurants, *La Ancha*, das wir seit einigen Jahren regelmäßig besuchten. Ich fand mich dort in der vertrauten Atmosphäre endloser nächtlicher Gespräche wieder: das Lebensgefühl von Madrid.

Ich möchte von einer geistigen Tugend sprechen, die das Madrider Lebensgefühl zu einem aktiven Pessimismus voller Vitalität macht: eine unerschöpfliche Fähigkeit zur Ironie, eine leidenschaftliche Toleranz. In diesem Sinn darf sich derjenige als Madrider bezeichnen, der weiß, daß es Dinge gibt, für die es sich zu leben – und daher gelegentlich auch zu sterben – lohnt: das kann dasselbe bedeuten – ohne daß es der Mühe wert wäre, viel Geschrei darum zu machen . . .

Diese Zeilen stammen aus dem Katalog zu einer Ausstellung von Eduardo Arroyo. Er hatte 1986, also zwei Jahre zuvor, eine Gruppe seiner Bilder unter dem Sammeltitel *Madrid-Paris-Madrid* ausgestellt.

Ich hatte dafür einen der Katalogtexte verfaßt: diese Zeilen sind daraus übersetzt, da ich diesen Text auf spanisch geschrieben habe.

Arroyos Malerei scheint mir für die Schule von Madrid emblematisch zu sein. Ich spreche hier, um genau zu sein, nicht von einer Schule im Sinn einer Künstlergruppe. Ich spreche von einer Lebensschule, von einer Schule des Sehens, der Werte. Ich spreche von einem unerbittlichen und zugleich zärtlichen Blick, von einem volkstümlichen und zugleich hochdifferenzierten künstlerischen Vokabular. Ich spreche von einer Art und Weise, sich selbst nie ernst zu nehmen, dabei aber die Akte und Äußerungen des Lebens sehr ernst zu.nehmen. Ich spreche von jenem Madrider Wesen Madrids, das sich sowohl im Leben wie in der Malerei Eduardo Arroyos verkörpert und ihn darüber hinaus zu einem einzigartigen Maler und Menschen macht.

Am Donnerstag, dem 7. Juli 1988, am Tag nach meinem Abendessen mit Felipe González in der Moncloa, war ich wieder in Paris. Wir feierten an diesem Abend den Geburtstag von Arroyos Frau, Grazia Eminente.

Irgendwann im Lauf dieses Abends lud er mich ein, mit ihnen den Sommerurlaub in Sardinien zu verbringen. Ich bedauerte, daß dies in diesem Jahr nicht möglich sein würde, ohne ihm zu sagen, warum. War ein gewisser Tonfall in meiner Stimme? Hatte er eine plötzliche Erleuchtung, als er mir in die Augen sah? Tatsache ist jedenfalls, daß er mit dem Finger auf mich zeigte und wie aus der Pistole geschossen erwiderte: »Du, du wirst Kulturminister werden!«

Ich stand mit offenem Mund da und war unfähig, ihm zu widersprechen. Freilich war in den spanischen Zeitungen von einer möglichen Regierungsumbildung die Rede gewesen. Alles stand aber noch in den Sternen. Und mein Name war in keiner Voraussage genannt worden. Meine Ernennung war eine völlige Überraschung.

Eduardo fiel mir in einem plötzlichen Freudenausbruch um den Hals. Niemand um uns verstand, warum wir einander mit lautem, idiotischem und endlosem Gelächter auf die Schultern klopften. Man starrte uns verständnislos an, mit einer Art mitfühlendem Verständnis für die Verrücktheit der Spanier. Arroyo wurde aber sofort wieder ernst.

»Weißt du eigentlich«, fragte er mich mit einem mahnenden Unterton in der Stimme, »weißt du eigentlich, worauf du dich da einläßt? Es ist dir doch klar, daß wir ein komisches Land sind? voller Idioten? voller perverser und eifersüchtiger Provinzler?«

Worauf er übergangslos wieder in Lachen ausbrach.

»Es lohnt sich aber, trotz allem, es lohnt sich!«

Im Juli hat Arroyo nicht an unseren Nachtwachen in *La Ancha* teilgenommen. Er war in Sardinien und stieß erst wieder im Herbst zu uns.

In einer dieser Nächte ohne Eduardo Arroyo, gegen Monatsende, murmelte jemand plötzlich einige Worte. Vielleicht Javier Pradera. Vielleicht auch Juan Benet, der bei uns war. Jemand murmelte plötzlich, daß uns jetzt nur mehr Domingo fehle. Wir sahen uns an und es stimmte. Domingo fehlte uns. Ich sah Juan Benet an und erinnerte mich an eine längst vergangene Nacht gegen Ende der fünfziger Jahre. Wir hatten zu dritt zu Abend gegessen: Domingo, Benet und ich. Oder vielmehr Larrea, Agustín Larrea. Es war Nacht, genauso wie heute, es war Sommer, genauso wie heute, in einer Kneipe des Dorfs Fuencarral. Wir aßen Lammkoteletts und tranken Rotwein dazu. Viel Rotwein. Domingo und ich hatten uns zuvor auf einem unbebauten Grundstück in der Umgebung umgesehen, wo einige Spuren die Erinnerung an einen aufgelassenen, verwüsteten Friedhof wachhielten. An einen ausgelöschten Friedhof, auf dem die Leichname zahlreicher Frontkämpfer jener Internationalen Brigaden begraben lagen, die Madrid gegen den Faschismus verteidigt hatten. Ein roter Friedhof, ausgelöscht durch die Zeit der Verachtung, durch ein gewolltes Vergessen. Wir aßen Lammkoteletts und tranken Rotwein dazu, Domingo, Juan Benet und ich, Larrea. Plötzlich, ich weiß nicht warum, aber jeder Anlaß ist willkommen, wenn man viel getrunken hat und glücklich ist, plötzlich begannen wir, über Faulkner zu sprechen, Benet und ich. Über *Absalon! Absalon!* Benet sprach so mitreißend und präzis über das Buch, daß ich die in diesem Moment absurde Eingebung hatte, dieser Tiefbauingenieur könnte ein verhinderter Schriftsteller sein. Er ist später, einige Jahre darauf, auch wirklich einer geworden.

Ein ganzes Leben später, viele Tote später murmelte jemand in *La Ancha*, daß uns jetzt nur noch Domingo fehle. Wir sahen uns an, und es stimmte. Er war unser Freund gewesen und manchmal auch das Band zwischen uns. Er fehlte uns wirklich.

IV
Vom Leib des Königs und von der Moderne: über einen Besuch im Prado

Plötzlich murmelt die englische Königin mit leiser, fast unhörbarer Stimme einige Sätze. Wahrscheinlich spricht sie mit sich selbst. Ihre Königliche Hoheit sieht vergrämt aus. Irgendwie unglücklich. Sie hat sich vor Velázquez' *Las Meniñas* aufgestellt und macht einen verärgerten Eindruck. Ihre Königliche Hoheit ist mit einem pastellrosa Übergangsmantel bekleidet. Sie trägt einen ihrer üblichen, unnachahmlichen Hüte. Mit ihrem linken Arm drückt sie ihre Handtasche fest an sich, wie eine Hausfrau, die auf dem Weg zum Markt ist.

Der Besuch des Prado-Museums ist ein fester Programmpunkt der Staatsbesuche ausländischer Staatsoberhäupter in Madrid. Im Herbst 1988 war es Elisabeth II., die unser Land besuchte. Dabei handelte es sich offenbar um den ersten Staatsbesuch einer britischen Herrscherin in Spanien. Oder eines britischen Herrschers, das Geschlecht tut hier nichts zur Sache. Den Fachleuten zufolge war dieser Staatsbesuch Elisabeths II. jedenfalls der erste in der Geschichte der Beziehungen zwischen unseren Ländern.

Philipp II. hatte die Unbesiegbare Armada gegen die englischen und anglikanischen Küsten gesandt, doch eine unruhige See und die bürokratische Unfähigkeit der spanischen Admiräle hatten die papistische Landungsflotte kläglich in alle Winde zerstreut. Später schickte uns die englische Krone dafür Horatio Nelson, womit sie uns allerdings einen schlechten Dienst erwies. Es gelang uns 1797, ihm bei den Kanarischen Inseln, vor Santa Cruz de Teneriffa, eine schwere Verletzung beizubringen, durch die er einen Arm verlor. Daß er einarmig wurde, machte aus ihm zwar keinen berühmten Schriftsteller, hinderte ihn aber nicht daran, sich der Liebe Lady Hamiltons zu erfreuen. Seeschlacht hin, Seeschlacht her, es verdient jedenfalls erwähnt zu werden, daß nicht ein jeder die Gelegenheit bekommt, einen Arm in Lepanto zu verlieren, an jenem emblematischen Ort, an dem die römische Christenheit über die Ungläubigen triumphiert hat.

Einige Jahre nach Teneriffa konnte sich Horatio Nelson in Trafalgar Genugtuung verschaffen, bezahlte dafür aber mit seinem Leben. Seither hat die Fußballmannschaft des perfiden Albion gelegentlich die unsrige geschlagen, um uns auf sportliche Weise an den Niedergang unseres Reiches zu erinnern. Und bis heute weht die englische Fahne vom Felsen von Gibraltar, was unseren Nationalstolz, was immer man davon auch halten mag, weit weniger trifft und verletzt.

Wie dem auch sei, Ihre Königliche Hoheit war auf Staatsbesuch. Die für das Protokoll zuständigen Stellen hatten Elisabeth II. einen betagten und majestätischen Rolls Royce zur Verfügung gestellt, der bereits vielfach Verwendung gefunden hatte. Unter anderem, um General Franco und manche seiner illustren Gäste zu befördern, damals noch eskortiert von den maurischen Reitern der Prätorianergarde. Trotz der unerschöpflichen Motorleistung des britischen Automobils hatte Ihre Königliche Hoheit an diesem Vormittag etwas Verspätung; wir erwarteten sie vor dem Ehrenportal des Prado-Museums.

Die offiziellen Prado-Besuche liefen stets in der Form eines genau festgelegten Rundgangs durch die El Greco, Velázquez und Goya gewidmeten Säle ab. Geschah dies aus Gründen der Sicherheit? Oder war der Konservator, der diesen Rundgang ursprünglich festgelegt hatte, der Verführungskraft seines Nationalstolzes erlegen? Tatsache ist jedenfalls, daß ich Staatsoberhäupter und Regierungschefs bei immer demselben unveränderlichen Rundgang begleitet habe.

Der einzige, der darüber klagte oder vielmehr sein Bedauern darüber diskret zum Ausdruck brachte, war General Jaruzelski, damals bereits gewählter Präsident der polnischen Republik. Er hätte gerne auch die Riberas und die Zurbaráns des Prado gesehen, murmelte er am Schluß seines Rundgangs. Da war es aber schon zu spät, um ihm diesen bis dahin unausgesprochenen Wunsch erfüllen zu können.

Kurz zuvor hatte er mich angesehen. Wir gingen gerade, ohne anzuhalten, durch einen Saal zwischen dem Velázquez-Abschnitt und dem Goya-Abschnitt unseres Hindernislaufs. Ich wies ihn auf ein dort hängendes naturalistisches Gemälde hin: die Landschaft des Somosierra-Passes. »Hier hat sich Napoleon 1808 den Weg nach Madrid freigekämpft«, bemerkte ich zu ihm, »mit seinen polnischen Lanzenreitern.«

Er blickte mich an, ich konnte aber den Ausdruck seiner Augen hinter der schwarzen Brille nicht erkennen. Wahrscheinlich fragte er sich, warum ich Napoleon und seine polnischen Lanzenreiter erwähnte. Hatte diese Anspielung etwa eine verborgene Bedeutung? Wollte ich damit etwas Bestimmtes andeuten? Das war natürlich nicht der Fall. Es war nur ein privater Gag. Mit General Jaruzelski hatte ich aber genausowenig privaten Umgang wie damals mit Eve. Ein privater Umgang mit General Jaruzelski war eigentlich schwer vorstellbar. Viel schwerer als mit Eve jedenfalls, meiner Reisegefährtin von damals. Der General muß aber schließlich doch eingesehen haben, daß ich mit meiner Erwähnung der polnischen Lanzenreiter Napoleons auf nichts Besonderes anspielen, sondern nur an ein historisches Ereignis erinnern wollte.

Ich konnte immer noch nicht den Ausdruck seiner Augen hinter den schwarzen Brillengläsern erkennen. Ich fragte mich, ob es stimmte, daß er seine Sehstörungen einem Aufenthalt in einem sowjetischen Lager im hohen Norden Sibiriens verdankte: daß er von der Reflexion des Sonnenlichts auf der Schneedecke geblendet worden sei. Ich konnte den Ausdruck seiner Augen hinter jenen schwarzen Brillengläsern nicht erkennen, die nach dem Staatsstreich vom Dezember 1981 gewissermaßen zum Symbol seiner enigmatischen und autoritären Präsenz geworden waren.

Ich erinnerte mich an Joseph Czapski und Gustav Herling: an ihre Berichte über die Lager in Nordsibirien, in die man die Polen nach der Aufteilung ihres Landes zwischen Hitler und Stalin deportiert hatte. Ich konnte den Blick Jaruzelskis zwar nicht erkennen, aber plötzlich schien etwas wie ein Lächeln über seine Lippen zu huschen. Seine Züge schienen sich zu beleben. Er bat mit ironischer Höflichkeit um Nachsicht für die kriegerischen Heldentaten oder Missetaten seiner Landsleute, der polnischen Lanzenreiter Napoleons. Wir machten darüber kurz ein paar Scherze. Der offizielle Rundgang mußte aber fortgesetzt werden; wir hatten noch die Gemälde Goyas vor uns, die uns der Museumsdirektor erläutern würde.

Am Tag Ihrer Königlichen Hoheit, Elisabeth II., stand außer dem gewohnten Rundgang die Eröffnung einer aus Anlaß dieses Staatsbesuchs veranstalteten Ausstellung zum Thema *Ein Jahrhundert englische Malerei* auf dem Programm. Die englische Königin lief jedoch wortlos und in höchster Eile durch die Säle, ohne eine einzige

Frage zu stellen. Freilich stammte ein Großteil der Bilder aus den Sammlungen des Königshauses: Sie konnte zu ihnen keine Fragen haben, da keine Überraschungen zu erwarten waren. Wir eilten also durch die der englischen Malerei gewidmeten Räume, ohne daß ein Wort gefallen wäre, und beinahe im Laufschritt.

Da dachte ich an Anthony Blunt.

Ein Gedanke ging mir durch den Kopf – wenn es denn wirklich stimmt, daß Gedanken das Gehirn, den Raum des Gedächtnisses ähnlich durchqueren wie Fußgänger oder Autos eine Stadt –, der vermutlich ausgefallene und ganz bestimmt deplazierte Gedanke, Ihrer Königlichen Hoheit eine Frage über Blunt zu stellen. Sie war es schließlich gewesen, die ihn in den Adelsstand erhoben hatte, und unter ihrer Regentschaft war Blunt zum Chefkonservator der königlichen Sammlungen ernannt worden. Er war aber bereits in den dreißiger Jahren, im behaglichen britischen Universitätsmilieu zum Sowjetspion geworden, also lange vor ihrer Zeit; gleichzeitig übrigens mit MacLean, Burgess und Philby, einer Gruppe brillanter Universitätslehrer, die aus einem arroganten und elitären Idealismus, aus Müßiggang, um ihre Umgebung zu schockieren und die verhaßte Demokratie nicht nur durch ihren Lebenswandel, sondern auch durch ihre Handlungen: in der Verborgenheit ihrer intimsten, authentischsten Handlungen zu zersetzen, ebenfalls zu sowjetischen Spionen geworden waren. Brillante Universitätslehrer, die sich – mit reinem Gewissen, ohne Reue und ohne eine Spur von nachträglicher Selbstkritik – mit Schmach und Schande beladen und mit Blut befleckt haben.

Wir gingen an den Bildern von Constable und Gainsborough vorbei, Leihgaben aus den königlichen Sammlungen, und ich dachte an Anthony Blunt. Ich erinnerte mich an einen wunderbaren Text, den George Steiner über Blunt geschrieben hat: *The Cleric of Treason*.

Da kam mir also die Idee, Ihrer Königlichen Hoheit eine Frage über ihren ehemaligen Chefkonservator Sir Anthony Blunt zu stellen. Ich würde nie wieder die Gelegenheit dazu bekommen. Ich habe die Gelegenheit aber nicht genutzt, und sie wird sich nie wieder bieten.

Wir eilten im Laufschritt durch die Säle mit der englischen Malerei, und der plötzliche Gedanke an Blunt brachte mich auf Nicolas Poussin, was naheliegend war. Mir fiel sein Bild *Les bergers d'Arcadie* ein, ich dachte einen Augenblick lang an die Inschrift *Et in Arcadia ego* ... und erinnerte mich an die verschiedenen Deutungen, zu denen sie im Lauf der Kunstgeschichte Anlaß gegeben hatte – unter anderem auch an meine eigene, zu einem Bild von Valerio Adami. Ein kleiner Streifzug durch Arkadien sozusagen, von Poussin über Panofsky und Lévi-Strauss bis zu Adami.

Einige Monate später, lange Monate später, lud mich Jorge Lozano bei einem von der Madrider Universität in El Escorial abgehaltenen Sommerkurs ein, an einem Symposium über das Geheimnis teilzunehmen. Ich nahm die Einladung an und bereitete einen Vortrag vor, der das Thema ausgehend vom Fall Anthony Blunt beleuchtete. Das Schicksal eines marxistischen Überzeugungstäters, der aus Liebe zum Geheimnis Spion wurde: die Macht des Geheimnisses und das Geheimnis der Macht im Kampf gegen die verachtete Wirklichkeit der Welt, gegen ihren blendenden, trügerischen Schein: mußte sich hinter diesem Drang nicht geradezu zwangsläufig eine todbringende Sicht politischen Handelns verbergen? War nicht der Tod die letzte Instanz dieser frenetischen Hingabe an das Geheimnis der Macht? Ich stellte in diesem Zusammenhang einige Überlegungen über die Bezie-

hung Blunts zu den Mysterien von *Et in Arcadia ego* ...
an. Im Lauf der an meinen Vortrag anschließenden Diskussion erzählte uns Louis Marin – der gemeinsam mit Jean Baudrillard und anderen namhaften Professoren am Symposium teilnahm – eine aufschlußreiche Anekdote, die mir recht zu geben schien. Das heißt, die die Richtigkeit meiner Überlegungen zu Blunt und zu der Bedeutung zu bestätigen schien, die *Et in Arcadia ego* ... in seinen Augen gehabt haben könnte. Louis Marin teilte uns nämlich mit, daß er während eines Studien- und Forschungsaufenthalts in London die Bekanntschaft Anthony Blunts gemacht hatte. Als sie eines Tages im Zug von einer Sitzung oder einem Kolloquium in der Provinz in die Hauptstadt zurückfuhren, habe ihm Blunt während der gesamten Fahrt vom Gemälde Nicolas Poussins, von der geheimnisvollen und flammenden: polysemantischen Inschrift *Et in Arcadia ego* ... erzählt. Louis Marin war von diesem Zusammentreffen zutiefst beeindruckt. Ich nicht weniger – und auch befriedigt darüber, richtig gesehen oder richtig geraten zu haben.

Das war aber nicht die einzige Gelegenheit – die, von der ich hier erzähle, nämlich der Staatsbesuch der englischen Königin –, bei der ich mich in meiner Zeit als Minister an Anthony Blunt erinnerte. Ich habe mich noch ein weiteres Mal an ihn erinnert. Diesmal aber angesichts von Picassos *Guernica*, im Saal des Casón del Buen Retiro, einem Nebengebäude des Prado, in dem das Gemälde in einer kugelsicheren Vitrine ausgestellt war.

An diesem Tag begleitete ich nicht Elisabeth von England, sondern Raissa Gorbatschowa. Wir hatten den traditionellen Rundgang durch den Prado soeben beendet: El Greco, Velázquez, Goya. Sie war unerträglich gewesen. Das heißt, ich hatte sie unerträglich gefunden. Sie hatte sich äußerst affektiert benommen und sich groß aufgespielt. Vor den Bildern El Grecos war sie in Verzükkung geraten, aber nur, um Banalitäten von sich zu geben. Diese allerdings mit äußerster Eindringlichkeit, ihre Augen zum Himmel der Kitschkultur erhoben. In Wirklichkeit wiederholte Raissa Gorbatschowa auf russisch und voller Inbrunst nur das, was ihr der Direktor des Prado zuvor auf spanisch gesagt hatte. Wobei seine Erläuterungen durch das Hin und Her der Simultanübersetzung nicht gerade gewannen. Es kam ein kunstreichgekünsteltes Tremolo hinzu, das ausgesprochen peinlich war. Zumindest mir, aber vielleicht bin ich zu anspruchsvoll. Oder zu schwer zu beeindrucken.

Es waren aber nicht nur die exaltierten Kommentare zu den Bildern El Grecos, die mir Raissa Gorbatschowa unerträglich werden ließen. Es war vielmehr ihr Verhalten, das von einem demagogischen Populismus geprägt war. Mehrere Male ließ sie uns, Königin Sofía von Spanien und mich, ihre Begleiter an diesem Tag, einfach stehen, durchbrach, wie einer plötzlichen Eingebung folgend, den Sicherheitskordon und organisierte sich ungeniert ein kleines Bad in der Menge. Es war nicht schwer zu erkennen, daß dieser Drang hin zum Volk von Madrid immer nur an den Stellen des Prado auftrat, die die Sicherheitsleute den TV-Kameras, den Pressefotografen und dem Publikum zugewiesen hatten. Unter diesem Gesichtspunkt, unter dem Gesichtspunkt einer bemühten Imagepflege, schien mir Raissa Gorbatschowa wirklich professionell zu sein. Und die professionellen Schausteller ihres eigenen Images sind mir immer unerträglich gewesen. Auf komische oder pathetische Weise unerträglich. Oder beides zugleich.

Wir waren aber inzwischen vor Pablo Picassos *Guernica* im Nebengebäude des Prado angelangt.

Raissa Gorbatschowa hatte zu dem Gemälde sichtlich

nichts zu sagen. Sie sah es kaum an, vollführte dafür aber mehrere Pirouetten und bot ihre schlanke Silhouette den weit entfernten Blitzlichtern der Fotografen dar. Zu *Guernica* fiel ihr offensichtlich nichts ein. Sie streifte das Bild mit einem Blick und hatte es sichtlich eilig weiterzukommen.

Da dachte ich erneut an Anthony Blunt.

Im Juli 1937 hatte Blunt, die junge Hoffnung der britischen und marxistischen Kunstkritik, den Pavillon der Republik Spanien bei der Pariser Weltausstellung besucht. Dort war Pablo Picassos *Guernica* ausgestellt. Zu dieser Zeit war Kim Philby – ein anderer brillanter Universitätslehrer, unter dessen Führung Blunt vermutlich vom sowjetischen Geheimdienst angeworben worden war – Kriegskorrespondent der *Times* in Spanien. Und zwar auf der Seite der franquistischen Armee, so überraschend das auf den ersten Blick auch erscheinen mag. Es galt aber, sich zu verstellen, mit verdeckten Karten zu spielen, an die Zukunft zu denken. Kim Philby ist dieses Spiel mit verdeckten Karten so gut gelungen, daß ihm für seine Verdienste um journalistische Objektivität von Franco höchstpersönlich ein Orden verliehen worden ist.

Der von ihm vermutlich für die sowjetischen Dienste angeworbene Anthony Blunt war damals jedenfalls in Paris. Er sah sich Picassos *Guernica* an und verkündete, daß es sich um ein mißlungenes Bild handle: kein wirklicher Aufbau und vor allem keine historische Aussage. Pablo Picasso »gehört der Vergangenheit an«, schrieb Blunt damals in einem seiner Beiträge für den *Observer*.

Raissa Gorbatschowa hatte hingegen mit Picassos Bild allem Anschein nach überhaupt nichts zu schaffen. Sie hatte es eilig, wollte draußen ein weiteres Bad in der Menge und in den Blitzlichtern nehmen. Ich dachte flüchtig an Anthony Blunt. Ich fragte mich, ob sie von der Existenz des sowjetischen Agenten Anthony Blunt wußte. Das stand zu vermuten. Vielleicht hatte sie sogar in der Umgebung ihres Mannes jenen im Dienst ergrauten KGB-Offizier kennengelernt, der einst die Gruppe brillanter britischer Spione und Universitätslehrer geführt hatte. Derartige Zusammentreffen machen den romanhaften Reiz des Lebens aus, sie sind das Salz der Erzählung, sagte ich mir, als ich die medialen Manöver Raissa Gorbatschowas beobachtete.

War es an diesem Tag, daß ich auf die Idee gekommen bin, eine Gegenüberstellung von Pablo Picasso und Francisco Goya herbeizuführen? In diesem Saal des Casón-Gebäudes *Die Erschießungen des 3. Mai 1808* gegenüber von *Guernica* hängen zu lassen? Das könnte sein.

Ich sah den Pirouetten Raissa Gorbatschowas zu, dachte dabei an die hintergründigen Dummheiten, die Anthony Blunt über *Guernica* geschrieben hatte; und dabei ist mir, wenn ich mich richtig erinnere, diese Idee gekommen.

Guernica wurde nach seiner Rückkehr nach Spanien – oder vielmehr nach seiner Ankunft, da das Gemälde dort zuvor ja nie zu sehen gewesen war – im Casón del Buen Retiro, der heute zum Prado-Museum gehört, ausgestellt. Er hatte ursprünglich ein Museum für Reproduktionen beherbergt. In einem Spanien, dessen Gedächtnis noch lange nicht zur Ruhe gekommen war, mußte das Gemälde durch eine Art Glasbunker vor möglichen Aggressionen geschützt werden. Genau dadurch wurde aber das Betrachten des Bildes wesentlich erschwert. Niemand, der es in Madrid, in diesem Nebengebäude des Prado, gesehen hat, kann von sich behaupten, einen einigermaßen unverfälschten Eindruck von *Guernica* gewonnen zu haben; dafür wurde der Betrachter durch den kugel- und detonationssicheren Bunker in zu großer Entfernung gehalten, wurden der geistige Zugang zu sehr behindert, die Perspektive zu sehr verzerrt.

Guernica sollte hier hängen, hieß es, weil Picasso es so gewünscht hatte, sobald die Demokratie in Spanien wiederhergestellt sein würde: er wollte sein Bild im Prado hängen haben. Die Behauptung, *Guernica* sei ohnehin im Prado ausgestellt, war jedoch ein Sophismus, eine durchaus verständliche, aber ziemlich erbärmliche Spitzfindigkeit. Denn das Nebengebäude des Prado gehörte nur auf formale, rein administrative Weise zum Prado. Pablo Picasso hatte zum Casón del Buen Retiro keinerlei Beziehung. Wahrscheinlich war ihm nicht einmal bekannt, daß das ehemalige Museum für Reproduktionen in ein Nebengebäude des Prado umfunktioniert worden war. Es war sicher nicht sein Wunsch, daß sein Gemälde auf diese rein administrative, scheinheilige Weise im Prado ausgestellt werden würde. Der Prado war für ihn keine verwaltungstechnische Einheit, sondern der ideale Ort eines Austauschs, einer Konfrontation. Oder einer rivalisierenden Gegenüberstellung, warum auch nicht? Er wollte im Prado sein, weil er Velázquez und Goya gegenübergestellt werden wollte, das war sein leidenschaftlicher Wunsch. Damit man endlich wüßte, woran man mit ihm sei, damit man erkennen könne, woher, aus welcher Tradition er käme. Und damit man endlich verstünde, in welche Richtung sich diese Tradition unaufhaltsam entwickelt hat, und inwiefern seine Malerei, die mit dieser Tradition gebrochen hatte, sie vollendet. Er hatte sich nicht umsonst, nicht um des bloßen Vergnügens willen mit den *Meniñas* von Velázquez angelegt: in seiner malerischen Besessenheit hatte er damit etwas angepeilt, das für ihn von größter Bedeutung war.

Ich bin mir absolut sicher, daß dies der Wunsch Pablo Picassos war, weil er selbst es mir während eines langen Gesprächs in La Californie einige Zeit vor den Feierlichkeiten zu seinem achtzigsten Geburtstag ausdrücklich gesagt hat.

Dieser Wunsch Pablo Picassos, in den Prado aufgenommen zu werden, hat schließlich nichts Außergewöhnliches. Die französischen Maler wollen in den Louvre aufgenommen werden. André Malraux hat darüber in seiner Rede zur Eröffnung des Imaginären Museums in Saint-Paul-de-Vence folgendes gesagt: »Die Kunst ist selbstverständlich zu keiner Religion, sie ist vielmehr zu einem Glauben geworden. Das Heilige der Malerei ist nicht mehr das Heilige der Götter, sondern das Heilige der Toten. Cézanne und Van Gogh, die gläubig waren, legen mehr Wert auf den Eingang ihrer Bilder in den Louvre als auf die Bestattung ihrer Leichname in geweihter Erde. Für Cézanne wie auch für Van Gogh, Degas, Matisse oder Braque ist das Heiligtum der Louvre.«

Für Picasso ist es der Prado. Sein Leichnam mag in der Erde des Exils, in Vauvenargues begraben sein, warum auch nicht?, sofern nur sein *Guernica*-Bild im Prado hängt.

Der Wunsch des Malers, in den Prado aufgenommen zu werden, war daher ein nur wenig stichhaltiges Argument gegen die – bereits vor meinem Amtsantritt im Ministerium beschlossene – Verlegung von *Guernica* in einen Saal des neuen Museums für zeitgenössische Kunst Reina Sofía. Das Bild hat ja im Grunde nie im Prado gehangen. Wahrscheinlich wäre es am besten gewesen, es sofort nach seiner Ankunft in Spanien dort auszustellen. *Guernica* in einem Saal des Prado so zu plazieren, daß der Besucher auf es stößt, sobald er zum Beispiel die

Schwarzen Malereien Goyas verlassen hat. Ich weiß, daß diese ideale Lösung sehr schwer zu verwirklichen gewesen wäre. Vielleicht sogar undurchführbar, vor allem in der Hast und im allgemeinen Tumult rund um die Ankunft des Bildes in Spanien. Bei der Umgestaltung der Räume des Museums, die ja immer unzulänglich sind, hätte es zahlreiche Probleme gegeben. Und vor allem das Problem der Sicherheit: wie hätte man das Bild in einem Saal des Prado wirksam vor Attentaten schützen können? Diese aufgrund des damaligen Zeitmangels wahrscheinlich undurchführbare Lösung wäre aber dennoch die beste gewesen, zumindest vom Standpunkt der Malerei aus: vom Standpunkt einer neuen Lesbarkeit der Tradition der spanischen Malerei aus. Ihres Bezugs zur Moderne.

Danach beginnt die moderne Malerei... Mit diesen Worten endet André Malraux' Essay über Goya. In Wahrheit war aber die Beziehung Spaniens zur modernen Malerei weit komplexer: sie schlug Umwege ein, war sozusagen perverser. Oder vielleicht auch pervertierter. Das lag natürlich nicht an den Künstlern selbst. Von Goya, den Malraux als Ausgangspunkt betrachtete, über Tàpies, Millares, Saura, Arroyo, Oteiza und Chillida – ganz abgesehen von den darauffolgenden Generationen, die ebenso reich an Begabungen sind –, über Picasso, Dalí, Gris, Miró und Julio González bedarf es wohl keiner umständlichen Argumentation über den Beitrag Spaniens zur zeitgenössischen Malerei und Bildhauerei.

Trotz dieser massiven, unbestreitbaren Tatsache ist die Beziehung der spanischen Gesellschaft zur modernen Kunst bis vor kurzem nicht einfach gewesen. Dafür sind natürlich auch unsere politischen Regimes verantwortlich. Mit Ausnahme eines kurzen Zeitabschnitts – von

1927 bis 1936: grob gesagt, vom Ende der traditionellen Monarchie bis zur Republik – hat sich das offizielle Spanien nicht darum bemüht, die moderne Malerei, die der spanischen Künstler eingeschlossen, in den Museen des Staates zu präsentieren. Es war ausschließlich privaten Initiativen, also Sammlern oder Stiftungen, die in manchen Fällen auch von lokalen Körperschaften unterstützt wurden, zu verdanken, daß nicht völlige Ödnis herrschte. Das Picasso-Museum in Barcelona und das beeindruckende Museum abstrakter Kunst in Cuenca sind der beste Beweis dafür.

Ein Teil dieses Rückstandes wird wohl nie wieder aufzuholen sein. Gleich, welche Anstrengungen der spanische Staat in Zukunft auch unternehmen mag, das Werk Pablo Picassos wird auf immer und ewig in Frankreich am besten aufgehoben sein. Was im übrigen auch logisch ist. Und, wie ich hinzufügen möchte, auch durchaus moralisch. An dem Tag, an dem der französische Kulturminister Jack Lang und ich in Paris dem Publikum die Werke der zweiten Picasso-Schenkung – in Zusammenhang mit der Hinterlassenschaft Jacqueline Roque – präsentierten, stellte mir ein spanischer Journalist, wohl in der Absicht, mich in Verlegenheit zu bringen, in einem dreisten und selbstbewußten Ton die Frage: »Empfinden Sie als Kulturminister keine Scham darüber, daß alle diese Picassos Spanien durch die Lappen gegangen sind?« Ich gab diesem jungen Mann, dem es daraufhin die Sprache verschlug, zur Antwort: »Wofür ich mich wirklich schäme, als Minister und als Spanier, das ist die Tatsache, daß Franco so lange an der Macht geblieben ist... Das war es, was so viele Picassos aus Spanien vertrieben hat...«

Während sich Raissa Gorbatschowa für weit entfernte Fotografen in Pose warf, ist mir also die Idee gekommen, rund um *Guernica* die Begegnung der spanischen Malerei mit der Moderne zu inszenieren. Insbesondere mit ihrer eigenen Moderne. Anstatt es an einen anderen Ort zu bringen, es aus dem abschreckenden Bunker im Casón del Buen Retiro, im rein administrativen Nebengebäude des Prado, zu holen und es ins Museum für zeitgenössische Kunst Reina Sofía zu verlegen, hätte man vielleicht die spanische Malerei hierher verlegen können. Vielleicht hätte man den Wunsch Pablo Picassos doch erfüllen und seine Konfrontation mit Velázquez und Goya ermöglichen sollen. Und zwar genau hier, in diesem Saal des Buen Retiro, da es sich im Prado selbst als undurchführbar erwiesen hat. Vielleicht sollte man die Bilder von Velázquez und Goya wirklich in diesen Saal des Buen Retiro bringen – der zu diesem Zweck natürlich umgestaltet werden müßte, indem man den Plafond Lucas Jordans hinter Stores verbirgt und darüber hinaus die Sicherheitsmaßnahmen für *Guernica* etwas weniger aufdringlich gestaltet.

In dieser Perspektive, die mich zunehmend fasziniert, während Raissa Gorbatschowa keinerlei Interesse für das Gemälde Picassos zeigt, als würde sie sich dem schroffen und vernichtenden Urteil Anthony Blunts anschließen, müßte die Auswahl der Werke, die zunächst hierher gebracht werden müßten, von *Guernica* selbst bestimmt werden: hier müßten Velázquez' *Die Übergabe von Breda* und Goyas *Die Erschießungen vom 3. Mai* hängen.

Ich beginne allmählich die Einsichten in die historische Kontinuität der spanischen Malerei, in die kreativen Brüche in dieser Kontinuität zu ahnen, die eine derartige Gegenüberstellung ermöglichen könnte. Dieses Projekt ist jedoch, wie ich gestehen muß, schließlich doch nicht verwirklicht worden. Es ist an bürokratischen Hindernissen, eingefahrenen Gewohnheiten und starren Ritualen gescheitert.

Daß mir seine Realisierung nicht gelungen ist, gehört zu den Dingen meiner Amtszeit, die ich am meisten bedaure.

Ihre Hoheit, die Königin Großbritanniens, steht aber immer noch vor Velázquez' *Meniñas* und murmelt einige fast unhörbare Sätze. Sie spricht sehr leise, wie mit sich selbst, und was sie sagt, klingt verbittert. Jetzt wiederholt sie ihre Frage. Sie spricht aber so schnell, daß der Direktor des Prado Mühe hat, den Sinn ihrer Frage zu verstehen. Ich übersetze ihm die Frage Ihrer Königlichen Hoheit. Ist nicht das Gemälde von Velázquez erst kürzlich restauriert worden?

Alfonso Pérez Sánchez, der Direktor des Prado, hat keine Mühe, Elisabeth II. direkt zu antworten. Nein, das Bild ist nicht wirklich restauriert worden. Es war in einem ausgezeichneten Zustand. Es wurde aber aufgefrischt, gereinigt, um ihm den Glanz seiner ursprünglichen, mit der Zeit etwas stumpf gewordenen und nachgedunkelten Farben wiederzugeben.

Ihre Königliche Hoheit nickt, scheint aber über diese Antwort ganz und gar nicht glücklich zu sein. Zumindest keineswegs beruhigt. Aber, fragt sie, das Gemälde ist doch wohl nicht unberührt geblieben? Hat man es denn nicht mit chemischen Substanzen behandelt, Eingriffe vorgenommen? Der Direktor bestätigt ihr, daß dies unbestreitbar der Fall war: das Bild war von einem Spezialistenteam des Prado unter der Leitung von Herrn Brealey, einem äußerst kompetenten Amerikaner vom New Yorker Metropolitan Museum, einer mehrmonatigen Regenerationsbehandlung unterzogen worden.

Eben, genau da liegt der Hund begraben, sofern ich mich in Gegenwart Ihrer Königlichen Hoheit überhaupt einer derart volkstümlichen und vulgären Redewendung bedienen darf. Eben! »Warum«, und die Stimme Elisabeths II. bebt vor mühsam beherrschter Entrüstung, »warum zerfallen *meine* Gainsboroughs bei der leisesten Berührung in Stücke, während sich *eure* Velázquez ungestraft behandeln lassen?«

Diese *meine* und *eure* kommen Alfonso Pérez Sánchez, einem ausgewiesenen Kenner der spanischen Malerei im allgemeinen und der des Goldenen Jahrhunderts im besonderen, gerade recht. Nun kann er Ihrer Königlichen Hoheit ganz nach Belieben erläutern, daß *unser* Velázquez im Unterschied zu *ihrem* Gainsborough seine Leinwände und Grundierungen, seine Farben und Firnisse gründlich vorbereitet hat, daß er mit der Chemie und Alchimie der Materialien bestens vertraut war und sie eben in Hinblick auf ihre Dauerhaftigkeit ausgewählt hat.

Ihre Königliche Hoheit nimmt diese Erklärung ganz offensichtlich zur Kenntnis. Dennoch fährt sie fort zu murmeln, bedrückt und finster. Daß die Gemälde *unseres* Velázquez für die Ewigkeit gemalt wurden, tröstet sie keineswegs, und das ist durchaus menschlich, über die Vergänglichkeit *ihrer* Gainsboroughs hinweg.

Ich könnte mein Leben erzählen – ein im Grunde unsinniges Vorhaben: es wird einem nie gelingen, das Unergründliche, Dunkle einer Biographie völlig auszuleuchten oder restlos zu entschlüsseln, die von den Ablagerungen eines Jahrhunderts bedeckt und von seinen Illusionen und treibenden Kräften durchsetzt ist – ich könnte mein Leben dennoch zu erzählen versuchen, indem ich mich auf *Las Meniñas* von Velázquez beziehe, meine Gedanken von diesem Bild aus schweifen lasse. Nicht, daß es im Prado keine anderen Gemälde gäbe, die mich mehr berühren, in mir tiefere Regungen des Herzens und des Geistes wecken. Nicht, daß es anderswo in Europa keine Bilder gäbe, mit denen wesentliche Episoden meines Lebens wie Fetzen eines Traums verbunden wären.

Um es rundheraus zu sagen: zwei Vermeers, die *Ansicht von Delft* im Mauritshuis und *Die Gasse* im Rijksmuseum; ein *Grauer Akt* von Matisse im Kunsthaus Zürich; *Die Entführung der Europa* und *Die Dialektik* von Veronese in Venedig; ein Frauenporträt von Renoir und das Gesicht der Mutter von Wenzel, die gerade ihren heiligen Sohn geboren hat, gemalt von Karel Skréta, beide im Museum von Prag... Ich will hier aber keinen Katalog aufstellen, sondern lediglich einige Fährten legen: vor allem mir selbst.

Bei dieser Phantasiereise beginnt und endet jedoch alles mit *Las Meniñas* von Velázquez. Mein Leben ist mit diesem faszinierenden Gemälde verbunden, es entfernt sich von ihm und kehrt wieder zu ihm zurück; es ist mir auf meinem Weg immer wieder begegnet. Ich erinnere mich an die Rolle, die dieses Gemälde in meinem Leben gespielt hat.

Die Tatsache, daß Elisabeth II. neben mir steht, stört mich dabei nicht sonderlich. Ihre Königliche Hoheit ist in ein sichtlich vergrämtes Schweigen versunken. Sie mußte soeben mit einem Erstaunen, in das sich auch etwas Eifersucht mischte, den unveränderlich frischen Zustand des Gemäldes von Velázquez zur Kenntnis nehmen. Sie ignoriert mich, und ich respektiere ihren augenblicklichen Kummer: wir sind sozusagen quitt miteinander. In wenigen Augenblicken wird die protokollarische Prozession weiterziehen. Wir werden den Goya-Abschnitt unseres Rundgangs absolvieren. Ich freue mich schon – oder bin vielmehr neugierig – auf die Reaktion Ihrer Königlichen Hoheit vor dem Familienbild König Karls IV.

Die Engländer haben im 17. Jahrhundert Karl I., und die Franzosen im 18. Jahrhundert Ludwig XVI. enthauptet. Es waren keine mittelalterlichen Königsmorde, sondern moderne Hinrichtungen: sie begründeten gewissermaßen die Moderne. Diese Tode waren Sakrilege. Keine politische Moderne ohne Sakrileg. Wie es auch keine Romanliteratur ohne Profanierung geben kann: sie profaniert den heiligen Ort des geoffenbarten Worts, bringt das Profane eines erfundenen: dargebrachten, nicht empfangenen Worts zur Entfaltung.

Die Köpfe Karls von England und Ludwigs von Frankreich sind jedenfalls zum Klang der Pfeifen und Trommeln erst nach einem parlamentarischen Prozeß, einer Gerichtsverhandlung, nach einem Votum der Mehrheit gerollt.

In Spanien wurden die modernen Zeiten hingegen nicht durch einen Königsmord eingeleitet. Und was noch eigentümlicher ist: die demokratische Moderne wurde dort letztlich und vermutlich auch endgültig im Zuge einer Restauration eingeführt, die von der Diktatur programmiert worden war.

Am historischen Ursprung dieser paradoxen – oder perversen – Beziehung zur Moderne steht das Werk

Goyas. Denn die Spanier haben ihren König nicht enthauptet, sondern Goya hat ihn in seinem Familienbild König Karls IV. regelrecht hingerichtet. Im Familienbild eines Königs, dem nicht der Kopf abgeschlagen, sondern dessen ganze Erbärmlichkeit und Niedertracht schonungslos und meisterhaft bloßgelegt wurde. Es hat also den Anschein, daß die Spanier dazu tendieren, sich mit dem Dargestellten, mit dem symbolischen Bild auseinanderzusetzen anstatt mit dem Körper des Königs. Die spanischen Künstler scheinen somit radikaler zu sein als die französischen oder die englischen, die das Königtum nie mit dieser unerbittlichen Schärfe bildlich dargestellt haben. Davon kann man sich unschwer überzeugen, indem man sich im Prado in der Serie der Gruppenporträts das Bildnis der Königsfamilie von Van Loo, der vom ersten spanischen Bourbonen an den Hof geholt worden war, ansieht: es sticht zwischen Velázquez und Goya durch seine fade und akademische Geziertheit hervor.

Vielleicht rührt aber dieser Unterschied nicht daher, daß die Künstler jenseits des Ärmelkanals und jenseits der Pyrenäen dem Königtum besonders ergeben gewesen wären, sondern daß ihre Weltanschauung materialistischer war. Die Spanier neigen also eher dazu, die Wirklichkeit der Monarchien ins Bild zu setzen, im Unterschied zu den Engländern und Franzosen, die sich mit ihr anhand ihrer körperlichen Erscheinung auseinandersetzen.

Es bleibt mir aber keine Zeit, um mich weiter in meinen Gedanken verlieren zu können; sie waren mir gekommen, als ich an die mögliche Reaktion von Elisabeth II. auf das Gemälde von Goya dachte, mit dem der offizielle Rundgang gewöhnlich endet. Vielleicht würde sie auch überhaupt nicht reagieren. Schließlich gehört Ihre

Königliche Hoheit ja keineswegs dem Geschlecht der Bourbonen an.

Ich versenke mich also wieder in die *Meniñas*.

Mir bleiben noch einige Sekundenbruchteile – eine Ewigkeit in einer gut angelegten Erzählung, um mir auf diesem wunderbaren Bildschirm die Träume meines Lebens ausmalen zu können.

Oder das Leben meiner Träume.

Ich habe seit 1953, seit dem Jahr also, in dem ich zum ersten Mal unter falschem Namen nach Madrid zurückgekommen bin, oft vor diesem Gemälde von Velázquez gestanden. Ich habe vor ihm lange Stunden kontemplativer Betrachtung verbracht.

Diese Vorliebe hatte mehrere Gründe. Zunächst natürlich Erinnerungen an meine Kindheit. Aber auch weniger persönliche Umstände, die sich aus den Erfordernissen eines Lebens in der Illegalität ergaben. Manchmal blieb zwischen zwei Treffen etwas Zeit, die ich ausfüllen, totschlagen mußte. Tote Zeit also. Und es war nicht immer möglich oder ratsam, in das unter einem Decknamen angemietete Zimmer zurückzukehren. Wir sollten erst viele Jahre später über eine Reihe von konspirativen Wohnungen und Lokalen verfügen, mit deren Hilfe ich meine Tagesabläufe besser organisieren konnte. In der ersten Zeit war der Prado ein idealer Ort gewesen, um die Zeit totzuschlagen, um die tote Zeit mit Leben zu erfüllen. Und im Prado ganz besonders der Saal, in dem die *Meniñas* hingen.

Damals war das Gemälde von Velázquez in einem Saal des Museums ausgestellt, der ihm allein vorbehalten war. In seiner isolierten Pracht strahlte es ein dunkles, von der Patina der Jahrhunderte umdüstertes Licht aus.

Der Saal der *Meniñas* wies eine Besonderheit auf: vom Betrachter aus gesehen rechts neben dem Gemälde war ein großer Spiegel angebracht. Eine reflektierende – vielleicht sogar in ihm reflektierte – Fläche, die die Möglichkeit bot, jenes Spiel mit mehreren verschiedenen Perspektiven nachzuvollziehen, das im Bild selbst auf eine so offenkundige wie mysteriöse Weise zum Ausdruck kommt. Dieser Spiegel im Saal der *Meniñas* bot nämlich noch einen weiteren Vorteil: er erlaubte eine mühelose Überwachung der näheren Umgebung. Man konnte sich ahnungslos stellen oder sich zumindest den Anschein geben, das Gemälde im Spiegel zu betrachten und die so allmählich entstehenden, subtilen Kippeffekte zu studieren, und sich gleichzeitig vergewissern, ob man nicht etwa beschattet wurde. Auf diese Weise war die Gegenwart einer verdächtigen Person leicht auszumachen: es war in der Tat kaum vorstellbar, daß sich ein franquistischer Polizist nach einer gewissen Zeit, in der ich mich regungslos in das Bild versenkte, nicht durch seine Ungeduld und Nervosität verraten hätte. So konnte man in diesen längst vergangenen Zeiten das Nützliche mit dem Angenehmen verbinden, indem man sich stundenlang von den *Meniñas* faszinieren ließ.

Später, im Lauf der Jahre, ist das Gemälde von Velázquez je nach dem Gutdünken der Direktoren und den Erfordernissen der an den Räumlichkeiten vorgenommenen Umbauten: Klimatisierung, Umgestaltung der Ausstellungsräume usw. mehrmals in andere Säle des Museums verlegt worden. Ich bin nicht dazu berufen, diese Veränderungen zu beurteilen. Meine Sehnsucht nach der Stelle, an der das Bild ursprünglich gehangen hat, ist stark, aber ganz und gar subjektiv. Diesem Gefühl liegen ausschließlich meine damaligen Empfindungen und die heute in mir aufsteigenden Erinnerungen zugrunde. Es gehorcht also keinerlei museologischen Kriterien. Vom Standpunkt meines damaligen Vergnügens und der Fülle meiner Erinnerungen aus kann ich die Verlegung des Gemäldes jedoch nur bedauern.

Und hier bin ich auch 1954 Nicolas de Staël begegnet. Oder bin vielmehr einem Unbekannten begegnet, der, wie sich erst später herausstellen sollte, Nicolas de Staël war. Er stand vor dem Velázquez und sagte, zu seiner Begleitung gewandt, mit einer tiefen, fiebrigen und rauhen Stimme zutreffende, ja fesselnde Dinge über das Gemälde. Ich stand hinter ihm, doch der Unbekannte dürfte die beinahe schmerzhafte Präsenz meiner Aufmerksamkeit, meines gebannten Schweigens verspürt haben. Er drehte sich um, und ich wurde von der merkwürdigen und rohen Schönheit seiner Erscheinung gepackt. Ich hatte den Eindruck, er wolle etwas sagen, mich ansprechen. Aber nein, er nickte bloß und setzte seinen Monolog mit einer leiseren und für mich bald unhörbaren Stimme fort. Als ich den Saal der *Meninas* verließ, wandte sich der Unbekannte noch ein letztes Mal um und sah mir nach.

Ein oder zwei Jahre später – also nach seinem Tod: er hat sich 1955 das Leben genommen – fand ich anläßlich einer Ausstellung (die im Museum Grimaldi in Antibes 1955? die im Musée d'Art moderne in Paris 1956? vermutlich eher letztere ...) heraus, daß dieser Unbekannte der Maler Nicolas de Staël gewesen war. Ich hatte Herzklopfen, als ich ihn auf einem der bei dieser Gelegenheit veröffentlichten Porträtfotos wiedererkannte.

Der Maler in seinem Atelier. Im Hintergrund, an die weiße Wand gelehnt, war ein Durcheinander von Bildern zu sehen: Großformate und Kompositionen, in denen eine konsequente und ruhelose Suche zum Ausdruck kam. Der Maler saß auf einem niedrigen, völlig abgewetzten Fauteuil, von dem nur mehr die Sprungfedern, das Metallskelett, sichtbar waren. Er schien etwas zu betrachten, was ein wenig zu seiner Rechten am Boden lag. Vielleicht betrachtete er aber gar nichts. Vielleicht fixierte er mit seinem außerordentlich präsenten, meditativen und auf gelassene Weise hoffnungslosen Blick (»er hat uns mit dem Unverhofften beschenkt«, hat René Char über Nicolas de Staël gesagt, »mit dem, was sich in nichts der Hoffnung verdankt«) nichts Wirkliches, vielleicht sah er vielmehr eine andere Wirklichkeit, ihre Kehrseite oder ihr Jenseits, ihre enigmatische, abstrakte Textur. Sein Gesicht war im Profil zu sehen, und die dadurch entstandene leichte Drehung des Halses ließ das Relief der Wangen, des Kinns und der Nase deutlich hervortreten. Der Maler in seinem Atelier, in einem Augenblick der Ruhe, der Unsicherheit oder der kreativen Erschöpfung fotografisch festgehalten, das Bild eines wunderbaren Gleichgewichts zwischen Gewalt und Gleichmaß, Kraft und Zärtlichkeit, Stille und Schrei. Nur selten ist die äußere Erscheinung des Genies so mühelos erfaßt und auf den ersten Blick erfaßbar gemacht worden wie auf diesem berühmten Porträtfoto von Nicolas de Staël.

Diese wenigen Sätze, die ein Unbekannter vor dem Gemälde von Velázquez gesagt hat, stehen also am Anfang meines späteren Interesses und meiner Bewunderung für die Malerei von Nicolas de Staël. Einer Bewunderung, die so stark war, daß der Maler in meinem Roman *Der weiße Berg* zwar den Namen einer Nebenfigur bei Proust, Stermaria, trägt, seine von mir beschriebenen oder erwähnten Bilder (*Helles Seestück, Blauer Akt von hinten, Rote Landschaft*) aber wirkliche Gemälde von Nicolas de Staël sind.

Hier, angesichts der *Meniñas* von Velázquez, habe ich

also eine Entscheidung getroffen. Eine in diesem Fall ministerielle Entscheidung. Ich stand ja nicht mehr wie damals hier, unter dem Decknamen Federico Sánchez in die Betrachtung des Gemäldes versunken. Im Grunde genausowenig unter meinem wirklichen Namen oder vielmehr unter einem weiteren Pseudonym, an das ich mich allmählich gewöhnt habe und das zu meiner großen Freude – weil es mir jede Selbstverständlichkeit mir selbst gegenüber nimmt – auf französisch und spanisch völlig verschieden ausgesprochen wird. Ich war in meiner Eigenschaft als Kulturminister da. Als Kultminister gewissermaßen: als ein Priester, der das Hochamt der Kultur zelebriert. Der beste Beweis dafür war die Gegenwart Ihrer Hoheit, der Königin Großbritanniens, an meiner Seite. Ich nützte also diese außergewöhnliche Gelegenheit, um eine Ministerentscheidung zu treffen: eine Retrospektive Nicolas de Staël in jenem neuen Zentrum für zeitgenössische Kunst Reina Sofía in Auftrag zu geben, das die Madrider mit ihrem schlagfertigen Humor in ironischer Anspielung auf das Pariser Centre Pompidou in *Sofidú* umgetauft haben.

Drei Jahre später, als ich das Ministerium – oder das Ministerium mich – bereits verlassen hatte, konnte die während des offiziellen Prado-Besuchs der englischen Königin getroffene Entscheidung schließlich verwirklicht werden. Die Retrospektive des malerischen Werks von Nicolas de Staël hing zunächst in den Räumen der Fondation Maeght in Saint-Paul-de-Vence und war anschließend im Reina Sofía zu sehen. Dieses Vorhaben hätte ich allerdings ohne die Unterstützung und das Verständnis von Jeàn-Louis Prat, dem Leiter der Fondation Maeght, wahrscheinlich nicht verwirklichen können.

Ich wollte in meinen Ministerjahren Jean-Louis Prat mehrmals das Angebot machen, zum Kreis meiner engsten Berater zu stoßen, um dort die Politik der Schönen Künste und die Erarbeitung von Initiativen auf dem Gebiet der zeitgenössischen Malerei in Zusammenarbeit mit den Museen der autonomen Regionen und privaten, spanischen oder ausländischen Stiftungen zu koordinieren und voranzutreiben. Was der meinem Ministerium unterstellten Generaldirektion der Bildenden Künste am meisten abging, war weder das Bücherwissen noch die postmoderne Rhetorik, sondern jenes Quentchen an Phantasie und Management, die mir ermöglicht hätten, eingefahrene Gewohnheiten zu durchbrechen und etwas Bewegung in die starren Rituale der Bürokratie zu bringen. Jean-Louis Prat wäre in dieser Rolle perfekt gewesen. Eine derartige Personalentscheidung wäre aber trotz der laufenden Europa-Integration wahrscheinlich mißverstanden und von einem Großteil der politischen Klasse und von den betroffenen Gremien ablehnend aufgenommen worden. Sie verbot sich im Grunde genommen von selbst. In solchen Situationen kam es vor, daß ich mich in jene kosmopolitischen Zeiten eines aufgeklärten Despotismus zurücksehnte – ich hoffe, man wird imstande sein, diese Zeilen *cum grano salis* zu lesen –, in denen die Minister des Königs von Spanien Ausländer wie Giovanni Battista Tiepolo oder Anton Raphaël Mengs mit der Aufgabe betrauen konnten, sich des Schicksals der Bildenden Künste anzunehmen!

Die offizielle Prozession setzt sich wieder in Bewegung und zieht weiter zu Goyas Apotheose von *Karl IV. und seine Familie*. Der Direktor des Prado und ich bilden zusammen mit König Juan Carlos und Ihrer Königlichen Hoheit, Elisabeth II., die Spitzengruppe, gefolgt von Königin Sophie und dem Herzog von Edinburgh. So wäre es zumindest laut Protokoll vorgesehen gewesen. König Juan Carlos bringt aber diese protokollarische Reihenfolge ständig durcheinander, indem er spontan von einem zum anderen geht und die Unterhaltungen unerwartet abbricht.

Wir verlassen jedenfalls die *Meniñas*.

Und plötzlich erinnere ich mich, und dabei muß ich unwillkürlich lächeln, an Michel Foucault: der geneigte Leser wird sofort erfahren, warum, ohne Zeit zu haben, sich darüber zu wundern oder zu ärgern. Denn ich verdanke es Michel Foucault, daß ich im Februar 1981 den König von Spanien persönlich kennenlernen konnte.

Ich werfe einen letzten Blick auf die *Meniñas* von Velázquez und empfinde einen leichten Schwindel, als ich mich an mein ganzes Leben erinnere. Ich erinnere mich an Michel Foucault.

Sein Werk *Die Ordnung der Dinge* beginnt mit brillanten Seiten über dieses Gemälde. Mit ausgesprochen brillanten, aber falschen Seiten. Ich würde sogar sagen, daß sie grundfalsch sind. Denn hier geht es nicht nur um eine fragwürdige Interpretation – es gab bereits viele davon und es wird noch viele weitere geben – der in diesem Gemälde aus verschiedenen Blickwinkeln ironisch angedeuteten Spiegelungen der dargestellten Personen. Es geht vielmehr um jene ideologische Sicht, die der Deutung der möglichen Bedeutungen des Gemäldes zugrunde liegt, selbst aber auf geistigen Voraussetzungen beruht, die mit der Malerei, mit den ihr eigenen Regeln und Regellosigkeiten, nichts zu tun haben. Diese Sicht, die Foucaults Blick getrübt hat – ihn zwar geschärft oder vielmehr außerordentlich brillant gemacht hat, aber gleichzeitig blind für jene materielle und historische Realität, die im Gemälde als verführerisches Angebot vielfältiger Interpretationsmöglichkeiten zum Ausdruck kommt –, diese Sicht ist die eines theoretischen Antihumanismus. Der Mensch ist nicht mehr als eine Auffaltung in der Landschaft der Geschichte, eine Geschwulst der Rhetorik, die vom Lauf der Dinge allmählich ausgelöscht werden wird. Seit Foucaults *Die Ordnung der Dinge* ist der Mensch nicht mehr Gegenstand der Philosophie, sondern steht im Begriff, zu ihrem falschen Subjekt zu werden. Eine Rolle, die er in der Unergründlichkeit der historischen Realität, abseits der scharfen, aber geblendeten Blicke der Philosophen, leichten Herzens oder zumindest mit bilderstürmerischer Vitalität spielt. Es sind diese falschen Subjekte, die den Zusammenbruch der materiellen und geistigen Strukturen des letzten Jahrhundertviertels herbeiführen werden.

Als wir einander viele Jahre später persönlich kennenlernten, sprachen wir jedoch weder über die *Meniñas* noch über den theoretischen Antihumanismus. Wir haben bei dieser ersten Begegnung vor allem über Spanien gesprochen. Während unseres abendlichen Tischgesprächs interessierte sich Michel Foucault für bestimmte Details des in mehrfacher Hinsicht überraschenden Übergangs zur Demokratie. Ich tat mein Bestes, um dieses Interesse zu stillen, und beschränkte mich dabei nicht auf bloße Informationen oder Erläuterungen zu den Ereignissen, sondern versuchte darüber hinaus, einige allgemeinere Schlußfolgerungen zu ziehen.

In Anschluß an diese erste Begegnung lud mich Foucault zur Mitarbeit an einem von ihm geleiteten journalistischen Projekt ein. Er war mit einer großen italienischen Tageszeitung, dem *Corriere della Sera*, übereingekommen, Hintergrundartikel und Essays über bedeutsame historische Situationen entweder selbst zu schreiben oder von Intellektuellen seiner Wahl schreiben zu lassen. Er bot mir an, die Enquête über die Situation in Spanien zu leiten.

Der Kontakt zwischen uns war ursprünglich über Alain Finkielkraut hergestellt worden; Foucault hatte ihn mit der Koordinierung der verschiedenen journalistischen Interventionsgruppen beauftragt. Zu seiner großen Überraschung sprach ich Finkielkraut bei unserer ersten Begegnung auf einen seiner Artikel an, der vor längerer Zeit in der Zeitschrift *Critique* erschienen war und dessen Titel genauso trocken war wie sein Inhalt: »Der rote Faden der abstrakten Arbeit«. Dieser kurze, gedrängte, marxistisch inspirierte Essay hatte zumindest genauso mein Interesse geweckt wie die kleinen respektlosen Bücher, die er damals in Zusammenarbeit mit Pascal Bruckner geschrieben hat. Es erstaunte ihn, daß ich seinen Aufsatz gelesen hatte; er maß dieser ökonomischen Analyse, einem Forschungsbereich, von dem ihn seine persönliche Entwicklung mittlerweile endgültig abgebracht hatte, keinerlei Bedeutung mehr bei. Zu dieser Zeit – ich spreche vom Beginn der achtziger Jahre – hatte Alain Finkielkraut noch nicht zu jener Form des kommentierenden Essays gefunden, in der sich seine analytische Begabung später entfalten sollte. Neben seiner umfassenden Bildung und seiner geistigen Beweglichkeit fiel mir an ihm eine besondere Feinfühligkeit auf, die sich in persönlicher Unsicherheit und einem Wunsch nach Anerkennung äußerte, die berührend gewesen wären, wenn sie nicht allzu häufig durch eine fiebrige Arroganz zugedeckt – oder kompensiert – worden wären.

Wie dem auch sei, wir drei, Foucault, Finkielkraut und ich, trafen einander eine Zeitlang in regelmäßigen Abständen, was zumindest für mich äußerst anregend war, da mir dieser Gedankenaustausch und diese Streitgespräche die Möglichkeit boten, einige Aspekte meiner einsamen postmarxistischen Reflexion zu modifizieren oder überhaupt aufzugeben.

Und in diesem Zusammenhang unternahm ich im Februar 1981 mehrere Reisen nach Spanien, in deren Verlauf ich Regierungspräsident Adolfo Suárez und König Juan Carlos begegnet bin.

Deshalb kann ich mit aller Objektivität und guten Gewissens behaupten, daß ich meine persönliche Bekanntschaft mit dem König von Spanien Michel Foucault verdanke.

Am späten Nachmittag des 23. Februar 1981 bekam ich einen Telefonanruf von Simone Signoret. Ob ich das Neueste schon wüßte? Nein. Ich hatte mich den ganzen Tag über aus der Welt zurückgezogen und geschrieben. Sie teilte mir mit, daß in Madrid ein Staatsstreich in Gang war. Einheiten der Armee und der Guardia Civil hatten während der Amtseinführung Leopoldo Calvo Sotelos, der nach dem überraschenden Rücktritt von Adolfo Suárez mit der Regierungsbildung beauftragt worden war, das Parlament besetzt. In verschiedenen Garnisonen Spaniens wären weitere Aufstände zu erwarten, hieß es.

Mein Telefon läutete daraufhin beinahe ununterbrochen. Freunde riefen mich aus mehreren Städten Spaniens an, teilten mir die neuesten Nachrichten mit und erkundigten sich nach meiner Meinung zu den Ereignissen. Ich gab ihnen zur Antwort, und das war meine tiefe

Überzeugung, daß dieser Staatsstreich scheitern würde. Er würde aus einem ganz einfachen Grund scheitern: König Juan Carlos würde sich ihm entgegenstellen, ganz gleich, welche Kreise die Verschwörung der Militärs ziehen würde. Der Putsch könne ohne die Unterstützung oder zumindest die wohlwollende Neutralität des Königs unmöglich erfolgreich sein. Und es war undenkbar, daß er ihn unterstützen oder etwa seine Autorität als Oberbefehlshaber der Streitkräfte nicht geltend machen würde.

Die unerschütterliche Überzeugung, die völlige Gewißheit, mit der ich diese Meinung vertrat, beruhte auf den Aussagen des Königs während unseres Gesprächs einige Wochen zuvor.

Es hatte an einem sonnigen Wintertag stattgefunden. Die Luft war blau, trocken und schneidend kalt: jene Luft von Madrid, von der der Volksmund sagt, sie könne einen Menschen töten, ohne eine Kerze auszublasen. Die Hirsche und Rehe des Tierparks der Zarzuela im Nordosten der Hauptstadt überquerten vor dem Wagen, der mich in das kleine, aus Ziegeln und Granit erbaute Palais brachte, in dem die Familie des Königs wohnt, in aller Seelenruhe die Straße.

König Juan Carlos hatte mir diese Unterredung unter der Bedingung gewährt, daß es sich nicht um ein herkömmliches Interview handeln sollte. Ich durfte also in der Artikelreihe über den Übergang zur Demokratie in Spanien, an der ich gerade arbeitete, seine Äußerungen zwar wiedergeben, mich von ihnen anregen lassen und sie auch kommentieren, aber nicht unter Anführungszeichen zitieren.

Das Gespräch fand zu einer Zeit statt, als in der spanischen Gesellschaft eine latente Krisenstimmung, ein diffuses Unbehagen herrschte. Vier Jahre nach den ersten freien Wahlen war die Mehrheit der UCD, der Unión de Centro Democrático, jener Parteienkoalition also, die Adolfo Suárez um sich versammeln konnte, langsam, aber unaufhaltsam abgebröckelt. Der Terrorismus der ETA hatte in bestimmten Kreisen der Armee und der Sicherheitskräfte den Wunsch nach einer autoritären Wiedererrichtung der Ordnung aufkommen lassen. Die strategische Verbohrtheit der ETA-Terroristen machte sie zu den wichtigsten Verbündeten jener militärischen und gesellschaftlichen Kräfte, die als kleine, aber präsente Minderheit den Demokratisierungsprozeß stoppen wollten. Damit zeigten sowohl die einen, die blutrünstigen separatistischen Terroristen (nichts ist schlimmer, nichts ist abscheulicher als diese Mischung zweier Fundamentalismen: eines radikalen, religiösen Nationalismus, der sich auf den Alptraum von der ethnischen Reinheit der baskischen Rasse beruft, einerseits, und des dogmatischen Leninismus andererseits), wie auch die anderen, die putschlüsternen, von der Idee eines unteilbaren Spanien und von imperialer Rhetorik besessenen Terroristen des Militärs ihr wahres Gesicht: sie waren die letzten Relikte des Franquismus, einer Politik der Ausgrenzung und der Gewalt, des negativ oder positiv gefaßten Mythos vom ewigen Spanien.

Und darüber hinaus setzte infolge der Wirtschaftskrise, deren Bewältigung drastische und damit unpopuläre Maßnahmen erfordert hätte, zu denen die Regierungsmannschaft der UCD weder die Kraft noch die Möglichkeiten – und vermutlich auch gar nicht den Willen – hatte, ein gesellschaftlicher Auflösungsprozeß ein, der den für die Wiedererrichtung der Demokratie notwendigen Zusammenhalt gefährdete.

Kurz gesagt, die Zeit war reif für eine handfeste Krise, in der es im Grunde darum ging, ob die Politik des demokratischen Übergangs zurückgenommen oder aber weiterverfolgt werden sollte. Damit hatte, zunächst noch unmerklich, die Stunde einer neuen politischen Mehrheit geschlagen, die in der Lage sein würde, die von der überwältigenden Mehrheit der Spanier gewünschte Fortführung des Reformprozesses in Kontinuität und Sicherheit zu garantieren.

In diesem Zusammenhang nahm König Juan Carlos bei unserem Gespräch in direkter oder eher angedeuteter Form eine Haltung ein, die völlig eindeutig war. Er erwähnte die zahlreichen, an ihn beharrlich herangetragenen Vorschläge, er möge diese latente Krise doch mit Hilfe einer starken, dem Gemeinwohl verpflichteten Regierung mit diktatorischen Vollmachten ein für allemal beenden, und zeigte sich entschlossen, als Garant für den in der Verfassung verankerten demokratischen Weg der politischen Entwicklung Spaniens eintreten zu wollen. Für diesen Weg, wenn nötig, gegen alle und ungeachtet aller Risiken eintreten zu wollen.

Wenn ich mich also am 23. Februar vom vorhersehbaren Scheitern des von Hauptmann Tejero in Madrid und von General Milans del Bosch in Valencia betriebenen Umsturzversuches überzeugt zeigte, so tat ich dies in Erinnerung an die Unmißverständlichkeit seiner damaligen Äußerungen.

Am Abend wurde ich vom französischen TV-Sender Antenne 2 gebeten, in den Spätnachrichten einen Kommentar zu den Ereignissen in Spanien abzugeben. Ich griff diese Überlegungen auf, zog aus ihnen den Schluß, daß der Putschversuch ohne die Unterstützung des Königs unmöglich erfolgreich sein könnte, und betonte unter Berufung auf die Äußerungen von Juan Carlos anläßlich unseres Gesprächs knapp drei Wochen zuvor, daß eine solche Unterstützung auch nicht zu erwarten wäre.

Tags darauf lud mich Antenne 2 zu einem weiteren Kommentar zu den Bildern und Nachrichten aus Spanien im Mittagsjournal ein. Zu diesem Zeitpunkt war der Putsch bereits gescheitert. Die Bilder, die ich gemeinsam mit den Journalisten des zweiten Programms zu kommentieren hatte, zeichneten die Chronik eines angekündigten Scheiterns nach.

König Juan Carlos war gegen ein Uhr morgens auf den Fernsehschirmen erschienen. Er trug zu diesem Anlaß die Uniform des obersten Befehlshabers der Streitkräfte. In wenigen, einfachen Worten appellierte er in besonnenem Ton an die Disziplin aller militärischen Befehlshaber und mahnte ihre Verfassungstreue an. Er erteilte den Truppen den Befehl, in ihre Kasernen zurückzukehren.

Wichtig war dabei nicht der Inhalt seiner Rede, so unmißverständlich sie auch gewesen sein mag. Wichtig war, daß der König in sozusagen fleischlicher Gestalt in Erscheinung trat. Denn es war der Leib des Königs, der sich dem Blick von Millionen Fernsehzuschauern, dem Blick der mit dem Fließen der TV-Bilder verdrahteten Bürger darbot. Es war der Leib des Königs, der sich den Putschisten entgegenstellte, sich ihrem Aufstieg an die Macht in den Weg warf, ihnen den Zugang zur Macht versperrte. König Juan Carlos, der als junger Prinz im Serail und im Schatten der Macht zum Garanten der Kontinuität des politischen Systems auserkoren worden war, hatte sich über diese ursprüngliche Entscheidung hinweggesetzt und war mit der massiven Unterstützung des Volkes für den Übergang zur Demokratie eingetreten. In dieser Februarnacht, als die Putschisten die Volksvertreter und damit die Spitzen aller politischen Parteien als Geiseln genommen hatten, in diesem durch Adolfo Suárez' Rücktritt – den man wohl als erstes Anzeichen für den drohenden Staatsstreich wird deuten können –

geschaffenen Machtvakuum, in dieser Nacht, als das Volk in gespannter Erwartung auf der Lauer lag, sich aber abseits hielt, jenes Volk, das den Umsturz einhellig ablehnte und keine radikale, sondern eine institutionelle, soweit als möglich gewaltfreie Lösung der Situation anstrebte, in dieser Nacht der Dreispitze und Maschinengewehre warf der König auf allen Fernsehschirmen seinen Leib in die Waagschale der Geschichte. Die Putschisten hätten über die Leiche des Königs gehen müssen, um die demokratisch gewählte Regierung zu stürzen: das war die symbolische, aber durchaus konkrete Botschaft.

Dadurch verlieh sich König Juan Carlos eine neue Legitimität. Oder vielmehr bekräftigte in der Dringlichkeit der Situation jene Legitimität, die ihm das allgemeine Wahlrecht nachträglich verliehen hatte, als die Spanier 1978 mit überwältigender Mehrheit für die Verfassung gestimmt hatten.

Die Moderne wurde in Spanien anders als in Frankreich oder Großbritannien nicht durch einen Königsmord eröffnet. Sie wurde vielmehr ungeachtet aller späteren Hemmnisse und Rückschläge dadurch gestärkt und endgültig begründet, daß die Figur des Königs physisch oder, wie schon gesagt, in fleischlicher Gestalt in Erscheinung getreten ist. Eine symmetrische Umkehrung der Situationen: die spanischen Putschisten von 1981 sahen sich genauso zum Königsmord gezwungen, wenn sie ihr Ziel, den Umsturz der modernen, demokratischen Macht erreichen wollten, wie sich die englischen und französischen Revolutionäre des 17. und 18. Jahrhunderts gezwungen sahen, den König zum Tod zu verurteilen, um ihre Moderne begründen zu können. Die Situationen sind also insofern auch identisch, als es in all diesen Fällen um den Leib des Königs ging. Um es mit bedeutungsschweren Worten zu sagen, um derentwillen schon viel Blut geflossen ist: das Staatsoberhaupt mußte in dieser Nacht die Rolle und das Risiko einer Inkarnation der demokratischen Vernunft, der *res publica* – also sowohl des Allgemeininteresses als auch der Volkssouveränität – auf sich nehmen.

Die Inkarnation ist bekanntlich eine der Grundfragen der Theologie. Bossuet hat sie uns in ebenso dunklen wie frappierenden Worten folgendermaßen erläutert: »Da die Inkarnation nichts anderes ist als zwei zu einer einzigen göttlichen Person vereinte Naturen, hört selbst der Name der Inkarnation zu bestehen auf, sobald man die Person teilt oder die Naturen vereinigt.«

Wir können Bossuet getrost Glauben schenken, da es zweifellos die christliche Theologie war, die der Inkarnation – wenngleich der Begriff auch anderen Religionen, wie etwa der der Brahmanen, vertraut ist – ihre tragische Dimension verliehen hat. Und es ist ebenso bekannt, wie umstandslos und wie häufig im Lauf der Geschichte der Weg beschritten wurde, der von der Theologie zur Politik führt.

Die Inkarnation ist eine unübersehbare Realität oder Notwendigkeit der Politik. Denn wenn es die Ideen sind, die die Welt bewegen – und auch in den Untergang treiben –, so geschieht dies immer nur über Vermittlungen, Fürsprachen und Inkarnationen. Damit Ideen zu einer materiellen, faustischen Kraft werden können, die auch breitere Schichten mobilisiert oder neutralisiert, genügt es nicht, daß sie das Denken der handelnden Minderheiten prägen, die von ihnen mit einem Schlag oder allmählich ergriffen werden, sondern sie müssen sich vor allem inkarnieren. Keine historische Umwälzung, keine Kristallisierung einer meist langfristigen Entwicklung ohne emblematische: fleischliche Verkörperung. Das Wort wird auch in der Politik zu Fleisch.

Diese sozusagen ewige Wahrheit – das heißt, diese in der Geschichte, angefangen bei dem, was wir über die früheste Prähistorie wissen, allgegenwärtige Wahrheit – gewinnt, wenn auch auf perverse oder zumindest verwirrende Weise, in unserer Zeit der massiven Kommunikation noch zusätzlich an Aktualität. Im Gegensatz zu den Behauptungen mancher Schöngeister wird die Funktionsweise der Politik durch das Fernsehen nicht entwirklicht, nicht in ein bloßes Schauspiel verwandelt. Ganz im Gegenteil. Es verändert zwar im Flimmern der Unmittelbarkeit die Beziehung der Massen zum Phänomen der Inkarnation, aktiviert diese aber zugleich auf eine geheimnisvolle und seltsame Weise, läßt sie wirkungsvoller werden. Zumindest kurzfristig: und das ist die wesentliche, durch das Fernsehen herbeigeführte Veränderung. Denn der Leib des zum Tauschwert gewordenen politischen Worts unterliegt viel leichter der Abnutzung. In der Wirklichkeit einer unmittelbaren Gegenwart – *live*, wie es im Jargon der Medien heißt – zerstört oder verschleißt die Fernsehkommunikation die Illusion der Dauer. Die Unmittelbarkeit reduziert sich zu einem Konsumgut: zehrt sich selbst auf.

Der Kaiser von China der wunderbaren Erzählungen Kafkas ist ewig: er nutzt sich nicht ab. Selbst dem Tod gelingt es nicht, die wolkige Undurchdringlichkeit seines strahlenden, aber unsichtbaren Leibes zu beeinträchtigen. Selbst nach seinem Tod werden seine so drohenden wie rätselhaften Botschaften weiterhin im ganzen Reich zirkulieren. Ein heutiger Politiker – der den Glanz seiner Worte dank ihrer Verkörperung im Fernsehen vervielfältigt sieht – weiß jedoch oder müßte zumindest wissen, daß jeder seiner Auftritte wie ein leuchtender Krebsherd am Leib seiner Erscheinung nagt. Weil er, um einen Ausdruck aus der Fotografie zu verwenden, überbelichtet ist: verschwommen und damit verschaukelt. Er müßte also lernen, seine phantastische – und gelegentlich fabulierende – Verkörperung zu dosieren, einen anderen Umgang mit seinem Tod durch Abnutzung seines fleischlichen Abbilds zu finden.

Dies ist einer der Punkte, in denen sich Politiker von Journalisten, Fernsehmoderatoren oder -präsentatoren unterscheiden. Denn diese sind entgegen allem Anschein nicht der Unmittelbarkeit verpflichtet, sondern der Vermittlung, der Mediatisierung: sie sind die Medien der Medien. Ihre paradoxerweise weniger vergänglichen Medien. Die theoretische Dauer ihrer Präsenz ist im Grenzfall unbegrenzt, da sie nicht vom Inhalt des Diskurses, sondern von seiner Syntax abhängig ist. Und die Form ist immer dauerhafter als der Inhalt.

Das ist auch das Erschütternde an den Fernsehauftritten von Politikern, deren Zeit vorbei ist, die von der Zeit sichtlich mitgenommen wurden. Sie scheinen nicht zu begreifen, daß ihre leibliche Erscheinung bis auf die Knochen abgenutzt, jeglicher fleischlichen Realität verlustig gegangen, auf das fiebrige Flimmern tanzender Lichtpunkte reduziert ist und daß sie aus dem Jenseits der Desinkarnation zu uns sprechen. Die Tatsache, daß sich eine Rede überlebt hat, wird vom Bild nicht verschleiert, sondern hervorgestrichen.

Bossuet, der weder allzu großer Nachsicht noch allzu großer Strenge den Medien gegenüber verdächtigt werden kann, hat all dies bereits vorweggenommen: »Sobald man die Person teilt«, sobald man also die inkarnierte Person hinter ihrer Inkarnation wahrzunehmen beginnt, den Schauspieler hinter seinem Text, die Seelenlosigkeit hinter der fleischlichen Gegenwart, »hört selbst der Name der Inkarnation zu bestehen auf.«

Daraus ergibt sich, daß der Fernsehauftritt von König

Juan Carlos in der Nacht des Putschversuchs ein einzigartiges Ereignis war, dessen Wiederholung nur schwer denkbar, wenn nicht überhaupt undenkbar ist. Der Leib des Königs – und es wäre schön gewesen, hätte sich ein spanischer Kantorowicz, Marc Bloch oder Louis Marin auch für das junge Phänomen der Fernsehkommunikation interessiert und dieses Ereignis gründlich untersucht – ist kein historisches Gut, das verschwendet werden darf. Er läßt sich nicht in Scheiben schneiden. Und genau darin besteht sein Unterschied zum Leib Gottes, der sich im Mysterium der Eucharistie offenbar unendlich und unbegrenzt aufteilen läßt. Der Leib des Königs ist ein unteilbares Ganzes, und das sogar im Fernsehen. Man muß ihn als ein Ganzes nehmen und achten, in einem historischen Drama, das nur ein einziges Mal aufgeführt wird. Und dieses eine Mal im Februar 1981 hatte genügt, damit das Drama mit einem Sieg der demokratischen Zukunft endete.

Die offizielle Prozession zieht weiter durch die Säle des Prado. Ich gehe neben König Juan Carlos. Ich nütze die Gelegenheit, um ihm vom Kummer Ihrer Königlichen Hoheit zu berichten, die an die Vergänglichkeit ihrer Gainsboroughs erinnert wurde.

»Das sind Sorgen, die mich nicht mehr betreffen«, ruft der König lachend aus. »Es sind vielmehr deine, Minister!«

Es stimmt, daß ich Sorgen habe. Ich informiere ihn kurz. Der König hört mir aufmerksam zu. Er hat mir, wenn sich die Gelegenheit oder die Notwendigkeit zu einem Meinungsaustausch ergeben hat, immer aufmerksam zugehört. Bei verschiedenen Reisen und allen möglichen Festakten hat er die Gelegenheit zu einem Gespräch unter vier Augen immer wahrgenommen, in manchen Fällen sogar selbst geschaffen. Wenn er der Ansicht war, das betreffende Problem sei besonders interessant, bat er die Königin, an unserer Unterredung teilzunehmen. Denn in der Arbeitsteilung des Königspaares ist es Königin Sofía, die sich vorwiegend mit kulturellen Angelegenheiten beschäftigt.

Aus diesem Grund hatte ich in der Zeit meines Ministeramtes häufiger mit Königin Sofía Kontakt als mit dem König. Die Reisen in den Maschinen der Flugbereitschaft der Streitkräfte boten Gelegenheit zu eingehenden Gesprächen mit ihr.

In diesen Gesprächen lernte ich eine sympathische, der Welt gegenüber aufgeschlossene und für ihre allzu verbreitete Ungerechtigkeit sensible Persönlichkeit kennen. Sie zeigte ein tiefes, alles andere als gespieltes Interesse an Musik und bildender Kunst. Sie gab keineswegs vor, allwissend zu sein, und scheute sich nicht, den Konservatoren der Museen oder den Gestaltern von Ausstellungen naive, aber kluge Fragen zu stellen, sobald sie den Eindruck hatte, die Bedeutung dieses oder jenes Werks nicht verstanden zu haben. Ich habe nie erlebt, daß sie in derartigen Situationen hochmütig reagiert hätte.

Eine Anekdote soll besser als alle Lobreden den Charakter von Königin Sofía beleuchten.

Mikis Theodorakis war anläßlich einer Konzerttournee nach Spanien gekommen. Er hatte, wie man sich vielleicht erinnert, die Musik zum Film Z geschrieben. Er war damals auf eine Insel deportiert worden, und das Tonband mit seiner Filmmusik konnte auf geheimen Wegen Costa-Gavras zugespielt werden. In Bilbao sollte Theodorakis ein Orchester dirigieren, das seinen *Canto general* aufführte, jene schwer verdauliche expressionistische Symphonie – dies ist meine persönliche Meinung, die, auch wenn sie weniger maßgebend ist als andere, genauso zulässig sein sollte wie die anderer –, die er zum genauso schwer verdaulichen und schier endlosen Text des dichterischen Ergusses von Pablo Neruda geschrieben hatte. Königin Sofía war als Privatperson zu dieser Aufführung gekommen. Trotz ihrer Diskretion und des Nichtvorhandenseins eines offiziellen Protokolls stellten die Gemeinderatsmitglieder von Herri Batasuna, des »politischen Armes« der ETA-Terroristen, ein weiteres Mal ihren Löwenmut und ihren politischen Scharfsinn unter Beweis, indem sie ein kurzes Schrei- und Pfeifkonzert als Protest gegen die Anwesenheit der spanischen Königin in einem Theater von Bilbao organisierten.

Als ich sie einige Tage darauf, ich weiß nicht mehr zu welchem Anlaß, traf, fragte ich sie, welchen Eindruck dieser Empfang, den ihr die Dummköpfe von Herri Batasuna bereitet hatten, auf sie gemacht habe. Sie zuckte mit den Achseln und lachte: »Völlig ohne Bedeutung«, rief sie aus. »Ich habe gar nicht darauf geachtet!« Und sie sagte mir auch, warum, erklärte mir, aus welchem Grund sie Theodorakis unbedingt kennenlernen wollte. »Während meiner Jugend im Athener Königspalast«, sagte sie, »ist uns Theodorakis als der Teufel in Person beschrieben worden! Er war ein Roter, und man ließ kein gutes Haar an ihm ... Ich hatte so große Lust, ihn endlich persönlich kennenzulernen, mit ihm über Griechenland zu sprechen ... nicht nur über seine Musik, vor allem über Griechenland ... daß ich auf dieses Pfeifkonzert überhaupt nicht geachtet habe!«

Diese Anekdote scheint mir in mehrfacher Hinsicht aufschlußreich zu sein. Nicht nur, weil sie den spontanen Charakter und die Lebhaftigkeit Königin Sofías von Griechenland veranschaulicht. Sie zeigt darüber hinaus auch die emotionelle Bindung an ihr Heimatland, die sich die spanische Königin bewahrt hat. Eine Bindung, die, davon bin ich voll und ganz überzeugt, auch bei der Ausübung ihres königlichen Berufes eine gewisse Rolle gespielt hat. Sie hat selbst miterlebt, wie ihre Familie vom Athener Thron gestoßen wurde, und daraus den Schluß ziehen können, daß die unmißverständliche Entscheidung für eine demokratische Funktionsweise der Monarchie der einzige Garant dafür ist, daß sie als Institution weiterbestehen kann. Als sie nach Bilbao fuhr, um Mikis Theodorakis, den einstigen politischen Gegner, kennenzulernen, versuchte sie vermutlich, die Dämonen ihrer Kindheit auszutreiben, stellte damit aber vor allem die Entschlossenheit unter Beweis, mit der sie stets für eine andere Zukunft Spaniens eingetreten ist.

Der offizielle Rundgang geht seinem Ende zu, wir sind vor den Goyas angelangt.

Wenn ich nicht überzeugt wäre, daß es zu arrogant, zu gewollt: mit einem Wort, zu künstlich gewirkt hätte (das rechte Maß an Künstlichkeit kommt der Kunst und damit der Wahrheit durchaus zugute; zuviel Künstlichkeit ist ihr abträglich), hätte ich diese Erzählung vielleicht rund um den Prado strukturiert.

Offizielle oder private Besuche, Erinnerungen an meine Kindheit oder an die Zeit im Madrider Untergrund, Probleme des Ministeriums in den verschiedenen Bereichen der Kunstpolitik, alles Dinge, die sich anhand des Funktionierens und der Zukunft des Museums emblematisch verdichten ließen: es wäre nicht undenkbar gewesen, das Leben, das ich in diesen drei Jahren geführt habe, mit Hilfe eines erzählerischen Bezugs zum Prado zu rekonstruieren.

Ich werde es nicht tun und habe bereits gesagt, warum.

Ich gebe mich lieber damit zufrieden, den Erläuterungen von Alfonso Pérez Sánchez zu den Gemälden Goyas zuzuhören, vor denen unsere Gruppe einen Augenblick lang haltgemacht hat. Ich träume unterdessen von jener imaginären Flucht von Sälen des Prado, die mit den *Meniñas* von Velázquez beginnen und über die *Erschießungen vom 3. Mai* und die Schwarzen Malereien Goyas bis zu *Guernica* führen könnte. Ich denke, daß man daraus zumindest eine temporäre Ausstellung machen könnte, die das Maß unserer Geschichte ausmessen würde. Nicht nur der Geschichte unserer Malerei. *Guernica* ist in noch einer weiteren Hinsicht erhellend. Ich erinnere mich wieder an Michel Foucault. Er stellte in seinem brillanten und grundfalschen Exkurs über die *Meniñas* die Frage nach dem Platz, den der König im Bild einnimmt. Zweifellos müßte man jedoch zuallererst nach dem Platz fragen, den der Maler in ihm einnimmt. Bei Velázquez, dem Hofmaler, steht er im Zentrum des Gemäldes: alles dreht sich um ihn, er organisiert den Raum der Malerei. Den Raum der Welt? In *Karl IV. und seine Familie* ist die Figur Goyas jedoch nur mehr ein undeutlicher Schatten im Schatten der Macht. Oder eine Figur, die sich in den Schatten drängt, um sich der Macht des Königs zu entziehen, sich von ihr zu distanzieren. Und in *Guernica* schließlich gibt es überhaupt keinen Maler mehr. Nicht einmal mehr den Schatten eines Malers. Es gibt nur noch die Geschichte, den nackten Horror der Geschichte.

Diese Abschweifung hindert mich aber nicht an der Feststellung, daß Ihre Königliche Hoheit immer noch über die Vergänglichkeit ihrer Gainsboroughs bedrückt zu sein scheint. Sie sieht vergrämt aus, wirkt lustlos. Vielleicht waren es aber auch nur die Bilder Goyas, die sie in diese Stimmung versetzt haben.

V
Von Europa: 1939/1989

»Ich muß in aller Aufrichtigkeit sagen, sehr geehrter Herr Präsident, daß ich diese Rednertribüne mit einem gewissen Minderwertigkeitskomplex angesichts des von meinen Vorrednern, beginnend mit Ihnen, sehr verehrter Herr Minister, ausgebreiteten Wissens besteige. Es wurden hier allerhand Persönlichkeiten zitiert, von Perikles bis Hegel, von einem obskuren Bühnenautor aus einem Oststaat ganz abgesehen, dessen Name mir allerdings entfallen ist...«

Es war der 2. März 1989, wir befanden uns in den Cortes, im spanischen Abgeordnetenhaus.

Ich hatte an diesem Tag *Sus Señorías*, Ihren Gnaden – so lautet die mittelalterliche, und protokollarische, jedenfalls gebräuchliche Anrede der spanischen Volksvertreter –, das Arbeitsprogramm des Kulturministeriums präsentiert. In Anschluß daran gaben die Sprecher der verschiedenen Fraktionen die Stellungnahmen und Kritiken dazu ab, die sie für relevant erachteten.

An der Reihe war gerade der Vertreter des PNV, der Partei der baskischen Nationalisten.

Und der obskure Bühnenautor aus einem Oststaat, den ich in meiner Rede erwähnt hatte und dessen Namen sich Herr Olabarría nicht merken konnte, war, wie man wahrscheinlich erraten hat, Václav Havel.

In meiner Rede vor den Cortes hatte ich die Politik meines Ministeriums erläutert, dabei aber natürlich weder Perikles noch Hegel zitiert. Das hatten andere Redner getan. Perikles und sein Jahrhundert – beides paßt gut zusammen und wird auch meist in einem Schwung genannt – waren vielmehr vom Sprecher der Kommunistischen Partei beschworen worden. Im Kontext der marxistischen Vulgata übrigens, eines vulgärhistorischen Materialismus. Der kommunistische Abgeordnete hatte dabei die Behauptung aufgestellt, daß die Blütezeiten von Kunst und Literatur in verschiedenen Ländern und Epochen der Geschichte durchweg Investitionen öffentlicher Gelder zu verdanken seien. »Ohne die Unterstützung von Perikles«, rief er aus, »hätten wir weder ein Parthenon noch die großen Werke der klassischen Tragödie. Und ohne die Unterstützung der Krone und der öffentlichen Hand Spaniens hätten wir auch nicht die großen Werke der Literatur, Malerei und der Baukunst unseres Goldenen Jahrhunderts ...«

Es ist ja allgemein bekannt, welch entscheidende Rolle öffentliche Subventionen gespielt haben, als Cervantes die Figur des Don Quijote schuf! Ich möchte hier aber nicht die verkürzenden und von einem selbstgewissen Staatsdirigismus durchtränkten Äußerungen des kommunistischen Abgeordneten Moreno Gomez diskutieren, sondern führe seine Worte nur an, um zu zeigen, daß nicht ich es war, der Perikles zitiert hatte.

Ich hatte auch Georg Friedrich Wilhelm Hegel nicht zitiert. Wobei es allerdings durchaus vorkommen kann, daß ich Hegel zitiere. Ich habe eigentlich ständig eine philosophische Rechnung mit ihm zu begleichen, insbesondere mit seiner Konzeption der Dialektik. An diesem Tag jedoch hatte ich auf der Tribüne des Abgeordnetenhauses Hegel nicht zitiert: die Notwendigkeit dazu hatte sich nicht ergeben. Ich hatte indessen einige Schriftsteller angeführt, vier Schriftsteller, um genau zu sein. Zwei Romanautoren – José Saramago, Salman Rushdie –, einen Dichter – Antonio Machado – und einen Dramatiker: Václav Havel.

Havel war in Prag ein weiteres Mal verhaftet worden, weil er eine öffentliche Gedenkveranstaltung für Jan Palach organisiert hatte, jenen Studenten, der sich 1969, also zwanzig Jahre zuvor, aus Protest gegen die sowjetische Invasion verbrannt hatte.

In diesem längst vergangenen Jahr, kurze Zeit nach diesem gewaltsamen und selbstgewählten Tod war ich gemeinsam mit Costa-Gavras nach Prag gefahren. Wir dachten, daß es zum damaligen Zeitpunkt noch unmöglich sein würde, das von mir nach Arthur Londons *Das Geständnis* verfaßte Drehbuch in der Tschechoslowakei zu verfilmen. Daß wir es aber wenigstens versuchen sollten. Zu dieser Zeit war Alexander Dubček noch Regierungschef. Einige Errungenschaften der Demokratisierung, die zu der imperialen Intervention der Sowjets geführt hatte, waren noch nicht rückgängig gemacht worden. Die *Normalisierung*, die Wiederherstellung der totalitären Ordnung, hatte noch nicht mit jener Rücksichtslosigkeit gegriffen, mit der sie wenig später durchgepeitscht werden sollte.

Unter diesen Bedingungen beschlossen wir – wohl wissend, daß wir unter diesen Umständen nur einen sehr eingeschränkten Handlungsspielraum zur Verfügung haben würden –, trotz allem zu versuchen, *Das Geständnis* in Prag zu drehen.

Schon am Tag unserer Ankunft führte ich Costa-Gavras nach ersten Unterredungen mit tschechischen Filmfunktionären – die einige Wochen später, als Dubček die ihm noch verbliebene Macht verloren hatte und Husáks *Normalisierung* in Gang gekommen war, durchweg kaltgestellt, in manchen Fällen auch in Haft genommen wurden – zum alten jüdischen Friedhof neben der Pinkas-Synagoge.

Er ist einer der Orte auf dieser Welt, die mich am tief-

sten berühren. Der alte Pinkas-Friedhof mit seiner an-
dächtigen Stille, der von ihm ausgehenden Ruhe – die im
wesentlichen auf dem Wissen um jahrhundertelange
Verfolgung und hartnäckige Frömmigkeit beruht – ist
eine universelle Gedenkstätte, in der das Reden plötzlich
und wie durch ein Wunder überflüssig wird. Wo es genügt zu schauen, sich mit den Augen der Seele jenen quälenden Erinnerungen hinzugeben, die von den jüdischen
Grabsteinen wachgerufen und symbolisiert werden. Ein
Ort des Schweigens und der Meditation, aber auch des
Gebets, für diejenigen zumindest, denen dazu weder die
Lust, noch der Mut, noch die Gelegenheit abhanden gekommen ist. Aber welchen Gott außer den der Abwesenheit an sich, den Gott der strahlenden Unsichtbarkeit,
könnte man darum bitten, im Pinkas-Friedhof gegenwärtig zu sein?

Ich zeigte Costa-Gavras also den alten jüdischen
Friedhof. Wir gingen zwischen den Grabsteinen herum.
Hinter einem milchigen Dunstschleier schien die Juni-
sonne.

Wie die meisten Besucher, die den Pinkas-Friedhof
zum ersten Mal sehen, stellte Costa-Gavras die Frage,
warum manche der kleineren Grabsteine, die zudem
keine Inschrift trugen, auf unerklärliche Weise durchein-
andergeworfen schienen und auch häufig schief standen.
Ich nannte ihm den Grund oder vielmehr die Grundlosigkeit dafür. Es freute mich, ihm den Grund oder die
Grundlosigkeit dieses Wirrwarrs stummer und anonymer Grabsteine nennen zu können. Diese Steine, die aus-
sahen, als wären sie aufs Geratewohl in den Friedhof geworfen worden, sagte ich, bezeichneten in Wirklichkeit
die Stellen, an der die Juden jene toten Hunde begraben
hatten, die von den Christen in der Absicht, diesen heiligen Ort zu schänden, während der langen Jahrhunderte

christlicher Verachtung und christlichen Hasses über die Friedhofsmauer geworfen worden waren.

So betrachteten wir im Juni 1969 unter der Prager Sonne die Stelen jener unschuldigen Hunde, die von den Christen in all dieser Zeit wie Juden mißhandelt worden sind: kleine Denkmäler, die sowohl an den Wahnsinn der Menschen als auch an ihre kindliche Frömmigkeit erinnern.

Schweigend betrachteten wir die Stelen der jüdischen Hunde. Als wir zum Himmel aufblickten, der sich in den Dunst der Sommerhitze gehüllt hatte, sahen wir plötzlich in der Ferne jenseits der Friedhofsmauern die nüchterne Fassade der Philosophischen Fakultät der Karlsuniversität. Die Studenten hatten an ihr ein großes, weißes Spruchband befestigt, das das Gebäude in Riesenlettern auf den Namen Jan Palach taufte.

Wir schwiegen.

Wir wußten noch nicht, daß wir einundzwanzig Jahre später anläßlich der Verleihung des – in Paris als Unterstützung des tschechischen Widerstandes in diesen dunklen Jahren gegründeten – Palach-Preises an Václav Havel in Prag Yves Montand wiedersehen würden, bei der ersten öffentlichen Vorführung von *Das Geständnis*. Und wir wußten ebenfalls nicht – wer hätte das auch voraussagen können? –, daß dieser Abend des Jahres 1990 unter dem Vorsitz des »obskuren Bühnenautors« Václav Havel, mittlerweile Präsident der Republik, stattfinden würde.

Wir drei – Montand, Gavras und ich – hatten nach dem Sturz des griechischen Militärregimes dem Athener Publikum den Film *Z* vorgestellt. In der Nacht der Premiere aßen wir Fisch in einem Restaurant von Piräus; mit uns war auch jener Staatsanwalt Sarzetakis, der kurz zuvor aus dem Gefängnis entlassen worden war und für den – oder vielmehr für dessen fiktive Figur, die im Film von Jean-Louis Trintignant auf unnachahmliche Weise verkörpert wurde – ich damals den Begriff *petit juge*, kleiner Richter, geprägt hatte, der inzwischen Karriere gemacht hat.

Jedenfalls ist Richter Sarzetakis – der von den Militärs wegen jener Rolle inhaftiert worden war, die er in der Affäre Lambrakis gespielt hatte, die Vassilis Vassilikos, Costa-Gavras und mich zum Film *Z* angeregt hat – kurze Zeit nach der Reise, von der hier die Rede ist, ebenfalls Präsident einer Republik geworden, und zwar der griechischen.

Was uns aber in Athen nicht überrascht hatte, der Sturz der Militärjunta nämlich, erschien uns in Prag oder Moskau als vollkommen unmöglich. Zumindest zu unseren Lebzeiten unmöglich. Jedenfalls außerordentlich unwahrscheinlich. Wir hatten uns damit abgefunden, diese Welt verlassen zu müssen, bevor der sowjetische Totalitarismus zusammenbrechen würde. Das hatten wir drei einander gelegentlich voller Schwermut prophezeit. Wir waren sicher, daß wir eine Moskauer Vorführung von *Das Geständnis* nicht mehr erleben würden.

Und wir hatten uns getäuscht.

Wir drei – Montand, Gavras und ich – nahmen im Juni 1990, einige Wochen nach der erwähnten Preisverleihung in Prag, an der Moskauer Premiere von *Das Geständnis* teil.

Es war das einzige Mal, daß ich mehr oder weniger normal in die Sowjetunion gereist bin. Das heißt, wie jeder andere auch. Ich war nur der Drehbuchautor des Films, den die *Moskauer Nachrichten* dem Publikum vorstellten. Dreißig Jahre früher – ich bin zuletzt 1960 in der UdSSR gewesen – hatten meine Reisen unter ganz anderen Bedingungen stattgefunden. Ich reiste mit allen

Privilegien und Vorrechten eines Mitglieds der hohen Nomenklatura. Schwarze Limousinen, deren Scheiben im Fond mit plissierten Tüllvorhängen ausgeschlagen waren, erwarteten uns vor den Flughäfen. Sie brachten uns in luxuriöse und geräumige Wohnungen in der Moskauer Innenstadt oder zu den romantischen Datschen in den Wäldern der Umgebung. Die Tische waren in beiden Fällen reichlich mit unerschöpflichen Lebensmitteln und Getränken gedeckt.

Die hohen Funktionäre der spanischen KP hatten alle zwei Jahre ein Anrecht auf einen Urlaub in einem Oststaat, wobei die UdSSR allerdings der Creme der Parteimitglieder vorbehalten blieb: den obersten Rängen der Hierarchie. Ich hatte Anspruch auf dieses Vorrecht, weil ich jedes Jahr lange Monate im Madrider Untergrund arbeitete.

Am Ursprung der kommunistischen Nomenklatura hatte ein anfänglich aktives und uneigennütziges Engagement gestanden, für das häufig eine erhoffte Karriere und ein komfortables Leben geopfert werden mußten. Wenn man die historische Rolle der neuen roten Bourgeoisie, ihre Gründungsmythen und ihre ideologische Legitimation verstehen will, darf man nicht vergessen, daß sie aus einem Kampf hervorgegangen ist. Wir waren aber im Grunde weniger eine neue Bourgeoisie als eine Art Aristokratie des Imperiums; wir hatten uns unsere Beförderungen und Pfründe im geheimen Getümmel konspirativer Schlachten verdient.

In der UdSSR der späten fünfziger Jahre hatte man sich freilich von diesen weit zurückliegenden, in Jahrzehnten einer bürokratischen und willkürlichen Machtausübung verleugneten Ursprüngen bereits abgewandt: zum Mitglied der Nomenklatura wurde man außer in bestimmten Bereichen der Verteidigungs- und Sicherheitskräfte nach den Gesichtspunkten einer sozusagen erblichen Wahl, einer Berufung kraft Abstammung auserkoren.

Ich hatte jedenfalls zweimal Anrecht auf einen Urlaub in der UdSSR. Das erste Mal 1958, und das zweite 1960. Das war zugleich auch das letzte Mal. Als ich zwei Jahre später wieder die Möglichkeit gehabt hätte, einen Aufenthalt im Paradies der kommunistischen Nomenklatura zu genießen, verzichtete ich freiwillig darauf. Zu dieser Zeit hatte bei mir bereits jener Prozeß des Nachdenkens und des inneren Abrückens eingesetzt, der zu meinem Ausschluß aus der Kommunistischen Partei Spaniens, dem PCE, führen sollte. Daran war meine kurze, aber aufschlußreiche Erfahrung der sowjetischen Gesellschaft nicht unbeteiligt gewesen. 1962 zog ich es also vor, meinen Urlaub im privaten Kreis zu verbringen. Sarah und Mario Alicata hatten mich in ihr Haus auf Capri eingeladen.

Die markanteste (und für mein weiteres Leben wohl auch einschneidendste) Erfahrung meines Aufenthalts in der UdSSR im Jahr 1960 war nicht die Schönheit der Landschaft im Süden der Krim, wo wir unseren Urlaub verbrachten: bei Foros, in einer Datscha, in der Maxim Gorki Stammgast gewesen war, weil ihn dieser Ort an jenes Capri erinnerte, das damals bereits unerreichbar geworden war. Es war vielmehr eine Sitzung in Moskau, eine Versammlung der Delegationen der spanischen und der sowjetischen Kommunistischen Parteien.

Auf unserer Seite nahmen an ihr einige hohe Funktionäre teil, die gerade ihren Urlaub in der UdSSR verbrachten: Dolores Ibárruri, Santiago Carrillo und ich. Auf sowjetischer Seite wurde die Delegation von Michail Suslow geleitet, der für ideologische Fragen zuständig war und als Hüter jener orthodoxen Doktrin auftrat, die in ihren Inhalten – je nach der Konjunktur des historischen Augenblicks – so wandlungsfähig wie in ihren Formulierungen rigid war.

Die Fassade des ehemaligen Palais, das im August 1960 den Sitz des Zentralkomitees der KPdSU beherbergte, war, wenn ich mich recht erinnere, in einem Rosa gestrichen, das in ein blasses Ocker überging. Vielleicht war es aber auch ein verwaschenes Pistaziengrün. Sie hatte jedenfalls eine Farbe, die an die italienische Herkunft der Architekten erinnerte, die einst das monumentale Zentrum Moskaus erbaut hatten.

Im Sitzungssaal dieses Gebäudes des Zentralkomitees stand ein langer, mit grünem Stoff bezogener Tisch. Wasserkaraffen, Stifte, Notizblöcke. Aber keine Aschenbecher, da es verboten war zu rauchen: Genosse Suslow, hatte man uns gesagt, vertrug Tabakgeruch nicht.

Nach den protokollarischen Begrüßungszeremonien waren wir sofort zum Thema gekommen. Das banalerweise, da ja keine ernsthafte Meinungsverschiedenheit zu besprechen war, aus einem rituellen Austausch von Informationen über die von beiden Seiten verfolgten politischen Linien bestand. Carrillo meldete sich im Namen der spanischen Delegation als erster zu Wort: als Gast stand ihm diese Ehre zu. Er erläuterte in ungefähr vierzig Minuten die wesentlichen Aspekte der Strategie des PCE: gewaltloser Kampf der Massen, Nutzung der vom Regime offengelassenen legalen Möglichkeiten, so beschränkt sie auch waren, Politik umfassender antifranquistischer Zweckbündnisse usw. Für Suslow waren bei diesem Vortrag keine Überraschungen zu erwarten, da sich diese Strategie eng an die Ergebnisse des 20. Kongresses der KPdSU anlehnte, der vier Jahre zuvor stattgefunden hatte.

Kaum hatte Suslow jedoch selbst das Wort ergriffen

und in einigen klischeehaften Phrasen den PCE zur Aus-
gewogenheit seiner Politik beglückwünscht, machte er
sich auch schon daran, eine ganz andere Linie zu predigen. Knapp eine Stunde lang bemühte er sich, uns davon
zu überzeugen, daß eine Kommunistische Partei ihre
Strategie nicht ausschließlich auf der Linie der Gewalt-
losigkeit, nicht ausschließlich auf der Perspektive eines
Fortschritts in Richtung Demokratie aufbauen dürfe.
Daß wir uns bereithalten sollten – und nicht nur theoretisch, sondern auch materiell bereithalten sollten –, uns
sozusagen in vollem Galopp auf ein anderes Pferd zu
schwingen und ab nun die Linie des gewaltsamen, wenn
erforderlich auch bewaffneten Kampfes zu verfolgen.
Suslow bediente sich dabei sämtlicher leninistischer Ge-
meinplätze über den Klassenkampf, den Imperialismus
und die Notwendigkeit der Zerschlagung des bourgeoi-
sen Staatsapparates; er las uns in einem radikalen Ton
die Leviten.

Es wäre heute müßig, die Motive rekonstruieren zu
wollen, die Suslow zu seiner Diatribe veranlaßt haben
mögen, etwa in Zusammenhang mit latenten Konflikten
innerhalb der herrschenden Gruppe Chruschtschows, in
einer Phase, in der sich die Divergenzen mit der Kommunistischen Partei Chinas zugespitzt hatten und auch an
die Öffentlichkeit geraten waren. Und es wäre ebenfalls
müßig, auf die Auswirkungen dieser Brandrede Suslows
auf Carrillos spätere Politik und auf die internen Mei-
nungsverschiedenheiten näher einzugehen, zu denen sie
in der Folge führen sollte.

Ich habe diese längst vergangene Episode aus einem
persönlicheren Grund erwähnt. Deshalb, weil dieser in
der feuchten Hitze Moskaus verbrachte Augusttag 1960
für mich der entscheidende – eigentlich letzte – Schritt
auf dem Weg war, der mich die wahre Natur der sowjeti-

schen Bürokratie verstehen lehrte. Und darüber hinaus ein entscheidender Schritt für mein Verständnis jener ungeheuerlichen Umkehrung »linker« und »rechter« Werte, von der die Geschichte des Bolschewismus geprägt ist.

Hinter der Fassade seiner »linken« Phrasen forderte Suslow uns also auf, uns für eine rückschrittliche Politik des bewaffneten Kampfes bereitzuhalten. Für eine rückschrittliche, buchstäblich reaktionäre Politik, weil sie den PCE isoliert, seine noch bei weitem nicht gefestigte Verbindung zu den tatsächlich aktiven Schichten der Gesellschaft unterbrochen oder gefährdet und die Partei ins Getto der Dogmatik verbannt hätte. Und genauso wie 1929 (»Klasse gegen Klasse«), wie 1939 (Stalin-Hitler-Pakt) oder 1947 (Gründung der Kominform) – um nur einige aussagekräftige Jahresdaten herauszugreifen – im ausschließlichen Interesse der sowjetischen Diplomatie, im Interesse des russischen Staates.

Diese Sitzung mit Suslow hat mir die »linken« Phrasen derartiger Machtapparate endgültig verdächtig, um nicht zu sagen verhaßt gemacht. Ab diesem Zeitpunkt konnte mir auf diesem Gebiet niemand mehr etwas vormachen.

An Michail Suslow habe ich mich vage an einem Juniabend im Jahr 1990 erinnert, nach der ersten öffentlichen Vorführung von *Das Geständnis* in der UdSSR. Wir saßen im Kinosaal, in dem die *Moskauer Nachrichten* den Film gezeigt hatten. Als die Lichter angingen, herrschte unter den Zuschauern ein tiefes Schweigen, voll von innerem Schmerz, unterdrückten Aufschreien, zurückgehaltenen Tränen. Ich dachte an Suslow, an diese zugleich ferne und nahe Vergangenheit: sein Leichnam bewegte sich noch, ein Stück Aas, das immer noch die Atmosphäre der Stadt mit seinem Gestank erfüllte.

Ich sah Montand genau in dem Moment an, als er sich mir zuwandte. Na also, sagten mir seine feuchten Augen, wir haben immerhin diesen Augenblick erlebt. Und wir haben ihn gemeinsam erlebt.

Kurze Zeit vor meinem Auftritt vor dem Abgeordnetenhaus am 2. März 1989 hatte sich die Botschaft der Tschechoslowakei mit meinem Stab in Verbindung gesetzt. Mir wurde zu verstehen gegeben, man ziehe in Erwägung, mich zu einem offiziellen Besuch nach Prag einzuladen. Ich ließ den tschechischen Diplomaten von meiner persönlichen Referentin empfangen. Juby Bustamante − von ihr ist bereits die Rede gewesen − überbrachte die Nachricht, die ich ihr aufgetragen hatte. Und sie überbrachte sie, das stand völlig außer Zweifel, aus ganzem Herzen, aus innerer Überzeugung, da sie mit meiner Antwort vollkommen übereinstimmte.

Sie teilte dem tschechischen Diplomaten, der daraufhin sprachlos gewesen sein soll, mit, daß ich so lange keinen Angehörigen seiner Botschaft persönlich empfangen würde, als Václav Havel nicht auf freiem Fuß wäre. Es sei jedenfalls besser, gab sie ihm zu verstehen, mit der Einladung zu einem offiziellen Besuch der Tschechoslowakei bis zu Havels Freilassung zu warten.

In meinem Roman *Federico Sánchez. Eine Autobiographie* hatte ich 1977 die soeben erwähnte Reise mit Costa-Gavras kurz erwähnt und geschrieben: »Und nach Prag fahre ich nun so lange nicht wieder, bis Prag die freie Hauptstadt eines neuen Prager Frühlings ist.« Vielleicht hatten die in Madrid akkreditierten tschechischen Diplomaten das Buch aber gar nicht gelesen. Oder vielleicht hatten sie es zwar gelesen, aber gehofft, die Staatsräson werde über das Gedächtnis eines Schriftstellers den Sieg davontragen. Ich sah aber keinen Grund, aus dem ich mich vor der Staatsräson hätte niederknien und mein Schriftstellergedächtnis verleugnen sollen. Und außerdem war es eben gerade eine wohlverstandene Staatsräson, die mich dazu bewegte, meinem Gedächtnis treu zu bleiben.

»Der Minister kennt Prag sehr gut«, hatte Juby Bustamante abschließend gesagt. »Er kann mit seiner Reise bis zur Freilassung Václav Havels warten. Je eher Havel aus dem Gefängnis entlassen wird, desto schneller werden wir wieder über diesen offiziellen Besuch reden können.«

Der tschechische Diplomat zog aus diesem Gespräch sofort Konsequenzen: bis zum Zusammenbruch des kommunistischen Regimes im Dezember eben dieses Jahres 1989 hat seine Botschaft nie mehr wieder von sich hören lassen.

Nach der *samtenen Revolution*, in deren Verlauf Václav Havel zum Präsidenten der Republik gewählt wurde, unternahm ich zwei weitere Reisen nach Prag. Die eine Anfang 1990, ein Blitzbesuch anläßlich der ersten öffentlichen, unter Havels Vorsitz stattfindenden Vorführung von *Das Geständnis*. Er empfing uns nach der Vorstellung in einem recht sympathischen, an 1968 erinnernden Menschengetümmel, das allerdings keinen eingehenderen Meinungsaustausch erlaubte. Es war auch keine offizielle Reise: Ich war eben in meiner Eigenschaft als französischer Drehbuchautor des Films und nicht als spanischer Kulturminister nach Prag gekommen.

Die zweite und diesmal wirklich offizielle Reise fand im Oktober 1990 statt. Vom Samstag, den 20. Oktober, bis zum Dienstag, den 23., um ganz genau zu sein. In dieser kurzen Zeitspanne mußten auch noch eine Nacht und ein Halbtag in Bratislava untergebracht werden. Ein nicht sonderlich interessanter, aber unumgänglicher Umweg, den die damals herrschenden Spannungen zwischen den beiden Ländern, die schließlich zur Trennung der beiden Republiken, der tschechischen und der slowakischen, führen sollten, erforderlich machten: staatliche Absetzbewegungen und Identifikationsprozesse, zu denen es im südlichen Zentraleuropa mit dem Zusammenbruch des Sowjetreiches unweigerlich kommen mußte, die aber in der Tschechoslowakei – die positive Ausnahme von einer jahrhundertealten, blutigen Regel – den Charakter einer friedlichen Verständigung trugen.

In Bratislava hatten wir es mit einem eher farblosen, jungen slowakischen Kulturminister zu tun, der sich vor allem um die Protokollgemäßheit und die Darstellung unseres Treffens nach außen Sorgen machte. So bemühte er sich insbesondere, unsere Sitzung bis auf jene Zahl von Stunden zu verlängern, die wir mit seinem Prager Amtskollegen verbracht hatten, obwohl die wenigen Punkte der mageren Tagesordnung schnell abgehakt waren.

Von diesen trostlosen Stunden in Bratislava habe ich nur ein, zumindest für mich komisches Bild in Erinnerung behalten. Ein Bild wie ein ironisches Augenzwinkern, wie der scherzhafte Fingerzeig eines anonymen, aber listigen Gottes. Auf vielen Schildern prangte der Name jener Baufirma, die gerade im Begriff war, bestimmte Gebäude des Stadtzentrums zu renovieren: AVENARIUS. Ich mußte von ganzem Herzen lachen, als ich so den Namen eines Philosophen vervielfältigt sah, der, auch wenn er heute vergessen zu sein scheint, eine beachtliche Wirkung ausgeübt hat und mit dem ich mich früher viel beschäftigt habe, um die gehässige Animosität Lenins ihm gegenüber zu verstehen.

Vor diesem Abstecher nach Bratislava waren wir in Prag in einer Villa jenes Wohnviertels untergebracht worden, das sich über die Hügel hinter der Burg erstreckt.

Ich hatte das Viertel und die Villa sofort wiedererkannt.

Kaum hatte die Kolonne der Dienstwagen an diesem späten Oktobervormittag vor ihrer Freitreppe haltgemacht, erkannte ich sie auch schon wieder. Es war die Villa Čpiska. So war sie zumindest in kommunistischer Zeit von den Prager Funktionären genannt worden: von den Dolmetschern, den Sicherheitsleuten und den Chauffeuren jener schwarzen Limousinen mit zugezogenen Vorhängen, die uns immer in die Stadt gebracht hatten.

Sie war, wenn ich mich recht erinnere, nach einem Schwiegersohn von Klement Gottwald benannt worden, des Landestyrannen, des einheimischen Stalins der Moldau; diesem Čpiska ist nach dem Tod seines Schwiegervaters allerlei zugestoßen. Sein Schwiegervater, ein wahrer Ausbund an Treue, war anläßlich des Begräbnisses von Stalin in Moskau an einer schlimmen Grippe erkrankt und so pietätvoll gewesen, an ihr unverzüglich zu sterben. Indem er sich auf diese Weise den Auseinandersetzungen rund um die heiklen Kursänderungen der Entstalinisierung entzog, bewies er in gewisser Hinsicht auch eine Art von Geistesgegenwart. Er hatte es sich damit vor allem auch erspart, den Abriß jenes grandiosen und obszönen Stalin-Denkmals anordnen zu müssen, das das Stadtbild Prags am Fluß verunzierte.

Gottwalds Schwiegersohn Čpiska bekam jedenfalls Schwierigkeiten mit dessen Nachfolgern und verlor alle seine Privilegien und Pfründe. Zu denen eben auch die Villa am Stadtrand gehörte, die zwar von den Kadern der tschechischen Partei immer noch bei ihrem alten Namen genannt wurde, jetzt aber der Unterbringung hoher Funktionäre der »Bruderparteien« diente.

Am Samstag, den 20. Oktober 1990, erkannte ich sie jedenfalls sofort wieder, als die Kolonne der Dienstwagen vor der Villa haltmachte. Ich erinnerte mich auch sofort an den Namen, den sie damals getragen hatte.

Hier hatte ich von 1956 bis 1964 immer dann gewohnt, wenn ich nicht allein in Prag war, sondern mich anläßlich irgendeiner Plenarsitzung mit anderen Politbüromitgliedern des spanischen PC traf, allen voran Dolores Ibárruri, die die Oststaaten gar nicht mehr verließ.

Zwei Tage später, am Montag, den 22. Oktober, bekam ich keine Gelegenheit, mit Václav Havel über die Villa Čpiska zu sprechen. Havel war an diesem Tag über den Burghof gekommen und nahm mit uns das Mittagessen im Restaurant Vinarka ein. Er war dort Stammgast, einer der Räume war für ihn ständig reserviert.

Trotz allem hätte ich gerne mit Havel über die Villa Čpiska gesprochen. Das heißt über die Jahre, in denen ich mehrere Male dort gewohnt hatte. Ich war aus Zürich, Brüssel oder Rom gekommen – nie direkt aus Paris, um meine Spuren zu verwischen –, und der Geheimdienst der tschechischen Partei hatte mich am Prager Flughafen in Empfang genommen. Man brachte mich in die Villa Čpiska, wo ich mich mit den alten Bonzen des PCE traf und an langen, wortreichen Sitzungen teilnahm, in denen letztlich stets das Lustprinzip über das Realitätsprinzip triumphierte.

Ich hätte gerne mit Havel über all diese Reisen gesprochen.

Einmal, im November 1956, war dieser Reisende –

Federico Sánchez in Person – von Madrid aus mit einem gefälschten Paß eingereist. Eigentlich mit mehreren gefälschten Pässen: er mußte ihn in Zürich gegen einen anderen umtauschen, um eine falsche Fährte zu legen. Das Wichtigste, der leuchtende Kern dieser Erinnerung, über die ich mit Václav Havel so gerne gesprochen hätte, war jedenfalls das Bild der Auslage einer Buchhandlung in der Zürcher Bahnhofstraße. Eine Auslage, die sich den Blicken darbot, das Herz schneller schlagen ließ und den Wunsch weckte, das Buch sofort zu besitzen und zu lesen: ein schmaler Band in deutscher Sprache, Franz Kafkas *Briefe an Milena*. Ich hätte ihm gerne von der Fortsetzung dieser Reise erzählt, das hätte ihm wahrscheinlich Spaß gemacht. Die lange Fahrt in jenem Sonderzug, der hohe Funktionäre der rumänischen Partei und Regierung sowie Dolores Ibárruri und ihr Gefolge nach Bukarest brachte. Sie kehrten alle von irgendeinem Kongreß in Ostdeutschland zurück. Der Tag verging mit einem ununterbrochenen und reichlich begossenen Festmahl im Speisewagen des Rumänen Chivu Stoica. Am Abend las ich, allein in meinem Schlafwagenabteil, Franz Kafkas Briefe an Milena; ich hatte Herzklopfen, war aufgewühlt von der Entdeckung dieser todgeweihten Liebe.

Es ergab sich aber keine Gelegenheit, um Havel von dieser Bukarest-Reise im Sonderzug der Pasionaria und in Gesellschaft von Milena und Kafka zu erzählen. Und so habe ich niemandem davon erzählt. Vielleicht sollte ich sie aufschreiben. Ich habe schon öfters über Prag geschrieben, vielleicht sollte ich auch einmal von dieser Reise von Zürich über Prag nach Budapest erzählen. Von einer Reise in Gesellschaft von Milena und Kafka.

Der Vorteil eines abenteuerlichen, vom Lärm und Glanz eines Jahrhunderts erfüllten Lebens liegt darin, daß es einem ein unerschöpfliches Gedächtnis – zugleich

Gnade und Ungnade, Fluch und Segen – zum Geschenk macht. Über das hinaus, was schließlich erzählt sein wird, wird es immer noch etwas anderes zu erzählen geben. Etwas, das über jede mögliche Entdeckung oder Erfindung einer selbsterlebten Wirklichkeit hinaus wiederentdeckt oder erfunden werden will. Dieser unerschöpfliche Reichtum kann dem Schreiben, zumindest dem Schreiben von Romanen, aber auch hinderlich sein. Denn es besteht, und das ist die Kehrseite der Medaille, immer das Risiko, sich aufgrund der Überfülle, aufgrund der Überraschungen, die das Selbst-Erlebte bietet, mit seiner bloßen Wiedergabe zu begnügen. Nun wird sich aber ein großer Roman nie mit einer auch noch so ausgefeilten und durchdachten Wiedergabe des Erlebten zufriedengeben können, da sich dem das Erlebte selbst widersetzt und jene erfundene Wirklichkeit überlagert, die die Kunst des Romans eigentlich ausmacht.

Zu der Zeit, als ich in Gesellschaft Milenas und Kafkas nach Bukarest fuhr, hatte sich Václav Havel gerade seine ersten Sporen als Dramatiker verdient. Nachdem ihm wegen seiner bürgerlichen Herkunft der Zugang zu den Universitäten untersagt – auch er also ein Opfer einer fundamentalistischen sozialen Säuberung – und bestimmte Karrieren verwehrt worden waren, entdeckte Havel im Jazz und im avantgardistischen Cafétheater, die in Prag zu einer gewissen Blüte gelangt waren, die erzählerischen und ethischen Codes seiner Kreativität.

Mit ihm hätte ich mich auch gerne über Jiři Zak unterhalten.

1944 war ich in Buchenwald und hörte den Erzählungen der deutschen Kommunisten zu, die nach 1933 vorübergehend in Prag Zuflucht gefunden hatten. Sie erzählten voller Wehmut von dieser Stadt. Sie erzählten häufiger von Prag, wo sie doch nur im Exil gewesen waren, als von ihrer eigentlichen Heimat, den deutschen Städten ihrer Kindheit.

Ich war in Buchenwald und hörte den Tschechen zu, die ich in der illegalen Widerstandsgruppe kennengelernt hatte. Einer von ihnen, Jiři Zak, stand mir besonders nahe. Er hatte einen Posten in der Schreibstube der Lagerverwaltung, einen exponierten und gefährlichen Posten, da er ihn in unmittelbaren Kontakt mit den SS brachte. Auf diesem Posten stellte er sich jedoch gegen die Macht der SS, setzte ihnen die geheime Gegenmacht des Widerstandes entgegen, die immer prekär, dem Zufall unterworfen und den Gefahren der Bespitzelung und der blindwütigen Vergeltungsmaßnahmen des SS-Lagerkommandanten ausgesetzt war. Ich übte eine ähnliche Tätigkeit, wenn auch auf niedrigerer Ebene, in den Büros der Arbeitsstatistik aus, in jener Dienststelle also, die die deportierten Zwangsarbeiter den einzelnen Arbeitskommandos zuteilte.

Daß wir beide in derselben Widerstandsgruppe arbeiteten, war nicht der einzige Grund für unsere Freundschaft. Und wahrscheinlich auch nicht der wichtigste. Wir hatten vor allem auch lange, begeisterte Gespräche über Bücher und Jazz. Endlose, ständig unterbrochene und wiederaufgenommene Gespräche in den kurzen Arbeitspausen der Sonntage. Ich hörte bei den Proben der Jazzgruppe zu, die Zak zusammengestellt hatte. Ein doppelt illegales Orchester: für die Nazis war Jazz entartete Musik. Und die alten deutschen Kommunisten, die in der Untergrundorganisation natürlich das Sagen hatten, sahen das nicht viel anders.

Jiři Zak war der einzige meiner tschechischen Kameraden, mit dem ich nach Buchenwald in Kontakt geblieben bin. Ich habe mich im Juni 1969, als ich mit Costa-Gavras in Prag war, lange mit ihm unterhalten. Er stellte mir die Witwe Josef Franks vor, unseres gemeinsamen Freundes in Buchenwald, der in Anschluß an den von Arthur London in *Das Geständnis* geschilderten Prozeß von den Stalinisten gehenkt worden war. Kurz nach diesem Gespräch mußte Jiři Zak seine Heimat verlassen. Er ist im Exil, in Hamburg gestorben.

In Buchenwald hatte Jiři Zak viel von Prag erzählt und mir den geheimnisvollen Reiz dieser Stadt beschrieben. Später, 1954, bei meiner ersten Reise, hatte ich den Eindruck, in einer Stadt zu sein, die ich bereits im Traum durchstreift haben mußte. Als ob ich bereits als Traumwandler in den Gärten und Gassen Prags gewesen wäre.

Am Montag, den 22. Oktober 1990, als Václav Havel über den Burghof zu uns ins reservierte Speisezimmer des Restaurants Vinarka kam, hätte ich mich gerne über all dies mit ihm unterhalten.

Über Milena Jesenská, deren Liebe Kafka geliebt hat, weil er sie selbst, ihren Leib und ihre Seele, nicht lieben konnte: die tapfere Milena, die am 10. März 1939 aus Zorn weinte, als die deutschen Truppen in Prag einmarschierten. Über Jan Patočka, der gemeinsam mit Havel einer der Mitbegründer der Charta 77 war, den Philosophen, der 1935 jene Vorträge von Edmund Husserl in Prag arrangiert hatte, in denen sich bereits die geistige Gestalt eines Europas der vielfältigen und kritischen Vernunft abzeichnete: Patočka, der 1978 an den Folgen eines von den kommunistischen Polizisten allzu energisch geführten Verhörs gestorben ist. Ich hätte mich mit Havel gerne über Jazz und über Jiři Zak unterhalten, der es uns ermöglicht hat, in Buchenwald diese Musik der Freiheit und der Sehnsucht zu hören. Und über Prag, die magische Stadt im Herzen des alten Europas.

Im Grunde genommen hätte ich mich lieber mit dem Schriftsteller Havel unterhalten als mit dem Präsidenten einer Republik. Wir haben uns aber über nichts von alldem unterhalten. Zumindest über nichts, was mich wirklich interessiert hätte.

Präsident Václav Havel war an diesem Tag in Eile, ein Sklave seines bis auf die letzte Minute ausgebuchten Terminkalenders. Vielleicht war er aber immer in Eile, immer bis auf die letzte Minute ausgebucht. Das war zumindest der Eindruck, den er vermittelte. Sichtlich erschöpft, gab er sich nicht die Mühe – vielleicht hatte er auch an diesem 22. Oktober nicht mehr die Kraft oder die Lust dazu, oder vielleicht war dieses Treffen für ihn völlig uninteressant –, in einer der Sprachen zu sprechen, die einen direkten Gedankenaustausch zwischen uns ermöglicht hätten. Er sprach tschechisch, und die von seinen Beratern abwechselnd besorgte Übersetzung war mehr als stockend. Recht oberflächlich und häufig konfus. Was unsere Kommunikation nicht gerade erleichterte. Wir gaben uns mit allgemeinen Bemerkungen zur politischen Situation zufrieden.

Es war ziemlich frustrierend.

Am 9. März 1989, also eine Woche später, mußte ich wieder an Prag denken. An diesem Tag saß ich nicht in den Cortes. Ich war auf dem Weg in die Moncloa, zu einem Mittagessen zu zweit mit Felipe González.

Der Wagen umkreiste den Triumphbogen vor dem Eingang zur *Ciudad Universitaria* am Rand des Madrider Stadtkerns. Ich warf mechanisch einen Blick auf das Denkmal. Plötzlich wurde mir übel: eine Empfindung, mit der ich nicht gerechnet hatte.

Am Triumphbogen war jedoch nichts Außergewöhnliches festzustellen. Das Denkmal stand seit Jahrzehnten an derselben Stelle. Man mußte an ihm vorbei, wenn man die Stadt in Richtung Nordwesten verließ. Ich hatte es schon unzählige Male umrundet. Ich sah es, wenn ich in die Moncloa fuhr, ob zu den Ministerräten an den Freitagnachmittagen, zu anderen Arbeitssitzungen des Kabinetts oder so wie heute, an einem beliebigen Wochentag, zu einem Vieraugengespräch mit Felipe González.

Jedes Mal – außer an den Tagen, an denen der Chauffeur des gepanzerten Dienstwagens aus Sicherheitsgründen die gewöhnliche, weil direkteste Fahrtroute in letzter Minute abänderte – mußte ich unvermeidlich an diesem Denkmal vorbei.

Ich habe es aber nie gesehen. Das heißt, ich habe es zerstreut angesehen, ohne ihm besondere Aufmerksamkeit zu schenken oder ihm eine spezielle Bedeutung zuzuschreiben. Es war eben nur ein Triumphbogen mehr: das imperiale Spanien war recht verschwenderisch mit ihnen umgegangen.

Doch an diesem Tag, als ich in die Moncloa fuhr, stach mir das Denkmal in die Augen. Ich sah es wirklich. Und erinnerte mich an seine unselige Bedeutung, daher auch meine plötzliche Übelkeit.

Dieser Triumphbogen sollte die zukünftigen Studentengenerationen – obendrein in lateinischer Sprache – an den Sieg General Francos im Bürgerkrieg erinnern. Die Kreuzung, auf der er gegenüber dem Eingang zur *Ciudad Universitaria* steht, bezeichnet den Frontverlauf in der Schlacht um Madrid. Francos Vorhut war bei ihrem Vormarsch auf die Hauptstadt bis hierher gekommen. Die Stadt schien ihnen in diesen Tagen des November 1936 schutzlos ausgeliefert zu sein. Seit Juni hatten die marokkanischen *Tabors*, die Fremdenlegion und die Elitetruppen des Afrikaheers, die sich gegen die rechtmäßige Regierung erhoben hatten, den unzulänglich organisierten

Widerstand der republikanischen Milizen zermürbt. Hier aber, in nächster Umgebung der Moncloa, wo heute ein zu Ehren des Caudillo errichteter Triumphbogen mit lateinischen Inschriften steht, konnte dieser unaufhaltsame Durchbruch zum Stillstand gebracht werden.

Madrid, fast gänzlich eingekreist, hat bis zum Ende des Bürgerkriegs fast drei Jahre später durchgehalten. In den lateinischen, hagiographischen Inschriften stand natürlich nichts über die Geschichte dieses Widerstandes. Wer sich mit ihr vertraut machen will, sollte eher *Die Hoffnung* von André Malraux lesen.

Der Wagen umrundete also den Triumphbogen des General Franco wie so viele Male zuvor.

Warum kamen mir gerade an diesem Tag all diese historischen Reminiszenzen und persönlichen Erinnerungen in den Sinn? Das war nicht schwer zu erraten: es war der 9. März 1989. Vor einem halben Jahrhundert war Madrid kurz vor der Einnahme durch die Truppen Francos gestanden. Europa würde der totalitären Repression zum Opfer fallen.

Stalin hatte die Rednertribüne des 18. Kongresses der Kommunistischen Partei der Sowjetunion bestiegen. Er sah mit seinem gelben Blick auf die ihm ergebene, verzückte Menschenmenge hinab, die ihm endlos lang zujubelte. Ihre exaltierte Begeisterung, ihre Unterwürfigkeit hat ihn sicher befriedigt. Er ließ das Geschrei seiner Götzendiener an die Tribüne anbranden. Dann gebot er Schweigen und begann mit seiner Rede. In seiner farblosen Verwaltungssprache zog er einmal mehr eine lügenhafte Bilanz seiner Erfolge, erwähnte jedoch Spanien mit keinem Wort. Allem Anschein nach hatte er bereits ein neues Blatt der Geschichte aufgeschlagen. Madrid stand kurz vor der blutigen Niederlage; es würde in der Uneinigkeit der antifaschistischen Kräfte Franco in die Hände fallen. Stalin verlor darüber kein Wort. Er überließ es Manuilsky, im Namen der Kommunistischen Internationale die Lehren aus den Ereignissen in Spanien zu ziehen. Die Zeiten der Volksfronten waren vorbei, und auch die der Bündnisse mit den westlichen Demokratien. Die durchtriebenen Analysen der Rede Stalins ließen erste Anzeichen jenes Umschwungs in seiner Bündnispolitik erkennen, der sich bereits ankündigte und schließlich mit der Unterzeichnung des Stalin-Hitler-Paktes enden sollte, der die barbarische und damit konfliktträchtige Gleichwertigkeit der beiden totalitären Regimes an den Tag brachte.

Als Madrid am 10. März 1939 – also am Tag nach dem Tag, von dem hier die Rede ist: vor einem halben Jahrhundert – General Franco in die Hände fiel, als sich die Gefängnisse der Stadt zu füllen begannen und die ersten Massenerschießungen stattfanden, bestieg Stalin die Tribüne des 18. Kongresses der Kommunistischen Partei der Sowjetunion. Er verlor kein Wort über Spanien. Diese Karte seines Spiels war überstochen worden, er hatte andere in seinem Ärmel.

Fünf Tage später, am 15. – die Iden des März dieses unseligen Jahres! –, marschierten die Truppen Hitlers in Prag ein.

Die Prager erlebten machtlos und mit Tränen in den Augen den Einmarsch mit. Prag war einige Monate zuvor in München den Nazis ausgeliefert worden. Damit endlich der Frieden käme, wie es hieß. Was aber wirklich kam, war die Schande und die Niederlage: und sehr bald schon der Krieg. Die motorisierten Divisionen der Deutschen rollten durch die Straßen Prags. Hitler zeigte sich auf der Terrasse der Burg. Milena Jesenská, das Gesicht von Tränen des Zorns überströmt, sah die Soldaten der Wehrmacht vorbeimarschieren. Sie schwor, mit all ihren Kräften gegen dieses Unglück anzukämpfen. Und sie hielt Wort: sie ist in Ravensbrück als unbeugsame Frau gestorben. Milena Jesenská, unsere Jugend, die Verlobte einer verrückten Liebe, die hereingelegte Gefährtin Franz Kafkas.

Ich hatte zerstreut hingesehen.

Plötzlich hatte der Triumphbogen, an dem ich in den letzten Monaten so oft achtlos vorbeigefahren war, eine unselige Bedeutung angenommen: seine wahre Bedeutung.

Er war zur Erinnerung an Francos Sieg im Bürgerkrieg errichtet worden. Seine lateinischen Inschriften priesen die Verdienste des Generals, des Caudillos Spaniens von Gottes Gnaden. Zumindest von Gnaden der spanischen katholischen Kirche, die an dieser herkömmlichen Formel nie etwas zu beanstanden gefunden hatte. Die nie auch nur den geringsten Einwand dagegen erhoben hatte, daß diese frevelhafte Formel auf die Landeswährung geprägt wurde.

Plötzlich rief der Gedanke an die blutigen Iden des März 1939 in mir eine Fülle von Erinnerungen wach.

Eine Woche zuvor hatte ich auf der Rednertribüne der Cortes anläßlich der Debatte um die Politik meines Ministeriums an das Ende des Bürgerkriegs erinnert.

»Wir begingen in diesen Tagen, wie Ihre Gnaden bestimmt wissen«, hatte ich in meiner Rede abschließend gesagt, »den fünfzigsten Todestag von Antonio Machado...«

In meiner Rede vor dem Abgeordnetenhaus hatte ich,

wie schon erwähnt, vier Schriftsteller angeführt. Einer von ihnen war Václav Havel. Hier ist der zweite: Antonio Machado.

Machado – einige tausend Franzosen wissen es ohnehin, einige mehr werden es bei dieser Gelegenheit erfahren – ist ein guter und anständiger spanischer Dichter dieses Jahrhunderts. Sein meisterhafter Umgang mit einer transparenten und volkstümlichen, in ihrer Form klassischen Sprache abseits aller neuartigen und experimentellen Strömungen der Literatur machte ihn zu einer Art Archetyp an der Schwelle zur literarischen Moderne, zu jener Spannung zwischen Ordnung und Abenteuer, die für sie, will man Guillaume Apollinaire Glauben schenken, und ich glaube ihm, charakteristisch ist.

Wie die überwältigende Mehrheit der spanischen Schriftsteller und Intellektuellen der ersten Hälfte dieses Jahrhunderts vertrat auch Antonio Machado demokratische Anschauungen. Er war 1936 der rechtmäßigen Volksfrontregierung treu geblieben und hatte seine Feder und sein Wort der Sache des Antifranquismus zur Verfügung gestellt. Als die Armeen Francos in Katalonien unaufhaltsam vorrückten, flüchtete er nach Frankreich. Er übertrat im Februar 1939 mit dem erbarmungswürdigen Flüchtlingsstrom jener Spanier, Zivilisten oder Soldaten, die der Niederlage und den zu erwartenden Vergeltungsmaßnahmen zu entkommen suchten, die Grenze. Er hat die Entwurzelung jedoch nicht überlebt und ist einige Tage darauf in Collioure gestorben, in jener Landschaft also, die Matisse weltberühmt gemacht hat, die für Machado aber nur die Landschaft seines Exils war: die winterliche und sonnenüberflutete Pforte zu seinem Tod.

Machados Grab auf dem Friedhof von Collioure war ab Mitte der fünfziger Jahre Hand in Hand mit dem Wiederaufleben des antifranquistischen Widerstandes und der Präsenz einer jungen Schriftstellergeneration, die sich genauso unkonformistisch verhielt wie ihre Vorgänger in der republikanischen Diaspora, zu einem symbolischen Ort der Begegnung zwischen den Intellektuellen des Exils und denen geworden, die in Spanien geblieben waren.

Während meiner Arbeit an *Les Deux Mémoires* (Die zwei Gedächtnisse), einer aus Gesprächen mit Politikern und Intellektuellen, die in einem der beiden verfeindeten Lager am Bürgerkrieg teilgenommen hatten, bestehenden Filmdokumentation, hatte ich in Collioure die Begegnung zwischen María Casares und Nuria Espert arrangiert, zwei beeindruckenden und emblematischen Persönlichkeiten, die die tragische Geschichte des zeitgenössischen Spanien verkörpern. Unter dem Auge meiner Kamera begegneten sie einander zum ersten Mal im Hof der Zitadelle von Collioure, in dem gerade das Bühnenbild einer *Celestina* aufgebaut wurde, die Casares auf ihrer Tournee spielen sollte.

Der gute und anständige Antonio Machado aber, dessen Leben und Werk über jeden Verdacht erhaben und beispielhaft waren, sollte nach seinem Tod zum Opfer eines bedenklichen Übergriffs werden.

Er fiel nämlich der narzißtischen Unersättlichkeit jenes Alfonso Guerra zum Opfer, der zum Gefangenen seines Selbstbildes geworden war: die Maske war, was Kenner der Bühnenkunst nicht überraschen wird, zur Person geworden. Aus irgendeinem, wahrscheinlich ideologisch motivierten Grund hatte Guerra beschlossen, daß Machados Werk sein Eigentum, sein Monopol wäre oder daß er zumindest das ausschließliche Nutzungsrecht darüber verfügte: eine Art geistiges Ius primae noctis auf die Interpretation seiner Gedichte und Aphorismen. Er machte sich aus dem Stegreif zum autorisierten Kommentator und Exegeten von Machados Werk – durchaus erfolgreich, da ihm dabei sein weitreichender politischer Einfluß zugute kam und er stets der Beflissenheit seiner Schmeichler sicher sein konnte. Von seinem Richterstuhl herab kanzelte er mit unerträglicher Arroganz sogar spanische und ausländische Hispanisten, Kritiker und Literaturhistoriker ab.

Die Situation war bereits derart peinlich und grotesk geworden, daß ich es vorzog, auf persönliche, wenn schon nicht ministerielle Distanz zu den Feierlichkeiten zu gehen, die für den fünfzigsten Todestag Antonio Machados in Collioure geplant waren. Hätte ich an ihnen unter den von der Umgebung des Vizepräsidenten vorgesehenen Bedingungen teilgenommen, hätte ich lediglich dem Satrapen und Demagogen Alfonso Guerra einen Akt des Gehorsams erwiesen, anstatt das Andenken eines schlichten und guten Dichters zu ehren.

Im Abgeordnetenhaus ging es am 2. März 1989 jedoch um etwas anderes.

»Wir begingen in diesen Tagen«, hatte ich den Abgeordneten am Ende meiner Rede gesagt, »den fünfzigsten Todestag von Antonio Machado ... Die Gedenkfeier hat in einer Atmosphäre der Weltoffenheit und Eintracht stattgefunden. Darüber können wir nur froh sein. Ich persönlich bin jedenfalls froh darüber. Dabei dürfen wir aber nicht die Vergangenheit vergessen. Ich halte ein halbes Jahrhundert für einen angemessenen Zeitraum, um zu einer abgeklärten, aber auch kritischen Einstellung zu unserer Vergangenheit gelangen zu können. Und darüber hinaus auch für einen angemessenen Zeitraum, um herauszufinden, welche Vergangenheit die unsrige ist, um gerade in diesem Punkt jedes Mißverständnis zu vermeiden. So dürfen wir etwa nicht vergessen, daß Machado nicht zufällig im Februar 1939 in Collioure gestorben ist. Er war nicht als Tourist dort. Machado ist in Collioure als politischer Exilant gestorben, als Exilant der Sache der Demokratie, für die er Partei ergriffen, für die er gekämpft hat. Ich glaube, wir können glücklich über die Tatsache sein – und als Linker bin ich über sie glücklich –, daß Machados moralische und politische Haltung während des Bürgerkriegs im heutigen Spanien als eine Selbstverständlichkeit betrachtet wird, als ein universeller Wert, an dem wir alle teilhaben können ...«

Die Situation, die ich damit anläßlich des Todestags von Antonio Machado ansprach, mag paradox erscheinen. Da in Spanien der Übergang zur Demokratie in der Kontinuität des Staates und der Institutionen vonstatten ging, die allmählich und ohne abrupten Bruch mit der Vergangenheit reformiert werden konnten, ist es nur logisch, daß die damit entstandene historische Konfiguration vor allem den gesellschaftlichen Kräften zugute kam, die nach vierzig Jahren der Diktatur das Sagen hatten. Die historische Kontinuität, das Unterpfand für die geistige Wiederversöhnung, bot den Staatsbeamten, den Professoren, den Polizisten, den Bankiers und allerlei Pfründnern des alten Regimes die Möglichkeit, ihre Posten und ihre Befugnisse, ihre unrecht erworbenen Reichtümer und Einflußbereiche zu bewahren. Die soziale Landschaft wird erst durch die Erosion der Zeit, durch den Generationenwechsel verändert werden können und nicht durch einen auch noch so perfekt inszenierten Bruch mit der Vergangenheit.

Auf der Ebene der Legitimität verhielt es sich jedoch völlig anders.

Zum hauptsächlichen Bezugspunkt und Instrument der Legitimität war nämlich die Möglichkeit einer demokratischen Zukunft und ihrer ununterbrochenen Verwirklichung geworden. Selbst die Institution der Monarchie, die in der ersten Phase des Übergangs eine positive, ja ausschlaggebende Rolle gespielt hatte, mußte sich von ihrer Vergangenheit lösen, das Gewicht und den Ballast ihrer Tradition abwerfen. Sie mußte dem Erbe des Franquismus – der sie in eine Zwangsjacke von Bedingungen und Einschränkungen gesteckt hat, die das Weiterleben seiner Grundprinzipien garantieren sollten – abschwören und sich einer anderen, geeigneteren Legitimitätsquelle zuwenden: der dem Zufall unterworfenen Aussicht auf eine demokratische Zukunft. Der Versuch, die franquistischen Wurzeln der Institution Monarchie zu leugnen und ihre Legitimität auf die frühere dynastische Tradition zu gründen – was in letzter Zeit gewisse Ideologen, die buchstäblich royalistischer als der König sind, mit großem Eifer tun –, ist nicht nur ein Attentat auf die geschichtliche Wahrheit, sondern entzieht auch und vor allem der Monarchie ihre wichtigste Legitimationsquelle, die in der Zukunft, in einem modernen Konsens des ganzen Volkes verankert ist.

Diese implizite, aber unabdingbare Bezugnahme auf eine demokratische Zukunft als einzige echte Legitimationsquelle, als die eigentlich verfassungsgebende Instanz, hat im wesentlichen zwei Konsequenzen.

Die erste ist wohl die rapide Marginalisierung jener politischen Kräfte, die in den Augen der Bürger eng mit der Vergangenheit verbunden waren. In dieser Sicht stand der militante Antifranquismus des PC im gleichen Maß für die Vergangenheit wie der uneingestandene, aber allgegenwärtige Franquismus der Alianza Popular von Fraga Iribarne. Solange es der im Parlament vertretenen Rechten, dem umgestalteten und neugegründeten Partido Popular von José María Aznar, nicht gelungen sein wird, radikal mit ihrer Vergangenheit zu brechen, wird sie keine wirkliche Alternative zur derzeitigen Regierung anbieten können. Daher auch die vor allem in letzter Zeit zu beobachtenden eifrigen, ja nervösen Bemühungen dieser politischen Formation um eine pragmatische Rezentrierung.

Der PC hat demgegenüber sein Stelldichein mit der Geschichte endgültig versäumt, ganz gleich, wie viele Stimmen in dieser oder jener politischen Konjunktur für ihn auch Zeugnis ablegen mögen. Ihm bleibt noch die Möglichkeit – sein fundamentalistischer Kern wird aber lange brauchen, um das verstehen zu können, sofern es ihm überhaupt gelingt –, sich an die Linke einer erneuerten und daher weniger monolithischen Sozialdemokratie anzuschließen.

Die zweite wesentliche Konsequenz aus dieser Legitimation über den Bezug auf eine demokratische Zukunft ist das Wiederaufkommen moralischer und politischer Werte, die während des Bürgerkriegs vom republikanischen Lager vertreten worden sind.

Dabei handelt es sich nicht um eine Rückkehr in die Vergangenheit. Und noch weniger um Vergeltung. Es handelt sich ganz einfach um die Tatsache, daß diese Werte in heutiger Sicht zu Normen geworden sind. In einem Spanien, in dem vor allem die Sieger für die Kontinuität im Wandel garantiert und von ihr auch profitiert haben, sind es die Werte der Besiegten des Bürgerkrieges, die das Moralgesetz begründen – ein je nach der Stimmung, in der man gerade ist, offenkundiger, komischer oder erschütternder Umstand, wenn man etwa an die Bemühungen von José María Aznar, dem jungen, modernistischen Parteiführer der Rechten, denkt, sich in die intellektuelle Tradition eines Manuel Azaña einzureihen!

All dies ist von niemandes Willen oder rhetorischen Proklamationen abhängig. Es handelt sich um einen Prozeß, der eng mit der Gesellschaft verflochten ist. Die Forderungen und Ziele, für die die demokratischen Kräfte gekämpft haben, werden so nicht nur wieder aktuell, sondern erweisen sich darüber hinaus auch als geeignet, um einen politischen Zusammenhalt in Hinblick auf eine permanente Reform der Institutionen und Lebensstile zu artikulieren. In der manchmal unübersichtlichen und schwer zu deutenden Dichte der historischen Entwicklung – die, von den hoffnungslosen und kriminellen Randerscheinungen des terroristischen Integrismus abgesehen, zum ersten Mal in der spanischen Geschichte im wesentlichen pluralistisch und friedlich verlief – bieten diese Werte die einzige Möglichkeit zur Schaffung eines dynamischen gesellschaftlichen Konsenses. Weil sie sich den permanenten Konflikten stellen und mit ihnen im Rahmen der Zwänge und der Transparenz der demokratischen Vernunft umgehen.

Felipe González hörte mir aufmerksam zu.

Ich hatte ihm gerade von meiner Verwirrung und meiner Übelkeit erzählt, als der Wagen am Triumphbogen General Francos vorbeigefahren war. Er versteht zwar, was ich sage, kann sich aber nicht an meine Stelle versetzen. Er lebt in einem anderen Territorium des Gedächtnisses. Oder besser gesagt: die Iden des März 1939 sind für ihn Geschichte.

Er kam drei Jahre nach den Ereignissen zur Welt, die mir im Kopf herumgehen. Am 5. März 1942, um genau zu sein. Erst vor vier Tagen hat er seinen siebenundvierzigsten Geburtstag gefeiert. Seine Erinnerungen setzen erst mit den frühen fünfziger Jahren ein. Uns trennt eine ganze Epoche der Geschichte. 1953, als ich meine erste illegale Reise nach Spanien unternahm, war er elf Jahre alt.

Es ist merkwürdig, daß uns dieser Unterschied einander auch näherbringt. Seine Jugend hilft mir, die Träume meines Lebens weiterzuträumen. Und mein fortgeschrittenes Alter, mein langes Gedächtnis könnten ihm gelegentlich dabei helfen, die Ursprünge seines Lebenstraums eines modernen Spaniens wiederzufinden. Des zerbrochenen Lebenstraums von Manuel Azaña.

»Nächstes Jahr«, bemerkte ich zu ihm, »wird der fünfzigste Todestag Azañas fällig... Wir sollten eine anständige Gedenkfeier auf die Beine stellen...«

Die Idee dazu war mir kurz zuvor gekommen, angesichts der lateinischen und hagiographischen Inschriften auf dem Triumphbogen.

»Seminare und Vorträge in Montauban, wo er gestorben ist. In Alcalá de Henares, wo er auf die Welt kam. Eine große Ausstellung im Kristallpalast des Retiro. Dort hatten sich 1936 die Abgeordneten versammelt, um ihn zum Präsidenten der Republik zu wählen.«

An diesem Tag hatte die Polizei den Retiro-Park abgeriegelt. Ich konnte ihn mit meinen Brüdern nicht betreten, um dort zu spielen. Ich kann mich noch genau daran erinnern. Felipe González sieht mich an: seinem Blick nach zu schließen erzähle ich ihm von der Urgeschichte!

Vor dem Mittagessen vertraten wir uns noch im Park der Moncloa ein wenig die Beine. Ich erinnere mich an einen indigoblauen Himmel, eine Frühlingssonne. Davon bleibt mir übrigens nicht nur die Erinnerung, sondern auch eine unmittelbar nach diesem Treffen verfaßte schriftliche Notiz. Ins Ministerium zurückgekehrt, hatte ich mir einige Gedanken und Kommentare zu diesem Mittagessen mit Felipe González notiert. Darunter folgendes Detail: »indigoblauer Himmel, Frühlingssonne,

Spaziergang zum Bonsai-Häuschen.« Auf spanisch: »*azul añil del cielo, sol de primavera, paseo hasta la caseta de los bonsais.*«

Ich führe dieses Detail nicht als Beweis für die Glaubwürdigkeit meiner Erzählung an. Um die Glaubwürdigkeit einer Erzählung geht es selbstverständlich auf einer ganz anderen Ebene. Auf der Ebene der inneren Kohärenz, die eine Angelegenheit der Schreibweise und damit der Moral ist, und auf einer anderen, äußeren Ebene der Faktentreue, die eine Angelegenheit der Geschichte ist. Glaubwürdigkeit ist eine Frage des Stils und der Wahrheit.

Man wird mir in diesem bestimmten Fall aufs Wort glauben müssen. Es wird schwierig werden, einen dokumentarischen Nachweis für meine Gespräche mit Felipe González ausfindig zu machen – sofern das hier erwähnte Gespräch vom 9. März 1989 und all die anderen, die im Lauf der Jahre stattgefunden haben, überhaupt eine Spur in der Geschichte hinterlassen werden.

Alle anderen Aspekte meiner vorübergehenden Teilhabe an der Macht – ministerielle Entscheidungen, Reden im Parlament, politische Stellungnahmen, Ernennungen und Absetzungen – haben materielle Spuren hinterlassen, die von Historikern in den verschiedenen Archiven eingesehen werden können. Über meine persönliche Beziehung zu Felipe González, über unsere Gespräche in der Moncloa, diesen für mich zentralen, nicht nur überaus wichtigen, sondern auch überaus schmeichelhaften Aspekt meiner Ministerexistenz, wird jedoch in den Archiven nichts zu finden sein.

Man wird mir aufs Wort glauben müssen.

Ich habe diesen Tagebuchauszug – mit indigoblauem Himmel, Frühlingssonne und Bonsais im Park – nicht deshalb erwähnt, um einen Beweis für die Glaubwürdigkeit meiner Erzählung zu erbringen.

Jedermann weiß, daß man nachträglich Aufzeichnungen fabrizieren kann, die wie stenographische Mitschriften wirken: Romanschriftstellern ist dieser Trick wohlbekannt. Ich habe diesen Tagebuchauszug deshalb erwähnt, weil mir die Länge und die Gewissenhaftigkeit der Notizen vom 9. März 1989 aufgefallen war. Der ursprüngliche Text ist mit Zusätzen gespickt. Bis dahin hatte ich meine Gespräche mit dem Ministerpräsidenten in meinem Terminkalender in wenigen Worten zusammengefaßt. Höchstens einige Sätze. Bis zum Gespräch am 4. September 1990, in dem sich bereits mein Rücktritt anläßlich der nächsten – durch den Golfkrieg allerdings verzögerten – Regierungsumbildung abzeichnete, hatten mir einige unmittelbar danach notierte Sätze genügt, um ihre Inhalte rekonstruieren zu können.

Ich habe wahrscheinlich ein gutes Gedächtnis, das überdies durch die Erfordernisse des Lebens in der Illegalität trainiert worden ist: wenn man Treffen und Termine mehrere Monate im vorhinein programmiert, ohne sich schriftliche Notizen zu machen, lernt man, nichts zu vergessen.

Es gibt aber noch einen zweiten Grund dafür, daß ich nichts von meinen Gesprächen mit Felipe González in der Moncloa vergessen habe: sie drehten sich stets um dieselben Themen. Diese Fokalisierung bietet meinen Erinnerungen die Möglichkeit, sich auf wirkungsvolle und manchmal auch gebieterische Weise zu strukturieren.

Kurz gesagt, wenn mir dieser Tagebuchauszug durch seine Länge und seine Genauigkeit auffiel, so deshalb, weil ich ihn für die Keimzelle dieser Erzählung halte. Weil ich in ihm inmitten meiner so wenig romanhaften Ministerakten unverhofft einer persönlichen Schreibweise begegne.

Am 9. März 1989, also ein halbes Jahrhundert, nachdem Madrid Franco in die Hände gefallen war, ein halbes Jahrhundert, nachdem Hitler in Prag einmarschiert war und Stalin den Entschluß gefaßt hatte, die Bündnispolitik der UdSSR auf den Kopf zu stellen, sprachen Felipe González und ich hauptsächlich über die Schaffung eines neuen Europas.

Seit Januar führte Spanien für eine Dauer von sechs Monaten den Vorsitz im Europarat.

Eine Woche zuvor hatte ich auf der Rednertribüne der Cortes gestanden und die Grundzüge meiner Kulturpolitik erläutert. Ich hatte dabei weder Perikles noch Hegel zitiert. Edmund Husserl hätte ich hingegen zitieren können. Es hätte Ihren Gnaden nicht geschadet, wenn ich ihnen von der »geistigen Gestalt« Europas erzählt hätte, die der alte Husserl entworfen hat.

Edmund Husserl versuchte bereits 1935, zuerst in Wien und dann in Prag, die geistige Gestalt eines Europas zu definieren, das »eine Übernationalität völlig neuer Art« sein sollte. Dieses vom Philosophen (dessen Vorträge gewissermaßen als sein Testament zu betrachten sind: er war von der deutschen Universität verjagt worden, weil er Jude war; sein Schüler Martin Heidegger sollte bald darauf seinen Namen aus dem Vorwort zur zweiten Auflage von *Sein und Zeit* streichen) angestrebte Europa würde nicht mehr »ein Nebeneinander verschiedener, nur durch Handel- und Machtkämpfe sich beeinflussender Nationen« sein, sondern: »Ein neuer, von Philosophie und ihren Sonderwissenschaften herstammender Geist freier Kritik und Normierung auf unendliche Aufgaben hin durchherrscht das Menschentum, schafft neue, unendliche Ideale!«

Genau zu dem Zeitpunkt, als die beiden mit jeweils umgekehrten Vorzeichen versehenen Totalitarismen im-

mer mächtiger wurden und sich dem Zenit ihrer absoluten Willkür näherten, warnte die schwache Stimme
Edmund Husserls, des alten Philosophen, der an der
Schwelle zum Tod stand, vor den Gefahren eines »Untergang[s] Europas in der Entfremdung gegen seinen eigenen rationalen Lebenssinn«, eines »Verfall[s] in Geist-
feindschaft und Barbarei«.

Einige Jahre später war es dann soweit.

Europa war untergegangen. Miteinander durch einen
Pakt verbunden, der ihre grundsätzliche Identität bloß-
legte, ohne indes die Frage ihrer Rivalität, ihres unvermeidlichen und unerbittlichen Kampfes um die Vorherrschaft zu klären, teilten sich der nationalsozialistische
und der stalinistische Totalitarismus ein herrenloses Europa untereinander auf. Zwischen 1939 und 1941 stand
und fiel die Möglichkeit einer Wiedergeburt Europas mit
dem Widerstand Großbritanniens. Daran sollte man immer dann denken, wenn England – was freilich allzu
häufig der Fall ist – sich auf seine Sonderstellung als In-
selstaat beruft. Denn es war nicht nur stets das eigentüm-
lichste, sondern 1940 auch das einzige Land Europas,
dessen ungebrochene demokratische Tradition den nationalen Zusammenhalt durch Kampfgeist und eine Haltung der Weltoffenheit stärkte.

Im Abgeordnetenhaus habe ich Edmund Husserl jedoch nicht erwähnt. Ich habe ihn auch eine Woche später
Felipe González gegenüber nicht erwähnt. Dennoch hatten wir uns 1986 über Europa unterhalten, als ich auf
einen Vorschlag Pierre Noras hin für die Zeitschrift *Le
Débat* ein längeres Interview mit ihm führte. Dabei hatte
González durchaus zutreffende Überlegungen zur Sack-
gasse, in der der Nationalstaat steckte, sowie zur komplizierten Entstehung des geistigen Antlitzes eines übernationalen Europas angestellt.

Nur einmal, im späten Frühjahr, habe ich Husserls Beitrag zur Frage der europäischen Identität explizit analysiert. Das war an der öffentlichen Universität von Pamplona.

Ich hatte die Gelegenheit dieses Vortrags wahrgenommen, um die Bedeutung und Aktualität der Thesen Husserls hervorzuheben, aber auch auf ihre Lücken und Grenzen hinzuweisen.

Denn der Ursprung dieser »geistigen Gestalt« Europas darf nicht, wie es bei Husserl allzuoft geschieht, ausschließlich auf die griechische Philosophie zurückgeführt werden. Neben dem griechischen Beitrag müssen auch das Gewicht und die Bedeutung des jüdisch-christlichen Beitrags berücksichtigt werden. Und für eine übergreifende und kohärente Sicht der Kulturgeschichte müßten vor allem auch die verschiedenen Arten und Weisen bedacht werden, auf die all diese Beiträge weitervermittelt wurden und schließlich ineinander aufgegangen sind.

So darf etwa die Rolle, die Rom, die die Latinität bei der Entstehung dieser Gestalt gespielt hat, nicht übersehen werden. Ich möchte sogar behaupten, daß jeder Versuch oder jede Versuchung, den Beitrag der Romania zugunsten des häufig mißbräuchlich und anachronistisch uminterpretierten griechischen Beitrags – ich denke dabei vor allem an gewisse Schlußfolgerungen Nietzsches und an gewisse Äußerungen Heideggers – abzuwerten, daß also jeder Versuch dieser Art vom Standpunkt intellektueller Redlichkeit aus als fragwürdig gelten muß.

Ebenso unzulässig wäre es, wollte man die Rolle leugnen, die die arabische Kultur für die Entstehung europäischer Geistigkeit gespielt hat. Wesentliche Bereiche der griechischen Philosophie sind erst durch die Vermittlung dieser Kultur in Europa bekannt geworden, insbesondere dank der Übersetzungen, die vor 1492 aus Spanien gekommen sind, aus jenem Spanien dreier Kulturen, das zu einer Drehscheibe des Austausches von Ideen und Gütern geworden war und in dem sich bereits vor der Renaissance ein europäischer Raum abzuzeichnen begann.

Als ich mich am 2. März 1989 an Ihre Gnaden wandte, hatte ich jedenfalls nicht Edmund Husserl, sondern den portugiesischen Romancier José Saramago zitiert.

»Ihren Gnaden dürfte wohl der Roman José Saramagos mit dem Titel *Das steinerne Floß* bekannt sein«, hatte ich zu Beginn meiner Rede gesagt. »In diesem Buch wird die Fabel der Iberischen Halbinsel erzählt, die sich infolge einer geologischen Katastrophe im Gebiet der Pyrenäen von Europa loslöst. Die Halbinsel driftet daraufhin nach Westen ab und kommt schließlich mitten im Atlantischen Ozean zum Stillstand...«

Saramago wies darauf hin, daß seine Fabel zunächst Portugal, darüber hinaus aber auch die Gesamtheit der iberischen Völker betraf. Dem Romancier zufolge haben diese Völker eine gemeinsame Kultur, die nicht wirklich europäisch ist, sondern ein Universum für sich darstellt. Ihre Besonderheiten sind so prägnant, so spezifisch, daß die Völker der Halbinsel gut beraten wären, dem Druck der europäischen Kultur standzuhalten. Einer europäischen Kultur, die sich Saramago zufolge aus den Kulturen der drei dominierenden Länder zusammensetzt: Frankreich, Deutschland und Großbritannien.

Von seinem Inhalt her ist *Das steinerne Floß* eine Fabel gegen die Moderne. In ihrer Form aber ist sie modern. Das Buch ist zwar eine Anklageschrift gegen die europäische Kultur, seine erzählerischen Techniken und Codes wären jedoch in einem anderen kulturellen Umfeld als dem der europäischen Romantradition undenkbar.

Ich hatte jedoch nicht die Rednertribüne der Cortes bestiegen, um eine Interpretation des Romans von José Saramago vorzulegen. Ich hatte ihn aufgrund seiner literarischen Qualitäten vielmehr als metaphorischen Bezugspunkt verwendet.

Er bot mir die Möglichkeit, von vornherein die Tatsache hervorzustreichen, daß der Weg Spaniens ein ganz anderer war. Er konnte ganz gewiß nicht darin bestehen, Europa den Rücken zu kehren und von einer archaischen und arkadischen Autarkie der Völker der Iberischen Halbinsel zu träumen. Mit antimodernistischer und isolationistischer Selbstgenügsamkeit sind wir Spanier bereits unter dem Regime Francos reichlich bedient worden, das diese Selbstgenügsamkeit zu einem der Hauptthemen seiner ideologischen Propaganda gemacht hat. Das mal arrogante, mal schwermütige Lied von der Eigenständigkeit unserer Völker war nicht gerade neu.

Der Weg Spaniens, fort von den Relikten der Vergangenheit und hin zu einer demokratischen Modernisierung, verlief über die europäische Integration.

»Wir sind mitten im Flug, der Funkkontakt ist abgebrochen und der Flughafen, auf dem wir landen sollen, hat seine Lichter ausgemacht... Das ist die Lage, in der wir uns befinden!«

Budapest, Mittwoch, der 26. April 1989. Es spricht Károly Grósz, der Erste Sekretär der Kommunistischen Partei Ungarns. Einer Partei, die in der Absicht, sich an die neuen Verhältnisse anzupassen, gerade im Begriff steht, ihre Strukturen, ihr Programm und ihre Sprache von Grund auf zu verändern. In diesem Frühjahr der Völker war der Umbruch in Zentraleuropa infolge einer tiefgreifenden, unaufhaltsamen, gesellschaftlichen wie politischen Demokratisierungsbewegung allmählich in Gang gekommen.

Am 9. März, also eineinhalb Monate vor diesem offiziellen Besuch Ungarns, waren Felipe González und ich in der Moncloa übereingekommen, daß das Kulturministerium jenen kommunistischen Ländern Osteuropas besonderes Augenmerk schenken sollte, die sich zu offeneren politischen Systemen hin entwickelten.

Dieser Prozeß war ursprünglich von der Reformpolitik Michail Gorbatschows eingeleitet – und wohl auch bewußt herbeigeführt – worden. Ein französischer Diplomat des letzten Jahrhunderts hat den Reformwillen bestimmter russischer Liberaler der zaristischen Ära durch die Feststellung charakterisiert, er bestehe darin, das Zentrum in Unruhe zu versetzen, damit in der Peripherie alles beim alten bleibe. Also am Hof Reformen vorzutäuschen, damit das Imperium auch weiterhin seinen Einfluß auf die Völker Zentraleuropas ausüben könne. Michail Gorbatschow war jedoch gezwungen, genau das Gegenteil zu tun, wenn er den Weg der unvermeidlichen Reformen fortsetzen wollte. Er mußte die Peripherie, das einstige Imperium Stalins, in Unruhe versetzen, damit ihm im Zentrum, in Moskau, nicht die Macht aus den Händen glitt.

In diesem allgemeinen Prozeß der Veränderung waren manche Länder des sowjetischen Glacis – ein treffender Ausdruck, der im Französischen sowohl an Festungswälle als auch an die Eiszeit denken läßt! – weiter fortgeschritten als andere. Dies galt vornehmlich für Polen und Ungarn, während die Tschechoslowakei und Ostdeutschland auch weiterhin Bastionen des Konservatismus und der Unterdrückung blieben.

Für diese Verschiedenheit der nationalen Entwicklungen waren mehrere Gründe ausschlaggebend, darunter auch solche, die nur schwer objektiv zu bestimmen sind, wie etwa das Vorhandensein oder der Mangel an Persönlichkeiten oder Gruppen, in denen sich die Reformbewegung hätte verkörpern und die ihr umgekehrt eine klare Ausrichtung hätten geben können. Der Vorsprung Polens und Ungarns war dagegen aus historischen Gründen leicht zu erklären. Beide Länder hatten bereits 1956 die Erfahrung einer Revolte gegen den vom Ausland importierten Stalinismus gemacht. Ganz gleich, wie diese vom Volk und der ganzen Nation getragenen Revolten jeweils ausgegangen sind – sie wurde in Ungarn niedergeschlagen, konnte sich aber in Polen durchsetzen, wenn auch um den Preis eines kommunistischen Apparats, der seine, freilich begrenzte Erneuerung in Kauf nahm, um unter Gomulka und Gierek an der Macht bleiben und seine Zugeständnisse wieder zurücknehmen zu können –, sah sich Moskau durch die Breite dieser gesellschaftlichen Bewegung zu einer Reihe außerordentlicher Maßnahmen gezwungen. Die Ungarn und die Polen kamen um den Preis des vergossenen Blutes und der eingegangenen Risiken im Kerkeruniversum des russischen Imperiums in den Genuß von Hafterleichterungen.

Für Spanien, das bis Juni den EG-Vorsitz innehatte, war es äußerst wichtig, die Entwicklung dieser Länder aufmerksam zu verfolgen. Im Frühjahr 1989 war es noch nicht möglich, den weiteren Lauf der Ereignisse vorherzusagen. Eines war jedenfalls sicher. Trotz aller überraschenden Wendungen, ob sie nun blutig verliefen oder nicht, schien der Zusammenbruch des stalinistischen Imperiums unabwendbar, die Entwicklung hin zur Demokratie unumkehrbar geworden zu sein. Und die Auflösung des kommunistischen Systems würde kurz- oder mittelfristig, je nach dem historischen Rhythmus des Veränderungsprozesses, der da und dort noch zaghaft und gefährdet war, sich aber anderswo bereits Bahn gebrochen hatte, wesentliche Auswirkungen auf die Gestaltung eines vereinten Europas haben.

Es galt, darauf vorbereitet zu sein.

Die Grundzüge der Politik Spaniens wurden im allgemeinen von Regierungschef Felipe González sowie von Außenminister Francisco Fernández Ordóñez festgelegt. Bei unseren Gesprächen im März – bei unserem bereits erwähnten gemeinsamen Mittagessen am 9. sowie am 29., also am Vortag des informellen Treffens der Kulturminister in Santiago de Compostela – waren Felipe González und ich jedoch übereingekommen, daß auch das Kulturministerium auf diesem Gebiet einen wesentlichen Beitrag zu leisten hätte. Daher die Initiative zu meinem offiziellen Ungarn-Besuch Ende April.

Ungarn war eines der wenigen Länder Osteuropas, die ich nicht kannte. Ich hatte nie Gelegenheit gehabt, dorthin zu fahren oder gar einen längeren Aufenthalt dort zu verbringen, abgesehen von meinen Zwischenlandungen in Budapest während meiner Zeit als kommunistischer

Funktionär. Dennoch war es eines der Länder dieser Welt, zu denen ich enge Verbindungen hatte. Überaus enge Verbindungen, sollte ich eher sagen. Ich spreche von der geistigen Beziehung, die zwischen einem Schriftsteller und seinem Publikum entstehen kann.

Obwohl nur zwei meiner Romane ins Ungarische übersetzt worden waren – die beiden ersten, *Die große Reise* und *L'Evanouissement* (Die Ohnmacht), die anderen waren verboten worden –, sind sie aus Gründen, die mir bis heute verborgen geblieben sind (Georg Lukács' Interesse an diesen Romanen allein vermag wohl nicht die Begeisterung zu erklären, die sie hervorgerufen haben), recht populäre Bücher geworden. Die enthusiastischsten Briefe von meinen Lesern habe ich jedenfalls aus Ungarn bekommen. Mehrmals im Jahr klingelte es an meiner Wohnungstür in Paris. Meine anspruchsvollsten Besucher kamen stets aus Ungarn. Ich öffnete die Tür, und vor mir stand ein junger Mann, eine junge Frau. In ihren Blicken las ich jene luzide Hoffnungslosigkeit, durch die ich sie sofort identifizieren konnte: sie kamen, kein Zweifel, aus Budapest. Der erste, der so an meiner Tür geklingelt und damit die lange Reihe meiner ungarischen Besucher mit dem zugleich unerbittlichen und liebevollen Blick eröffnet hat, war István Szábo um die Mitte der sechziger Jahre. Er beabsichtigte, eine Filmversion von *Die große Reise* zu drehen.

Seitdem ich Bücher veröffentliche, nehme ich in Augenblicken der Bestürzung und Enttäuschung, wenn ich wieder einmal feststellen muß, wie begrenzt meine französische Leserschaft in Wirklichkeit ist, zu zwei Trostgründen Zuflucht. Der eine dieser Gründe ist die Erinnerung an einen Satz, den Maurice Nadeau in einem Text über Malcolm Lowry, seinem Vorwort, glaube ich, zu *Unter dem Vulkan*, geschrieben hat. Dort meint er, dieses Buch habe sich in Frankreich in dem Rhythmus verkauft, in dem sich Meisterwerke eben verkaufen: einige hundert Exemplare pro Jahr. Den zweiten Trost finde ich in der Erinnerung an Ungarn. Es war wie in *Luna Park*, einem Chanson Yves Montands. In Paris war ich nichts, in Budapest war ich wer!

Davon konnte ich mich am Donnerstag, den 27. April, anläßlich einer Autogrammstunde in einer Buchhandlung des Stadtzentrums überzeugen. *Der zweite Tod des Ramón Mercader* war nach Jahren des Verbots soeben auf ungarisch erschienen. Die Leser hatten aber auch vollkommen zerlesene Exemplare meiner früheren Romane mitgebracht, die offensichtlich viel benutzt und an andere weitergereicht worden waren. Und die meisten von ihnen hatten auch Fragen an mich. Oder erzählten mir eine Geschichte: darüber verging der Nachmittag.

Als ich die Widmung eines Exemplars von *Die große Reise* mit dem Datum versah, wurde mir plötzlich bewußt, daß wir April hatten. Es war das erste Mal seit langen Jahren, daß ich nicht auf den April geachtet hatte. Das heißt, daß er vergangen war, ohne in mir Erinnerungen an Buchenwald wachzurufen. Das Lager war am 11. April von den Truppen der 3. amerikanischen Armee unter General Patton befreit worden. In Frankreich wurde der Tag der Deportation immer an einem Aprilsonntag gegen Monatsende begangen. Ungefähr zur Zeit meiner Budapest-Reise also. Der April ist für mich immer ein schwieriger Monat gewesen. Auf alle Fälle schwieriger als die anderen Monate des Jahres. In dieser Jahreszeit erlebte ich immer, ob ich es wollte oder nicht, die Erinnerung an meinen Tod durch. Überdies allein: die Erinnerung an den Tod kann mit Lebenden, so nahe sie einem auch stehen mögen, nicht geteilt werden. Es wäre wohl schamlos, sie mit jemand anderem teilen zu wollen.

Ich setzte also das Datum des 27. April unter die Widmung und mußte dabei an Buchenwald denken. Es war das erste Mal seit langen Jahren, daß ich im April diese besondere Angst nicht verspürt hatte. Daß sie nicht mein Gedächtnis in Beschlag genommen, mich bei meinen alltäglichen Tätigkeiten behindert, mir meine Lebensfreude genommen hat und zwischen den Toten die Gesichter meiner einstigen Alpträume wiederauferstehen ließ. Ich sagte mir, daß das vielleicht eine Auswirkung der Macht ist. Es ist vielleicht die politische Macht, die einem die Illusion einer Zukunft vorgaukelt und die Erinnerung an den Tod betäubt.

Am Vortag dieser Autogrammstunde hatte uns Károly Grósz in der Zentrale einer Partei empfangen, die zwar noch die Regierungsgeschäfte wahrnahm, deren Vormachtstellung aber Tag für Tag weiter abbröckelte.

Die Situation in Ungarn hatte sich von Grund auf verändert. Freie Wahlen waren angesetzt worden, der politische Pluralismus entwickelte sich unaufhaltsam weiter, nur die Parteizentrale glich noch bis aufs Haar all jenen, die ich früher von Berlin-Ost bis Moskau kennengelernt hatte. Dieselben Möbel, dasselbe Protokoll, dieselben Wasserkaraffen, dieselben Schälchen mit Bonbons und Keksen, dieselbe steife Förmlichkeit.

Nur die Sprache schien sich geändert zu haben.

Einige Monate zuvor wäre es noch völlig undenkbar gewesen, daß sich ein Erster Sekretär so geäußert hätte, wie es Károly Grósz uns gegenüber tat.

»Wir sind mitten im Flug, der Funkkontakt ist abgebrochen und der Flughafen, auf dem wir landen sollen, hat seine Lichter ausgemacht... Das ist die Lage, in der wir uns befinden!«

Ich sagte mir, daß Grósz uns damit eine recht treffende Zusammenfassung der damaligen Situation Ungarns gab. Mit Ausnahme eines Details freilich, das nicht ganz unwesentlich war: Er kannte sein Reiseziel nicht. Er wußte nicht, auf welchem Flughafen er landen sollte. Und selbst wenn er es gewußt hätte und in der Lage gewesen wäre, die genaue Flugroute festzulegen, hätte man ihm vermutlich nicht gestattet, das Flugzeug bis an das Ende der Reise als Pilot zu steuern.

Man brauchte Károly Grósz nur eine Stunde lang zuzuhören, um zu begreifen, daß seine Tage gezählt waren. Daraus ergab sich für uns die Notwendigkeit, mit jenen Kräften der Opposition Fühlung aufzunehmen, die Ungarn in nur schwer absehbarer Zeit, aber aller Voraussicht nach regieren würden.

Daher erweiterte ich mein offizielles Besuchsprogramm und führte mehrere Gespräche mit Vertretern einiger demokratischer Organisationen. Auch sie waren zwar mitten im Flug, könnte ich als Parodie auf die metaphorischen Wendungen von Károly Grósz sagen, wußten jedoch genau, auf welchem Flughafen sie landen wollten.

Diese Reihe von Gesprächen hätte sicherlich nicht stattgefunden, wenn an der spanischen Botschaft in Budapest nicht ein junger, höchst außergewöhnlicher Botschaftsrat gearbeitet hätte. Gerardo Bugallo war über die politische Situation in Osteuropa, die er von seinem Beobachtungsposten in Ungarn aus mit Scharfsinn und Weitblick analysierte, ausgezeichnet informiert; er war in diesem Frühjahr 1989, sechs Monate vor dem Fall der Berliner Mauer, derjenige, der die genauesten Diagnosen, die zutreffendsten Vorhersagen über den sich ankündigenden Zusammenbruch des kommunistischen Systems und dessen vorhersehbare Folgen für Europa und die ganze Welt getroffen hat.

Mir ist natürlich nicht bekannt, ob in den diplomatischen Archiven Spaniens Spuren von diesem Scharfsinn erhalten geblieben sind; er ließe sich jedoch unschwer durch meine Notizen über unsere Gespräche in Budapest und durch ein langes persönliches Schreiben, in dem der junge Botschaftsrat nachträglich eine gedrängte Bilanz seiner in Osteuropa gewonnenen Erfahrungen zog, belegen.

Während einer dieser Unterredungen mit Gruppierungen der demokratischen Opposition traf ich György Konrád wieder. Ich hatte ihn 1983 in Berlin kennengelernt. Ich war dort – gemeinsam mit Lew Kopelew, Peter Schneider, Hans Christoph Buch und eben Konrád – zu einem Schriftstellertreffen eingeladen worden, das anläßlich des fünfzigsten Jahrestages der ersten Bücherverbrennungen unmittelbar nach der Machtergreifung durch die Nazis veranstaltet worden war.

Wir waren seitdem miteinander in Verbindung geblieben; der Funke der Sympathie, den ich ungarischen Intellektuellen gegenüber stets verspürt habe, ist auch mit ihm übergesprungen.

Nach meinem Austritt aus der Regierung im Oktober 1991 wurde ich vom Stiftungsrat des Friedenspreises des deutschen Buchhandels, der György Konrád soeben den Friedenspreis verliehen hatte, eingeladen, den Schriftsteller anläßlich der Preisverleihung in einer Rede vorzustellen. Der Festakt fand wie jedes Jahr im Rahmen der Frankfurter Buchmesse statt. Der Ort der Feier ist nicht unwesentlich, da es sich um die Paulskirche handelt, in der 1848 die aus der revolutionären Bewegung des Vormärz hervorgegangene deutsche Nationalversammlung zusammengetreten war, deren Reichsverfassung trotz ihrer Unvollkommenheit den beißenden Spott, mit dem sie der junge Marx überzog, nicht verdient hatte.

Beim offiziellen Essen nach dem Festakt kam ich neben Richard von Weizsäcker, den Präsidenten der Bundesrepublik, zu sitzen. Er sprach fast das gesamte Essen lang über Hegel und Felipe González. Über Hegel deshalb, weil ich ihn in meiner Preisrede auf György Konrád zitiert hatte. Das hatte ich, man erinnert sich, in meiner Rede in den Cortes zwei Jahre zuvor, am 2. März 1989, nicht getan. In Frankfurt jedoch hatte ich Hegel zitiert. Ich befand mich in Deutschland, sprach über die europäische Geschichte und den Übergang Zentraleuropas zur Demokratie: es war undenkbar, Hegel außer acht zu lassen. Ich hatte dabei seinem Begriff der Aufhebung hart zugesetzt, ihn sogar als »unselig« bezeichnet. Das hatte Weizsäckers Aufmerksamkeit erregt, und er bat mich, ihm meine scharfe Animosität diesem Begriff gegenüber zu erklären. Ich versuchte es.

Glücklicherweise nahm uns die Hegelsche Dialektik nicht während der gesamten Mahlzeit in Anspruch. Der Präsident der Bundesrepublik interessierte sich darüber hinaus auch für Felipe González. Ich war Mitglied seiner Regierung gewesen, was konnte ich ihm über Felipe González sagen? Richard von Weizsäcker interessierte sich für Europa, für die Rolle, die Spanien mit seinem Schatz von Erfahrungen bezüglich eines demokratischen Übergangs oder autonomer Regionalregierungen in ihm spielen kann. Für die Rolle, die es bereits spielt, vor allem dank des Weitblicks, den Felipe González in der Europafrage bewiesen hat. Was verlieh diesem Mann unbestreitbar die Statur eines modernen europäischen Staatsmannes?

Der innerste Kern seiner politischen Berufung, gab ich dem Bundespräsidenten zur Antwort. Die Wurzel seines Engagements, letztlich motiviert durch ein Streben nach einer demokratischen Modernisierung Spaniens. Die

Antriebskraft der europäischen Berufung von Felipe González sei die in unserem Land stets gefährdete, im Lauf der jüngeren Geschichte ständig verhöhnte demokratische Vernunft. Bei allen großen Spaniern des 20. Jahrhunderts, zu denen Felipe González unbestreitbar zähle, seien die europäischen Perspektiven stets von dem – nicht immer erfolgreichen – Bestreben bestimmt gewesen, unser Land für Reformen zu öffnen und es der archaischen und haßerfüllten Arroganz seiner rückschrittlichen Sonderstellung zu entreißen.

Das wäre die beste Erklärung, meinte ich an diesem Tag im Oktober 1991 etwas gewagt zu Richard von Weizsäcker, als wir György Konráds Friedenspreis feierten.

Zwei Jahre zuvor hatte ich in Budapest doch noch einen Kulturminister getroffen. Bei meiner Ankunft war der Posten infolge der politischen Turbulenzen, mit denen das Land ständig zu kämpfen hatte, noch unbesetzt gewesen. Wir hatten dennoch im Ministerium eine Besprechung mit einigen leitenden Beamten abgehalten. Sie war nicht gerade berauschend gewesen.

Der neu ernannte Minister war ein liebenswürdiger Mensch, von Beruf Historiker, der sich keine Illusionen über die Unsicherheit seiner Situation machte.

Nach meinen Gesprächen mit György Konrád und den anderen Vertretern der demokratischen Opposition Ungarns kam mir der Gedanke, das formelle Treffen der Kulturminister der EWG, das drei Wochen darauf – am 18. Mai, um ganz genau zu sein – unter meinem Vorsitz in Brüssel stattfinden sollte, für eine politische Geste an jene osteuropäischen Länder zu nutzen, die sich wie Polen und Ungarn auf den schwierigen Weg der Demokratisierung gemacht hatten. Mir schien, daß es für die Gemeinschaft nur von Vorteil sein könne, wenn wir Delegationen dieser beiden Länder zu diesem Brüsseler Treffen einluden. Wir würden damit zu verstehen geben, daß der Zugang zu Europa eine politische Demokratisierung voraussetzte. Und darüber hinaus würden wir die demokratischen Kräfte dieser Länder, denen, ganz gleich, wann die einzelnen Wahltermine fällig waren, die Zukunft gehören würde, dazu ermutigen, die europäische Integration zu einem Hauptziel ihrer Strategie zu machen. Die Stabilität des gesamteuropäischen Raums über die eigentliche Gemeinschaft hinaus war, wie mir schien, nur um diesen Preis zu haben.

Der neue Kulturminister nahm meine Einladung sofort an. Und er nahm sie unter den Bedingungen an, die ich ihm vorgeschlagen hatte. Es wäre angesichts der herrschenden Umstände, die sich rasch änderten und in einem ständigen Wandel begriffen waren, undenkbar gewesen, daß Ungarn nur durch den Minister vertreten wäre. Ich schlug ihm daher vor, in seine Delegation einen unumstrittenen Vertreter der Opposition aufzunehmen, der ihn ebenfalls begleiten sollte. György Konrád schien mir dafür ein ausgezeichneter Kandidat zu sein, schlug ich vor.

Der ungarische Minister nahm die Einladung unter diesen Bedingungen sofort an.

Nachdem ich Ende April nach Madrid zurückgekehrt war, erging eine ähnlich formulierte Einladung an die Warschauer Regierung; wir schlugen ebenfalls vor, nicht nur den Kulturminister, sondern auch einen Vertreter von Solidarność nach Brüssel zu entsenden.

Die Einladung wurde auch von Polen angenommen.

Dazu muß freilich erwähnt werden, daß für Anfang Juni freie Wahlen angesetzt waren und der sich abzeichnende Sieg der Kandidaten von Solidarność außer Zweifel stand.

Doch gerade in Brüssel tauchten zu meiner großen Überraschung Probleme auf. Es bedurfte des diplomatischen Geschicks und der Hartnäckigkeit Carlos Westendorps und Javier Elorzas, unserer ständigen Vertreter in der Kommission, damit der Botschafterausschuß der Zwölf meinen Vorschlag annahm. Welchen Vorteil hätte es, sich ins Wespennest Zentraleuropas zu setzen? Warum sollten wir Länder einladen, deren Zukunft noch so ungewiß war? Konnte eine so politische Entscheidung überhaupt vom Rat der Kulturminister getroffen werden? Jedes dieser Argumente war gut genug, um diese wenig orthodoxe Initiative abzulehnen.

Mein Vorschlag wurde schließlich doch vom COREPER (dem Ausschuß der ständigen Vertreter) angenommen, allerdings unter einer Reihe von Bedingungen. Unter ziemlich grotesken Bedingungen, wie ich sagen muß.

Zunächst würden die polnischen und ungarischen Delegationen nicht am formellen Treffen der Kulturminister teilnehmen dürfen, auch nicht als Beobachter ohne Stimmrecht. Wir sollten unsere Gäste erst nach dem Ende des formellen Treffens empfangen dürfen. Aber nicht in dem Saal, in dem dieses Treffen stattgefunden hatte. (Vor welcher Ansteckung hatte man Angst? Welche Reinheit sollte erhalten bleiben?) Und schließlich – und das war die absurdeste dieser Bedingungen – dürften unsere Gäste nicht von den zwölf Ministern der Gemeinschaft empfangen werden. Es sollte nur der Troika (das heißt der Dreiergruppe, bestehend aus dem amtierenden Präsidenten sowie dessen Vorgänger und Nachfolger in dieser durch alphabetische Rotation zugeteilten Funktion) erlaubt sein, die osteuropäischen Delegationen zu empfangen und mit ihnen Gespräche zu führen.

Trotz all dieser Hindernisse und Schikanen wurde das Treffen zu einem vollen Erfolg. Zum ersten Mal konnte sich die Stimme jener demokratischen Kräfte, deren Präsenz die politische Landschaft Osteuropas von Grund auf verändern würde, am Sitz der Kommission der Europäischen Gemeinschaft Gehör verschaffen. Obwohl dies im Rahmen eines Treffens der Kulturminister geschah, das nicht so hochrangig besetzt war und weniger Gewicht hatte als andere Instanzen der Gemeinschaft, war der erste Schritt damit getan. Er war von um so größerer Bedeutung, als Ostdeutschland, Rumänien und die Tschechoslowakei am Vortag, dem 17. Mai, übereingekommen waren, gemeinsam und entschieden gegen den Reformprozeß in Ungarn aufzutreten.

So weit bin ich aber noch nicht.

Ich bin noch beim 2. März 1989, also lange Monate vor der samtenen Revolution in Prag. Václav Havel ist vor kurzem ein weiteres Mal inhaftiert worden. Er ist noch ein »obskurer Bühnenautor«, und ich habe soeben auf der Rednertribüne der Cortes gegen seine willkürliche Festnahme protestiert. Auf die Regierungsbank zurückgekehrt, um den Rednern der verschiedenen Parlamentsfraktionen zuzuhören, zuckte ich zusammen, als Herr Olabarría, der ehrenwerte Sprecher der baskischen Nationalpartei, eingestand, daß er sich nicht einmal den Namen des von mir erwähnten tschechischen Schriftstellers merken konnte.

Einige Augenblicke später zollte mir dieser Redner hingegen Anerkennung. Denn er erinnerte sich sehr wohl an den Namen eines anderen (in den Zeitungen dieser Tage ständig genannten) Schriftstellers, den ich in meiner Rede ebenfalls erwähnt hatte: Salman Rushdie.

»Ich möchte jedenfalls, sehr geehrter Herr Minister«, sagte der baskische Abgeordnete, »ohne weitere Präliminarien sofort zum Thema kommen und Sie im Namen meiner Fraktion sowie im Namen meiner Partei zu der Haltung herzlich beglückwünschen, die Sie im Fall Salman Rushdie und insbesondere zu seinem Roman *Die satanischen Verse* und den Problemen, die dieser Fall aufwirft, eingenommen haben. In diesem Zusammenhang möchte ich zwei Ihrer persönlichen Stellungnahmen hervorheben, mit denen ich voll und ganz übereinstimme. Die erste betrifft die Idee einer internationalen Ausgabe von Rushdies Roman; die zweite betrifft den Boykott der Teheraner Buchmesse, zu dem Sie aufgerufen haben und bei dem Sie als gutes Beispiel vorangegangen sind.«

Zwei Wochen vor meinem Auftritt im Abgeordnetenhaus war in Teheran jene *Fatwa* verkündet worden, mit der Salman Rushdie zum Tode verurteilt wurde. In meiner Rede hatte ich an die Grundsätze der Toleranz und des Pluralismus erinnert, von denen jede Kulturpolitik getragen sein sollte, und hinzugefügt:

»Es hat sich als nötig erwiesen – und dies nicht nur aus Gründen der Methode und der Transparenz eines theoretischen und praktischen Diskurses –, diese Grundsätze hier und jetzt wieder in Erinnerung zu rufen. Insbesondere auch deshalb, weil sie in diesem zu Ende gehenden Jahrhundert durch bestimmte, kürzlich erfolgte Ereignisse ernstlich gefährdet wurden, und das sowohl im Bereich der internationalen Beziehungen als auch in dem des persönlichen Gewissens eines jeden einzelnen. Durch einmalige und auf einmalige Art abstoßende Ereignisse, wie ich sagen muß. Ich spreche, Ihre Gnaden werden es bereits erraten haben, vom Todesurteil, das über einen Schriftsteller verhängt wurde, weil einer seiner Romane angeblich Sätze oder Absätze enthält, die gewisse Glaubensgrundsätze und Codes der islamischen Religion, zumindest in einer ihrer historischen Interpretationen, verletzten und daher als Gotteslästerungen zu betrachten seien. Zweifellos fehlt es der Kirche des Islam nicht an gelehrten Doktoren, die darüber urteilen können; ganz gleich, wie ihr Verdikt über diese vorgebliche Gotteslästerung auch ausfallen mag, nichts kann ein derart fanatisches, mehrfach wiederholtes und von düsteren theokratischen Kommentaren begleitetes Todesurteil rechtfertigen. In den allgemeinen Reaktionen auf dieses Urteil wurde zu Recht auf die barbarische Gesinnung von Imam Chomeini hingewiesen. Es ist in der Tat unannehmbar, daß ein Schriftsteller für die Freiheit seiner Kreativität, für seine Gedankenfreiheit also, mit seinem Leben bezahlen sollte: für die Freiheit zum Irrtum und zur Wahrheit, deren Urteilskriterien sich prinzipiell jedem theologischen Urteilsspruch und jeder Staatsräson entziehen.

Noch unannehmbarer, allerdings auch noch beeindruckender ist die Tatsache, daß sich Tausende islamische Gläubige voller Enthusiasmus dazu bereit erklärt haben, diesen Urteilsspruch zu vollstrecken. *I am ready to kill Rushdie*: diese Parole ist bereits allerorten vernehmbar, ja sie wird sogar vermarktet und als publicityträchtiger Blickfang auf den weißen Gewändern der Gläubigen massenhaft vervielfältigt. In der Hoffnung auf das Paradies und, im Vorbeigehen, auf einige Millionen Dollar – übrigens die Währung des großen amerikanischen Satans – haben es Tausende Fanatiker, ansonsten ganz ohne Zweifel gute Familienväter und vorbildliche Verkörperungen familiärer Tugenden, auf sich genommen, zu Illuminaten, zu Mördern zu werden. Das über diesen Schriftsteller verhängte Todesurteil hat also bereits bei Tausenden Menschen jedes Gefühl für Gerechtigkeit, Toleranz und Solidarität abgetötet. Schon bevor er sein tödliches Ziel erreicht hat, ist es Imam Chomeini damit gelungen, die Seelen der Herde seiner treuen Gläubigen tödlich zu verletzen, und dies wird, was ja nicht völlig undenkbar ist, in der Stunde des Urteils der Geschichte genauso schwer wiegen wie alles andere . . . «

Gleichzeitig mit dieser Stellungnahme vor dem Abgeordnetenhaus wies ich die zuständigen Abteilungen meines Ministeriums – die Generaldirektion für das Buchwesen und die Kulturelle Zusammenarbeit – an, mehrere europaweite Initiativen zur Unterstützung Salman Rushdies zu ergreifen: vor allem die, welche vom Sprecher der Partei der baskischen Nationalisten erwähnt und gutgeheißen worden waren. Der Vorsitz über die Europäische Gemeinschaft zwang uns dazu, dieser Frage erhöhte Aufmerksamkeit zu schenken.

Schließlich stellte sich heraus, daß die von mir ursprünglich als Unternehmung der Gemeinschaft geplante, übernationale Ausgabe der *Satanischen Verse* nicht durchführbar sein würde. Wir beschlossen daher, der spanischen Übersetzung des Romans von Salman Rushdie von seiten des Ministeriums eine offizielle Förderung zukommen zu lassen. Ihr eigentlicher Verlag, Seix Barral, gewann die Unterstützung aller spanischen Literaturverlage, die mit ihrem Namen die Verantwortung für diese Publikation mittrugen. Unter der als Rosette gestalteten Garbe all dieser illustren Namen erinnerte ein Satz an die vom Kulturministerium in Anwendung jener Artikel der Verfassung von 1978 gewährte Unterstützung, die die Freiheit der Meinungsäußerung garantieren.

Und so erschien im Mai 1989 die spanische Übersetzung des Romans von Salman Rushdie. Ich bin sehr froh darüber. Und sogar, warum sollte ich es leugnen, stolz darauf. Die Publikation war auf ihre Art eine Weltpremiere. Frankreich ist bald darauf unserem Beispiel gefolgt.

Eine Fotografie ist aus dem großformatigen Umschlag mit holländischem Absender geglitten, den ich mit der Morgenpost auf meinem Schreibtisch vorgefunden habe.

Ich war sprachlos, völlig verblüfft.

Es war eine vergilbte Aufnahme, ein Ausschnitt aus einer alten holländischen Zeitung. Sie war auf einen dunkelgrauen Karton aufgeklebt. Wahrscheinlich ein Blatt eines Fotoalbums.

Es war eine Fotografie meines Vaters im besten Alter; er trug einen langen, dunklen Mantel und Bowler. Er stieg gerade die Freitreppe eines, wie ich vermutete, Amtsgebäudes hinunter.

Ich starrte verblüfft auf das Bild.

Ich las die aus einer alten Zeitung ausgeschnittene Bildunterschrift. Ich verstand sie, obwohl sie auf holländisch verfaßt war. Ich war zwei Jahre lang, von 1937 bis 1939, in dieser Sprache unterrichtet worden, im Tweede Gymnasium in Den Haag. Meine Erinnerungen daran reichten aus, um den Text entziffern zu können.

Gezant de Semprun, las ich, *verlaat het ministerie van Buitenlandse Zaken, waar minister Patijn hem mededeelde dat de Nederlandse regering het bewind van generaal Franco erkend heeft.*

Mit einem Wort: Das Foto stellte meinen Vater dar – er war in den letzten beiden Jahren des Bürgerkriegs Geschäftsträger der Republik Spanien in Den Haag gewesen –, als er gerade das niederländische Ministerium für Auswärtige Angelegenheiten verließ, wo ihm die Anerkennung des Franco-Regimes durch die Niederlande mitgeteilt worden war.

Ich betrachtete das Foto und hatte Herzklopfen.

Ich las die Trauer und Bestürzung auf dem Gesicht meines Vaters. Ich las aber auch Entschlossenheit: den festen Willen, die wartenden Pressefotografen – durch die Würde seines Auftretens, die kerzengerade Haltung seines Körpers und seines Kopfes – von der Wahrheit und Rechtmäßigkeit der Sache zu überzeugen, für die er eingetreten war: gegen faschistische Gewalt und gegen die selbstmörderische Gleichgültigkeit der Demokratien.

Ich betrachtete dieses Bild aus dem Jenseits und hatte Herzklopfen. Ich fragte mich, woher es ein halbes Jahrhundert später aufgetaucht sein könnte.

Ein Brief begleitete dieses Foto. Ein handgeschriebener, zweiseitiger Brief in einer klaren Frauenschrift, auf englisch.

»*Excellency*«, hieß es in dem Brief, »*more than 50 years ago I visited the Tweede Gymnasium in Den Haag. In the back of my class-room was sitting a Spanish boy…*«

Das war ich, der Junge, an den sich meine Briefpartnerin erinnerte. Ich hatte tatsächlich in den hinteren Reihen des Klassenzimmers gesessen. Neben einem jungen deutschen Juden, der ebenfalls in die Niederlande geflüchtet war. Er hieß Klaus Landsberger, meine Korrespondentin erinnerte sich auch an ihn. Sie hieß Sonja und war damals dreizehn Jahre alt, gleich alt wie der kleine Spanier, der ich anscheinend gewesen war.

Das heißt: die Scheinhaftigkeit, der Zweifel, den ich empfand, betraf nicht mein Alter, das unbestreitbar war, sondern meine Existenz, ihre Realität.

Sonja war im selben Jahr wie ich geboren, teilte sie mir in ihrem Brief mit. »*Must be a good year.*« Ein gutes Jahr, 1923? Darüber könnte man diskutieren. Wie auch immer, Sonja und ich waren jedenfalls im gleichen Jahr geboren. Sie erinnerte sich daran, daß der kleine Spanier eher schweigsam war und nie lächelte. Oder daß er eigentlich nur zweimal täglich lächelte: einmal, wenn er morgens die Klasse betrat, und das zweite Mal, wenn er sie am Nachmittag wieder verließ. Und er habe sie, nur sie angelächelt, erinnerte sich Sonja.

Ich hatte sie also angelächelt.

Sie hatte dieses Lächeln nie vergessen, schrieb sie, und sie würde es nie vergessen. »*I fell completely in love. Don't underrate the feelings of a well educated 13 years old girl*...«

Eines Tages im März 1939, fuhr Sonja in ihrem Brief fort, sei der kleine Spanier nicht mehr in die Klasse gekommen. Er war plötzlich verschwunden. Den Grund für sein Verschwinden fand sie in der Zeitung. Sie schnitt das Foto aus und bewahrte es in einem Familienalbum auf. Das Foto des Vaters ihres spanischen Freundes, der eines Tages im März 1939 plötzlich verschwunden war. Eben dieses Foto von meinem Vater, das ich jetzt, ein halbes Jahrhundert später, vor Augen hatte. Das Foto, das mein plötzliches Verschwinden erklärte. Sie hatte dieses Foto aufbewahrt, schrieb sie, es war die einzige Verbindung zur Vergangenheit, die ihr geblieben ist. Die einzige und bloß indirekte, angedeutete Erinnerung an ihren spanischen Freund am Tweede Gymnasium in Den Haag. Die einzige Erinnerung an das grüne Paradies der Kinderlieben.

»*I saw the picture*«, schrieb Sonja, »*cut it out and put it in my photo-album, just to have a thing connected with him. It had been there for over 50 years*...«

Sonja hatte das Foto meines Vaters also ein halbes Jahrhundert lang durch alle Wechselfälle des Lebens hindurch sorgfältig aufbewahrt. Wechselfälle, die ihr übel mitgespielt hatten. Während der Besetzung Hollands durch die Nazis waren Sonja und ihre Mutter von der Gestapo verhaftet worden. Sie hatte man freigelassen, ihre Mutter aber wurde deportiert und ist in einem Konzentrationslager umgekommen.

»*I don't want to write more about that time. It upsets me and I'm still wondering why I am still alive ...*«

Sie wollte nicht mehr von dieser Zeit sprechen, ich konnte sie verstehen. Sie lebte und war verwundert darüber, daß sie lebte, ich konnte sie verstehen. Auch ich wunderte mich manchmal darüber, am Leben zu sein. Nicht, daß das Leben unbedingt ein Wunder wäre. Wunderbar ist nur die Tatsache, daß man sich darüber wundern kann, am Leben zu sein. Oder daß man darüber erstaunt, traurig, verzweifelt sein oder sich deswegen sogar Vorwürfe machen kann.

Sonja war jedenfalls darüber verwundert, daß sie noch am Leben war.

Sie hatte geheiratet, Kinder bekommen, war in der Welt umhergereist, bevor sie sich in Amsterdam niederließ, von wo sie mir schrieb. In ihrem durch alle Ungewitter ihres Lebens hindurch aufbewahrten Familienalbum hatte immer dieses vergilbte, phantomhafte Foto meines Vaters gelegen. Des Vaters des Freundes ihrer frühen Mädchenjahre, ihres spanischen Freundes am Gymnasium in Den Haag. Ein Herr mit Bowler, im langen, schwarzen Mantel, das Gesicht zur ernsten Maske eines beherrschten Schmerzes erstarrt, auf der Freitreppe des niederländischen Ministeriums für Ausländische Angelegenheiten. Die einzige materielle Spur der Erinnerungen an eine längst verflossene Zeit: an die Jugend, die verlorenen Paradiese, das bewegende Gefühl, die schweren Schicksalsschläge des Lebens überlebt zu haben.

Und dann, schrieb Sonja in ihrem Brief, ein halbes Jahrhundert später, war ihr der Name ihres Jugendfreundes plötzlich in einem Fernsehprogramm in die Augen gesprungen.

»*When the television transmission was announced*«, schrieb sie, »*and I saw a well known name, I first thought it was your father*...«

In ihrer Erinnerung hatte nur das Bild des dreizehnjährigen Jungen überdauert. Es konnte aber natürlich nicht mein Vater sein. Es war ich, fünfzig Jahre nach dem Tweede Gymnasium.

»*The transmission made a deep impression on me, and not only on me. Many people were speaking about it*...«

Tatsächlich scheint diese Sendung – andere, wahrscheinlich ebenfalls subjektive Zuschauer haben mir ebenfalls davon erzählt – in den Niederlanden auf ein großes Echo gestoßen zu sein. Ihr Regisseur, Wim Kaizer, hatte die Idee gehabt, vier Schriftsteller einzeln zu denselben Themen zu befragen: Gabriel García Márquez, George Steiner, György Konrád und mich. Er hatte die vier Interviews daraufhin zusammengeschnitten und kontrapunktisch montiert.

Wim Kaizer hatte das Interview mit mir in Madrid gemacht, einige Wochen, bevor mich Felipe González bat, in seine Regierung einzutreten. Wir hatten uns mit seinen Technikern in eine Suite des Hotels Wellington eingeschlossen und für den Schnitt auch einige Außenaufnahmen gedreht. Auf seine Bitte hin waren wir zu diesem Zweck in die Calle Concepción Bahamonde gefahren, wo ich mehrere Jahre in der Illegalität gelebt hatte.

Kaizer wollte auch die Landschaften meiner Madrider Kindheit kennenlernen. Ich zeigte ihm einige meiner Lieblingsplätze im Retiro-Park: den Rosengarten, den See, über den die Ruderboote glitten, den Kristallpalast – und die Calle de Alfonso XI. Damals konnte ich noch nicht wissen, daß ich kaum einen Monat später dorthin zurückkehren würde, um eine Dienstwohnung genau gegenüber dem Haus zu beziehen, in dem ich bis zum Bürgerkrieg gelebt und auf dessen lange Reihe von Balkonen im letzten Stockwerk ich Wim Kaizer hingewiesen hatte.

Sonjas Brief endete mit den Worten: »*Heaven only knows if we will ever meet again. Be blessed.*«

Tatsächlich kann niemand wissen, ob wir uns eines Tages wiedersehen werden. Das Gesicht ihrer dreizehn Jahre ist flüchtig und vergoldet aus dem Nebel der Erinnerungen aufgetaucht, nur um wieder zu verblassen. Ich bemühte mich, es festzuhalten. Es ist mir einen Augenblick lang gelungen, und ich hatte Herzklopfen. Dann entzog sich mir das Bild von Sonja, schmolz unter meinem inneren Blick. Von nun an aber hat es seinen Platz in der vergänglichen Ewigkeit des Gedächtnisses.

Ich betrachtete gebannt das Foto, konnte mich von ihm nicht losreißen.

Mein Vater war im März 1939 ins niederländische Ministerium für Auswärtige Angelegenheiten zitiert worden. Die Regierung der Niederlande stand im Begriff, das Franco-Regime anzuerkennen: die spanische Gesandtschaft mußte aufgelöst werden; sie hatte ihren Sitz am Plein 1813, an einem Platz also, der das Datum eines Sieges über Napoleon trägt, an dem holländische Truppen beteiligt gewesen waren. Ganz Europa ist mit Straßen und Plätzen übersät, die nach Schlachten gegen Napoleon benannt sind.

Wir mußten den großen Garten unserer Residenz aufgeben, in dem Magnolien und Rosen blühten.

Im März 1939 begann unser Exil.

Ich war fünfzehn Jahre alt, der spanische Bürgerkrieg war zu Ende, ich kam nach Paris. Ich würde als Interner in das Lyzeum Henri IV eintreten.

Zu dieser Zeit (und sie dauerte bis in die jüngste Vergangenheit, bis zur endgültigen Krise des jakobinischen Modells des Nationalstaates, und ich sage »jakobinisch«, um es schnell zu sagen und Mißverständnisse zu vermeiden: man könnte in der Geschichte Frankreichs weiter zurückgehen; man könnte den Zustand dieser nationalen Gnade aber auch weiter bis in die Gegenwart verfolgen, da die bonapartistische Tradition in dieser Hinsicht nicht völlig unschuldig ist), zu dieser Zeit waren sich die Franzosen jedenfalls ihrer nationalen Identität, die ihnen noch keine Sorgen bereitete, völlig sicher.

So intensiv sich die deutschen und spanischen Intellektuellen zunächst mit dem problematischen und häufig mehrdeutigen Begriff der Zugehörigkeit zu einer nationalen Gemeinschaft auseinandersetzen mußten, so vollständig war diese Frage für die französischen Intellektuellen bereits von der Geschichte gelöst worden. Sie konnten zur Tagesordnung übergehen. Der Beweis für diese Kontinuität wurde von Barrès bis Bernanos, von Renan bis Jaurès erbracht, um nur zwei Abstammungslinien oder Goldadern eines in vielen Farben schillernden Nuancenreichtums zu nennen: gleich, welche Schlußfolgerungen die einen oder anderen aus dem Bestehen der nationalen Gemeinschaft zogen, sind ihre Existenz, ihre Kohärenz, ihr Zusammenhalt, die Vorteile, die sie bietet, und die letzten Ursachen, auf die sie zurückgeführt werden kann, nie in Frage gestellt worden.

Das erzählerische und dramatische Werk Jean Giraudoux' war zur Zeit meiner Ankunft in Frankreich wahrscheinlich der vollendetste literarische Ausdruck dieser Tradition, die ihren Höhepunkt zu dem Zeitpunkt erreicht hat, als hinter der transparenten und geheimnisvollen Perfektion der sprachlichen Gestaltung bereits die ersten quälenden Fragen aufgetaucht waren.

Eine der Folgen dieser unerschütterlichen Gewißheit über die eigene Identität war die von allen intelligenten und gebildeten Franzosen geteilte Überzeugung, Frankreich sei die zweite Heimat aller Menschen. Meine zweite Heimat zum Beispiel. Diese selbstgewisse Überzeugung hat mich immer überrascht, manchmal auch ein wenig irritiert. Diese Zeiten sind freilich vorbei. Heute weigert sich Frankreich, zumindest durch die Stimme seiner Eliten, die zweite Heimat von jedermann oder von irgendwem zu sein. Es wehrt sich dagegen, als Exil- und Asylland zu gelten, aus Angst, dabei seine Seele zu verlieren. Der Geist Frankreichs hat heute große Mühe, ja leidet schwer daran, dem Universalismus seiner ursprünglichen Berufung gerecht zu werden. Er tendiert wohl eher dazu, sich in seiner Differenz einzuigeln.

Ich kam jedenfalls im März 1939 in Frankreich an.

Das Exil wurde zu meiner zweiten Heimat. Oder eher war es die Sprache des Exils, die zu meiner möglichen Heimat wurde. Ich las *Paludes, Les Nourritures terrestres*. Ich las *Juliette au pays des hommes, Suzanne et le Pacifique*. Ich las *Le Sang noir*. Ich las *Le Mur* und *La Nausée*. Ich las *La Condition humaine* und *L'Espoir*. Ich las *Les Thibault*. Die Lektüre, die Entdeckung der französischen Sprache, wurde zu meiner zweiten Heimat. Sie wurde es bis zu dem Tag, an dem ich entdeckte, daß dies nicht stimmt. Daß es im Grunde genommen noch verwirrender ist: nicht die Sprache war meine Heimat, sondern das Gesprochene.

Ich war fünfzehn, ich war Interner im Lyzeum Henri IV, Madrid war gefallen, und ich machte meine einsame Lehrzeit des Exils durch.

Ich starrte gebannt auf das alte Foto aus der Zeitung. Es war im Album von Sonja O. ein halbes Jahrhundert lang aufbewahrt worden. Sie hatte es mir zugeschickt, da sie nicht wußte, ob ich es kannte. Nein, ich hatte es noch nie gesehen.

Es war der Vormittag des 22. Juni 1989.

Am frühen Vormittag, die Stunden, die mir am liebsten waren. Ich war allein in meinem Büro, trank sehr starken Kaffee, blätterte in den Zeitungen und sah die Post durch. Der Ministertag hatte noch nicht wirklich begonnen. Es war noch möglich, ihn sich als produktiv vorzustellen, davon zu träumen, daß es einem gelingen würde, die verschiedenen Angelegenheiten voranzutreiben, daß die bereits getroffenen Entscheidungen trotz der Schwerfälligkeit und mangelnden Flexibilität des Verwaltungsapparates allmählich greifen würden.

Es war nun, einige Tage auf oder ab, ein Jahr vergangen, seitdem ich das Ministerium übernommen hatte. Ich konnte Bilanz ziehen. Die frühe Stunde eignete sich dazu, die Stille und auch die Einsamkeit. Selbst das unvorhergesehene oder unvorhersehbare Auftauchen der Fotografie meines Vaters half mir durch die Erinnerungen, die sie wachrief, indem sie unvermutet das Dunkel eines unausweichlich selbstvergessenen Lebens erhellte und die Illusionen und Entscheidungen der Vergangenheit in der Gegenwart wiederaufleben ließ, dieses Bild aus dem Jenseits half mir, mein Tun und Lassen im vergangenen Jahr im Zusammenhang zu sehen, es sozusagen auszuleuchten.

Das alte Foto rief Erinnerungen an die Geschichte einer Familie wach. Erinnerungen, die mit engen Freunden geteilt werden können: mit einigen Lebenden, vielen Toten. Es erinnerte an den Tod, dieses alte Foto. Aber es erinnerte nicht nur an eine private Geschichte: nicht nur an den Tod in einer privaten Geschichte, in einer Familiengeschichte. Es erinnerte, indem sie ihn wie ein Phantom wiederauferstehen ließ, nicht nur an den Tod meines Vaters. Es erinnerte auch an das Ende einer Epoche.

Mein Vater verließ das niederländische Ministerium für Auswärtige Angelegenheiten, das Regime General Francos wurde von den demokratischen Regierungen Europas anerkannt, Marschall Pétain fuhr nach Burgos, Stalin stieg beim 18. Kongreß der Kommunistischen Partei der Sowjetunion auf die Tribüne und erklärte, daß sein Land im sich abzeichnenden Konflikt gewiß nicht für andere die Kastanien aus dem Feuer holen werde, Hitlers Wehrmacht besetzte Prag, und Milena Jesenská weinte aus Zorn und Tapferkeit.

Die Iden des März 1939 brachten – daran erinnerte mich das Foto, das mir Sonja O. zugesandt hatte – nicht nur Unglück über eine spanische Familie, über meine Familie, die in die Wüste des Exils verbannt wurde. Sie stürzten ganz Europa ins Unglück.

Der spanische Vorsitz bei der Europäischen Gemeinschaft ging zu Ende, und ein altes Foto erinnerte an den seit damals zurückgelegten Weg. Begann sich nicht allmählich doch jene geistige Gestalt Europas abzuzeichnen, von der der alte Husserl in Wien und Prag gesprochen hatte?

VI
Von einer Lektüre Tocquevilles

Lieber Minister,
Ich wollte Dein Interview vom 29. Juli mit etwas Ab-
stand und in aller Ruhe lesen. Auch wollte ich Deinen
Urlaub nicht unterbrechen. Deshalb teile ich Dir jetzt
meine Eindrücke...

Dieser Brief, dessen erste Zeilen ich hier wiedergebe, trug das Datum des 20. August 1990. Es war ein handgeschriebener Brief. Er stammte, wie man wohl schon erraten hat, von Felipe González. Ich hatte ihn nach meiner Rückkehr nach Madrid am 30. August vorgefunden.

Gewöhnlich verbrachte ich den Sommerurlaub in Frankreich, ohne ministerielles Gepränge und ohne Sicherheitsvorkehrungen, die in Spanien nicht zu vermeiden gewesen wären. Ich fuhr ins Gâtinais und zu lieben Freunden. Ein Urlaub auf Wanderschaft: Biarritz, Quincié-en-Beaujolais, Mirabeau.

In diesem Jahr unternahm ich jedoch vor meiner Rückkehr nach Spanien einen Abstecher nach Mexiko. Einen langen Umweg für einen kurzen Aufenthalt in Mexiko. Nur drei Tage, um an einem Kolloquium teilnehmen zu können, das von *Vuelta*, der Zeitschrift von Octavio Paz, organisiert worden war. Dort sollte über die Erfahrung der Freiheit im 20. Jahrhundert debattiert werden. Die sorgfältig ausgewählten Teilnehmer kamen aus aller Herren Länder und aus allen intellektuellen Disziplinen. Ich traf Leute wieder, die ich seit langem schätzte, zum Teil ohne sie persönlich gekannt zu haben, aber auch andere, für die ich nicht nur Respekt, sondern auch das Gefühl einer alten, in einigen Fällen auch engen Freundschaft empfand. Von Leszek Kolakowski und Adam Michnik bis Lucio Colletti und Daniel Bell; von

Cornelius Castoriadis, Irving Howe und Agnes Heller
bis Jorge Edwards und Mario Vargas Llosa. Wir erlebten
anregende Diskussionen und angeregte Momente.

Ich habe aber weder die Absicht, die Vorträge zusammenzufassen, noch will ich Anekdoten über dieses Kolloquium zum besten geben, das von Octavio Paz mit seiner gewohnten, unerbittlichen Souveränität geleitet wurde. Freilich wäre es unterhaltsam, manche dieser Momente festzuhalten. Es wäre ein Genuß und zudem vielversprechend. Zumindest in Hinblick auf Bravourstücke. Es wäre für den Chronisten – den ängstlichen Buchhalter – der wiedergefundenen Zeit, der in jedem Romanschriftsteller schlummert, ein Genuß, einige Exkurse über unseren Besuch in jenem Haus in Coyoacán zu wagen, in dem Lew Dawidowitsch Trotzki ermordet wurde. Mit einem Eispickel von Ramón Mercader erschlagen wurde. Ich hatte bereits so viel von diesem Haus geträumt, ich kannte es in meiner Phantasie so gut, daß mich beim Anblick seiner schon recht verfallenen Realität ein diffuses Heimweh überkam.

Damit soll es gut sein. Ich habe vielleicht schon zu viel gesagt. Vielleicht bin ich dabei von meinem eigentlichen Vorhaben abgekommen. In diesem späten August des Jahres 1990 hatte ich vor allem vor, so schnell als möglich nach Madrid zurückzukehren. Aus diesem Grund kürzte ich meine Teilnahme am Kolloquium von *Vuelta*, das reich an Ideen und Freundschaften war, ab.

Ich hatte es eilig, nach Madrid zurückzukehren.

Als ich es mir am 2. August in meiner freien Zeit und mit meinen Büchern gemütlich gemacht hatte, waren die Truppen Saddam Husseins in Kuwait eingefallen; ein souveräner Staat war von der Weltkarte verschwunden.

Felipe González sah keine Notwendigkeit, alle seine Minister, die sich bereits in ihren weit verstreuten Urlaubsorten befanden, nach Madrid zurückzubeordern. Er beschränkte sich auf die Einberufung eines Krisenstabs in der Moncloa, an dem auch Außenminister Francisco Fernández Ordóñez und Verteidigungsminister Narcís Serra teilnahmen. Ministerin Rosa Conde – die in ihrer Eigenschaft als Regierungssprecherin an den Besprechungen dieses Stabs ebenfalls teilnahm, während Vizepräsident Alfonso Guerra nicht beigezogen wurde – hielt die telefonische Verbindung zu den anderen Kabinettsmitgliedern aufrecht.

Zu dieser internationalen Krisensituation – die im Lauf der folgenden Monate überaus hitzige Debatten unter den spanischen Intellektuellen hervorrief – gesellte sich eine wachsende Spannung in der Zivilgesellschaft. Oder vielmehr eine Spannung zwischen ihr und der regierenden Sozialistischen Partei.

Es war geplant, daß sie in dieser ausgesprochen heiklen historischen Konjunktur noch vor Jahresende ihren 32. Kongreß abhalten sollte. Der Zusammenbruch des Kommunistischen Systems überlagerte auf komplexe, zum Teil undurchsichtige, ja sogar perverse Weise die innere Krise, in die die sozialistische Hegemonie in Spanien geraten war. Freilich hatte der PSOE noch 1989 die Parlamentswahlen gewonnen und dabei die dritte absolute Mehrheit nur um einen Sitz in den Cortes verfehlt. Er konnte also, zumindest rein rechnerisch und formal gesehen, ohne Schwierigkeiten weiterregieren. Seit knapp zwei Jahren jedoch – seitdem der Generalstreik vom Dezember 1988 das herkömmliche Modell der Beziehungen zwischen der Partei und der sozialistisch dominierten Gewerkschaft hinfällig gemacht hatte – war die Glaubwürdigkeit bestimmter Spitzenfunktionäre des

Apparats und damit auch des politischen Projekts als Ganzes durch eine latente Krise erschüttert worden, die in jüngster Zeit durch verschiedene Affären rund um Korruptions- und Bestechungsskandale und illegale Finanzierungen noch verschärft wurde.

Das Mindeste, was man dazu sagen kann, ist, daß der PSOE auf diesen Wust von Problemen nicht gerade mit überschäumender Phantasie reagiert hat. Bedauerlicherweise war auch festzustellen, daß die Bemühungen, diese offenkundige Krise zu verleugnen, nicht nur unglaublich arrogant waren, sondern daß mit ihnen auch viel Zeit vertan wurde.

In dieser Situation war am Sonntag, den 29. Juli, in der Tageszeitung *El País* jenes Interview mit mir erschienen, auf das sich Felipe González in seinem Schreiben bezog.

Ich ging darin freimütig auf bestimmte Fragen in Zusammenhang mit der Krise jenes Hegemonialsystems ein, das sich einerseits auf die absolute Parlamentsmehrheit und andererseits auf den monolithischen Block des Parteiapparates des PSOE stützte. Dabei erinnerte ich daran, daß der Leninismus keineswegs aus dem Nichts entstanden, sondern vielmehr aus der Erfahrung der europäischen Sozialdemokratie hervorgegangen war. Der Leninismus, sagte ich, »ist die äußerste Zuspitzung und damit Verfälschung der von den Apparaten der europäischen Sozialdemokratie gepflogenen Praktiken. Lenin hat die Grundsätze, die das Leben der Arbeiterparteien gegen Ende des 19. und Anfang des 20. Jahrhunderts regiert hatten, bis zur letzten Konsequenz weitergeführt. Das beginnt schon beim Prinzip des äußeren Klassenbewußtseins, das der Arbeiterklasse vom Apparat der Berufsfunktionäre aufgezwungen wird... Freilich muß es Apparate geben, sie sind notwendig, es kann weder Großparteien ohne Apparat noch eine Demokratie ohne

Parteien geben; die Apparate haben aber ihre eigenen festgefahrenen Gewohnheiten, ihre eigene Kultur, und deshalb bedarf es einer ständigen Revolution gegen die Apparate...«

Der Kern des Interviews war meine persönliche Einschätzung jener beiden hauptsächlichen Flügel des PSOE (seiner beiden »Seelen«), die zwar nie eine konkrete, in irgendeiner Form kodifizierte Gestalt angenommen, aber stets existiert haben. Ein moderner sozialdemokratischer Flügel, der sich den realen, marktwirtschaftlichen Verhältnissen stellte und ihnen eine neue Ausrichtung zu geben suchte – wohl wissend, daß sie nicht überwunden werden können, zumindest nicht im Rahmen der international herrschenden Produktionsweise, deren unerschöpfliche Reserven durch den völligen Fehlschlag der sowjetischen Erfahrung bewiesen wurden (sieh an! Ich bin gerade dabei, Hegel zu imitieren: ich spreche sozusagen von der Aufhebung der Marktwirtschaft!) – und der die Auffassung vertrat, daß man einer linken Strategie unmöglich zu neuer Dynamik verhelfen könnte, ohne die Logik des Marktes zu Ende zu denken – und sie dadurch um so besser in den Griff zu bekommen.

Den zweiten Flügel, der auf eine lange historische Tradition im spanischen Sozialismus zurückblicken kann und in den dreißiger Jahren von einem Mann wie Largo Caballero verkörpert wurde, bezeichnete ich als linksopportunistisch. »Opportunistisch insofern, als dieser Flügel aus Mangel an einer kohärenten Linie stets der Verführung erliegt, sich rhetorisch links von der Linken etablieren zu wollen, und weil er populistische und demagogische Züge trägt.«

Daraufhin analysierte ich die voraussichtlichen Folgen des Zusammenbruchs des kommunistischen Systems für jegliche linke Politik. Ich kritisierte in diesem Zusammenhang die Irrtümer der europäischen Linken und insbesondere die Zaghaftigkeit ihrer Strategie gegen dieses System. Es war leicht vorherzusehen, sagte ich, daß dieser Irrtum den neuen, sich gerade etablierenden Regierungen Zentral- und Osteuropas teuer zu stehen kommen werde, deren demokratischer Sozialismus nun keinen praktischen Bezugs- und Orientierungspunkt zur Verfügung habe.

Und schließlich hob ich die Rolle hervor, die Felipe González – und nur er: ein weiteres Anzeichen für das besorgniserregend verzerrte Funktionieren des PSOE – bei der Erneuerung des Apparates, bei der Wiederherstellung seines internen Pluralismus im Vorfeld des 32. Parteikongresses spielen müßte. »Es geht nicht darum, einen Flügel zugunsten eines anderen zu zerschlagen«, sagte ich. »Es geht darum, eine Diskussion zu eröffnen. Und es ist offensichtlich, daß diese Diskussion eröffnet werden, daß der Kongreß ein offener sein wird. Andernfalls wäre es ein selbstmörderischer Kongreß, das halte ich aber für wenig wahrscheinlich . . .«

Ich hatte mich geirrt: der 32. Kongreß war unter der Oberfläche einer Rhetorik der Einstimmigkeit und des Triumphes ein Kongreß der Eingrenzung des politischen Raumes, der absoluten Kontrolle des Apparates zunächst über die Zusammensetzung der Delegationen und in weiterer Folge über die seiner leitenden Instanzen. Er war in der Tat selbstmörderisch. Politische Organisationen haben jedoch vor allem dann, wenn sie an der Macht sind, ein zähes Leben. Wir warten bis heute auf die Folgen dieses angekündigten Selbstmordes.

Und ich hatte mich ebenfalls geirrt, als ich die Entschlossenheit von Felipe González überschätzte, den PSOE zu erneuern oder zumindest den Erneuerungsprozeß durch eine persönliche Intervention in die Wege zu leiten. Nach all den langen Gesprächen, die ich mit ihm geführt hatte, wußte ich, daß seine Analyse einerseits die Hindernisse klar erkannt hatte, die zu überwinden gewesen wären, und daß sie ihm andererseits deutlich den einzuschlagenden Weg vorzeichnete. Wie sich aber herausstellte, fehlte es ihm darüber hinaus auch am Willen zu handeln beziehungsweise, wenn es denn sein mußte, Gelegenheiten für eine offene Austragung der Konflikte zu schaffen. Ich hatte als einen festen Entschluß mißverstanden, was noch nicht viel mehr als eine konfuse Anwandlung gewesen war.

Es war mir völlig klar gewesen, daß dieses Interview verschiedenste Reaktionen nach sich ziehen würde. Ich war dieses Risiko bewußt eingegangen.

Es war laut den ungeschriebenen, aber verbindlichen Spielregeln des Systems tatsächlich ungewöhnlich, daß sich ein Minister öffentlich zu allgemeinen politischen Problemen äußerte und dabei die Kompetenz seines Amtsbereiches überschritt. Der Umstand, daß ich nicht Mitglied des PSOE war, gewährte mir im Prinzip insofern einen größeren Handlungsspielraum, als meine Äußerungen nicht von autorisierten Vertretern des Apparates beschlagnahmt werden konnten. Gerade das machte aber andererseits meine Einmischung in innere Parteiangelegenheiten in den Augen der Konformisten so schockierend.

Seit meinem Eintritt in die Regierung zwei Jahre zuvor hatte ich meine Unabhängigkeit bewußt kultiviert. Ich versuchte, meiner Amtsführung einen in jeder Hinsicht persönlichen Stil zu verleihen. Ich konnte auch gar nicht anders. Ein Intellektueller kann sich nicht von seiner Funktion vereinnahmen lassen, ganz gleich, über welches Partikel der Macht, und sei es auch noch so klein, er verfügen mag. Er muß fortfahren, aus sich selbst heraus zu existieren, eine eigene und zugleich klare Sprache zu sprechen – eine persönliche Sprache, die von allen opportunistischen Verwachsungen mit einer Regierungspartei frei ist (die nicht mit der Staatsräson verwechselt werden dürfen, welche ein rechtmäßiger Bestandteil der demokratischen Vernunft ist) –, wenn er seine Identität nicht aufgeben will. Ich hatte daher nie ein Blatt vor den Mund genommen, während die anderen Regierungsmitglieder, freilich mit einigen Ausnahmen, die goldene Regel zu befolgen schienen, sich zumindest über umstrittene Fragen in Schweigen zu hüllen.

Und natürlich mit Ausnahme von Felipe González selbst. Mit Ausnahme auch von Regierungssprecherin Rosa Conde, die schon von Berufs wegen sprechen mußte. Häufig, um nichts oder nur Banalitäten zu sagen, und das nicht sonderlich geschickt. Vielleicht sagen aber die Regierungssprecher gerade aus beruflicher Pflicht nichts oder nur Banalitäten. Vielleicht verbirgt sich gerade in dieser Leere das Wesen der offiziellen Rede.

Freilich kam es auch vor, daß Wirtschaftsminister Carlos Solchaga oder Industrieminister Claudio Aranzadi das Wort ergriffen. Sie äußerten sich aber nur, allerdings auf durchaus sachgemäße Weise, zu den Problemen ihrer Ressorts. Ihre Zurückhaltung war verständlich, da sie die bevorzugten Zielscheiben der von den Guerristen des Apparats im Hintergrund orchestrierten Gerüchte- und Schmutzkampagnen waren. Ihr Schweigen war um so bedauerlicher, als sie die intelligentesten, gebildetsten und politisch besonnensten Minister der Regierung waren, der ich angehört habe.

Mit Ausnahme natürlich von Felipe González. Felipe ist aber in jedem nur denkbaren Fall eine Ausnahme. Er ist als Staatsmann und Regierungschef, aber auch als populäre Integrationsfigur außergewöhnlich.

Was meine öffentlichen Stellungnahmen betraf – die nicht nur die Probleme des Kulturministeriums betrafen –, so hatte ich mir eines zur Regel gemacht: ich würde nie etwas der Öffentlichkeit mitteilen, was ich nicht schon zuvor Felipe González unter vier Augen mitgeteilt hätte.

Damit wir uns recht verstehen: das soll nicht heißen, daß ich ihm die Texte meiner Reden und sämtlicher Interviews zur Durchsicht vorgelegt hätte. Auf diesen Gedanken wären wir nie gekommen, weder er noch ich.

Nur ein einziges Mal schlug ich ihm vor, sich eine Rede, die ich einige Tage darauf halten sollte, schon im vorhinein anzusehen. Es handelte sich um einen Text, den ich für die Verleihung des Cervantes-Preises an den paraguayanischen Schriftsteller Augusto Roa Bastos am 26. April 1990 geschrieben hatte. Der Festakt der Preisverleihung fand stets in Gegenwart des Königs und der Königin sowie der Botschafter der Länder Lateinamerikas im Amphitheater der Universität von Alcalá de Henares – dem Geburtsort von Cervantes und Manuel Azaña – statt.

Angesichts der besonderen Charakteristik des Werks von Roa Bastos, dessen wichtigster Roman, *Ich, der Allmächtige* sich meisterhaft mit einem Thema auseinandersetzt, das die lateinamerikanische Literatur wie ein roter Faden durchzieht, nämlich das Thema des Caudillo, des Patriarchen, der über absolute Macht verfügt, hatte ich mich dafür entschieden, meine Rede mit einer direkten Kritik an Fidel Castro, den letzten Dinosaurier dieser Tradition, zu beschließen.

»Eines Tages«, hatte ich in meinem Schlußwort zu sagen vorgehabt – und auch tatsächlich gesagt –, »eines schönen Tages, vielleicht heute, warum nicht?, in diesem

Augenblick, wird jemand, ich selbst zum Beispiel, anläßlich irgendeines literarischen Ereignisses, und dieses scheint mir eine ausgezeichnete Gelegenheit dafür zu sein, werde also ich von der ungebrochenen amerikanischen Aktualität des charismatischen und beim Volk beliebten Caudillo mit Blumen im Bart und mit der unerbittlichen, weil sich väterlich gebenden Hand erzählen, werde ich das letzte Kapitel dieses unvollendeten Romans erzählen. Das letzte Kapitel, und es steht zu hoffen, daß sein Ende glücklich sein wird, das letzte Kapitel des Herbstes des Patriarchen der Karibik, der irgendwann nach einem Volkskrieg in die Hauptstadt seines Inselreiches eingezogen ist und in seiner ersten Rede verkündet hat: ›Die Stunde ist gekommen, in der die Gewehre vor dem Volk niederknien müssen.‹ Seither sind dreißig Jahre vergangen, und das Volk kniet immer noch vor den Gewehren, und der in seiner eigenen endlosen Rede, in seinem eigenen monolithischen Monolog gefangene Patriarch gibt immer noch vor, im Namen des Volkes zu sprechen, monopolisiert aber in Wahrheit dessen geknebeltes Schweigen ...«

Mit diesen Worten schloß die Cervantes-Preis-Rede, deren Text ich ausnahmsweise Felipe González zur Vorauslektüre angeboten hatte.

Wir waren an diesem Tag wie so oft in den Gärten der Moncloa spazierengegangen. Zu zweit, wie gewohnt. Als ich ihm diesen Vorschlag machte, blickte er mich erstaunt an.

»Ich werde deine Rede nachher lesen«, sagte er. »Wahrscheinlich mit viel Vergnügen. Sicher nicht vorher, ich vertraue dir!«

Er hat mir immer vertraut, das stimmt.

Ich hatte es mir also zur Regel gemacht, daß er meine Meinung zu dieser oder jener Frage nicht über die Medien, also für ihn überraschend erfahren sollte. Diese Regel bezog sich jedoch nur auf den Inhalt meiner Erklärungen, nicht auf ihre Form. Und auch nicht auf den Zeitpunkt, den ich für sie wählte. Obwohl also Felipe González über den Inhalt einer meiner öffentlichen Stellungnahmen nicht überrascht sein konnte, war es sehr wohl möglich, daß er ihre Form mißbilligte. Oder ihre Opportunität anzweifelte. Übrigens ohne mir je etwas Derartiges gesagt zu haben. Bis zu diesem Tag im Juli 1990 und meinem Interview in *El País*.

Zweifellos hatte ich an diesem Tag ein Tabu verletzt.

Obwohl ich meinen Urlaub im Ausland verbrachte, konnte ich anhand der spanischen Zeitungen, die mir in unregelmäßigen Abständen zugestellt wurden, feststellen, daß dieses Interview beträchtliche Aufregung verursacht hatte. In den Reaktionen mischte sich interessierte Zustimmung mit einer äußerst aggressiven Polemik gegen mich. Die Getreuen Alfonso Guerras warfen sich in die Bresche und forderten mich mit einem drohenden Unterton auf, mich nicht in die Angelegenheiten der Sozialistischen Partei einzumischen. Oder, mit einem noch bestimmteren Unterton, aus der Regierung auszutreten.

Ich wollte wissen, woran ich war, als ich Ende August 1990 aus Mexiko zurückkehrte. Ich sollte nicht länger im Zweifel gelassen werden.

Ich bin für Diskussionen stets aufgeschlossen und wünsche eine Regierung, die in der Lage ist, die großen Linien unserer Politik zu analysieren und weiterzuführen, ohne dadurch die internen Beziehungen, die von mir abhängig sind: das heißt den Zusammenhalt und den Respekt zwischen den Mitgliedern des Teams, zu belasten.

Deine Äußerungen gefährden diesen Zusammenhalt und geben zu Reaktionen Anlaß, die eine nicht wieder aufzuholende Unterbrechung unserer Arbeit mit sich bringen könnten.

Ich will mich darüber nicht weiter verbreiten. Wir sollten nächste Woche darüber sprechen.

Ich umarme Dich, Felipe.

Mit diesen Worten endete jener Brief des Ministerratsvorsitzenden, dessen Anfang ich bereits zitiert habe. Zwischen diesen beiden Passagen gingen einige Absätze auf die Grundsatzfragen ein, die ich in meinem Interview angesprochen hatte.

Es war nicht schwer, die richtige Schlußfolgerung aus diesem Schreiben des Präsidenten zu ziehen, auch wenn sie im Text offengelassen und eine endgültige Entscheidung von einem Gespräch zwischen uns abhängig gemacht wurde. Es war offenkundig, daß ich aus der Regierung austreten mußte, da ich ein Hindernis für den Zusammenhalt der Exekutivgewalt darstellte. Wann, wie, auf welche Art genau? Felipe González wollte wahrscheinlich diese Modalitäten meines Rücktritts mit mir besprechen. Am Tag darauf, Freitag, den 31. August, sollte die erste Ministerratssitzung nach der Sommerpause stattfinden. Ich wußte, woran ich mich zu halten hatte.

Der Tag meiner Rückkehr nach Madrid verlief ruhig, da das Ministerium noch nicht seinen gewohnten Arbeitsrhythmus gefunden hatte. Er war aber auch komisch. Ich nahm auf bestimmten Gesichtern einen ungläubigen, erstaunten Ausdruck wahr. War ich denn immer noch Minister? Kehrte ich tatsächlich nach diesem August voller Polemiken und Angriffe gegen mich in mein Büro zurück? Durfte man den Ton anschlagen, den ich angeschlagen hatte, ohne gefeuert zu werden? Zu Mittag traf ich in einem Restaurant in der Nähe von Madrid, das ich wegen seiner angenehmen Kühle aufgesucht hatte, einen befreundeten Schriftsteller. Wir begrüßten einander, und ich bat ihn, mich doch in den nächsten Tagen im Büro anzurufen. »Aber hast du denn noch ein Büro?« fragte er mich. »Ist deine Telefonleitung noch nicht stillgelegt?« Er machte natürlich Spaß, aber sicher nicht ohne ernste Hintergedanken.

Von González' Schreiben an mich erzählte ich nur einer einzigen Person: Wirtschaftsminister Carlos Solchaga. Ich rief ihn an, sagte, daß ich ihm etwas Wichtiges mitzuteilen hätte, und wir beschlossen, in *La Ancha*, in dem von uns im Sommer bevorzugten Restaurant, gemeinsam zu Abend zu essen.

Es ist jetzt wahrscheinlich an der Zeit, etwas über Carlos Solchaga zu sagen.

Auf ihn jetzt einzugehen mag wie eine Abschweifung erscheinen. Ich werde mich scheinbar von meinem ursprünglichen Vorhaben entfernen, nämlich von jenem Interview zu berichten, das mein – durch den Golfkrieg verzögertes – Ausscheiden aus der Regierung zur Folge hatte. Dieser scheinbare Exkurs wird uns jedoch wieder zu unserem Thema zurückbringen: *in medias res*, wie der einzige spanische Philosoph des 20. Jahrhunderts, mit dem man in guter Gesellschaft Figur machen kann, Ortega y Gasset natürlich – und auch leider! –, in seinem makellosen Latein immer gesagt hat.

An jenem Tag im Juli 1988, als ich an meinem ersten Ministerrat teilgenommen hatte und Zeuge des verdeckten Scharmützels zwischen ihm und Alfonso Guerra über die Ernennungen an der Banco de España geworden war, hatte ich über Solchaga noch nicht viel gewußt.

Es war ein geringfügiger Zwischenfall gewesen, der mir aber bestimmte Probleme der sozialistischen Regierung sofort zu verstehen erlaubte. Ich sprach mit Felipe

González im September nach der Sommerpause darüber, als unsere Gespräche in der Moncloa bereits regelmäßiger stattfanden. Später, als sich unsere politischen Positionen einander angenähert hatten und wir Freunde geworden waren, habe ich auch mit Carlos Solchaga über diesen aufschlußreichen Zwischenfall gesprochen.

Ich hatte rasch erkannt, daß er nach oder neben Felipe González die stärkste politische Persönlichkeit in der Regierung war. Die Schlüssigkeit seiner Wortmeldungen, seine Aktenkenntnis, die umfassende Bildung, die seine oft ironisch vorgetragenen Äußerungen erkennen ließen, hatten meine Aufmerksamkeit geweckt. Das war aber nicht das Wesentliche: wesentlich war für mich die Tatsache, daß Solchaga die rhetorischen und theologischen Sackgassen der archaischen und Zeugnis ablegenden Linken radikal hinter sich gelassen hatte. Er schien mit dem politischen Projekt von Felipe González, dessen Umrisse und Zielvorstellungen man trotz des gewohnten und störenden Wortreichtums von Alfonso Guerra und dessen antiquierter Theoretikertruppe aus der Analyse seiner Regierungsstrategie unschwer ableiten konnte, völlig übereinzustimmen.

Ich konnte mir nur deshalb erlauben, Solchaga von Felipe González' Schreiben an mich zu erzählen, weil mir die völlige Übereinstimmung bekannt war, die seit vielen Jahren zwischen ihnen herrschte: der Wirtschaftsminister hätte nie in einem Zusammenhang darauf Bezug genommen, der der unverzichtbaren Autorität des Regierungschefs Abbruch getan hätte.

Ein anderer Grund, aus dem ich mit ihm darüber sprechen wollte, war der, daß mein Interview vom 29. Juli lediglich eine Initiative aufgriff und fortsetzte, die ursprünglich von ihm ausgegangen war. Wir hatten uns in gewisser Weise auf dasselbe Abenteuer eingelassen.

Carlos Solchaga hatte Ende Juli 1990 anläßlich einer Sitzung des Bundeskomitees des PSOE, in der bereits bestimmte Fragen in Zusammenhang mit dem nächsten, für Herbst angesetzten Kongreß diskutiert wurden, eine vielbeachtete Stellungnahme abgegeben. Das heißt, die Stellungnahme selbst war durchaus vernünftig und gemäßigt, wandte bloß den gesunden Menschenverstand an. Sie hatte nur deshalb Aufregung ausgelöst, weil man es in den höheren Sphären des sozialistischen Apparats vorzog, sich nicht allzuweit vorzuwagen, und sich in vorsichtiges Schweigen hüllte. Carlos Solchaga hatte im Grunde nichts anderes gesagt, als daß es opportun und begrüßenswert wäre, wenn die leitenden Organe der Partei nach dem nächsten Kongreß weniger monolithisch wären.

Bereits dieser Wunsch rief, obwohl er durchaus vernünftig war und sich auch im Einklang mit den Traditionen des demokratischen Sozialismus befand, einen Sturm der Entrüstung und Proteste des guerristischen Blocks im Apparat hervor.

»Guerristisch« – diese Erläuterung kommt vielleicht etwas spät – ist weder ein ideologischer noch ein politischer Begriff. Noch ist er eindeutig, kohärent oder zumindest einigermaßen klar. Er ist vielmehr der Ausdruck einer Typologie. Oder einer soziopolitischen Topographie der Orte der Macht. Oder sogar einer Topik. Alfonso Guerra war seit dem Wahlsieg von 1982, nach dem sich Felipe González fast ausschließlich den Regierungsgeschäften widmete, der absolute Herrscher des Apparats, und alle leitenden Funktionäre waren von ihm oder in seinem Auftrag ausgewählt worden. Nach seinem Ebenbild, nach seinem Vorbild. Was freilich nicht verhinderte, daß manche unter ihnen – und Justizminister Enrique Múgica ist dafür das beste Beispiel – eine masochistische Beziehung zu ihrem Chef unterhielten: Je mehr sie von Guerra – und das auch in aller Öffentlichkeit – mißhandelt wurden, desto inbrünstiger verehrten sie ihn.

Solchaga wurde jedenfalls auf alle möglichen Arten attackiert, weil er es gewagt hatte, den monolithischen Charakter der leitenden Gremien zur Sprache zu bringen, und weil er gehofft hatte, daß der nächste Kongreß dem abhelfen könnte.

Es war vor allem dieses unwürdige Schauspiel – aber auch der Umstand, daß Solchaga mit seiner Einschätzung völlig allein stand –, das mich dazu bewog, *El País* ein politisches Interview zu gewähren.

Ich hatte beschlossen, den Weg, den er mit seiner Stellungnahme zum monolithischen Charakter der Leitung des PSOE eingeschlagen hatte, auf meine Art, mit meinen Ideen, weiterzugehen. Ich war davon überzeugt, daß die Erneuerung des spanischen Sozialismus Carlos Solchaga sehr gut gebrauchen könnte.

Ich muß hier allerdings etwas in die Vergangenheit zurückgreifen, um die Verkettung der Ereignisse und ihre Bedeutung verständlich machen zu können.

Ich muß bis auf Alexis de Tocqueville zurückgreifen.

Wie es der Zufall wollte, erschien im Januar 1990 in Madrid eine wunderschöne kritische Ausgabe von *Über die Demokratie in Amerika*. Sie wurde von Eduardo Nolla, einem talentierten Spanier, herausgegeben, der an den verschiedenen Manuskripten Tocquevilles eine hervorragende historisch-kritische Arbeit geleistet hat. Und der Zufall wollte auch, daß die beiden Bände von *Über die Demokratie* ... – auf spanisch übrigens, da die französische Originalausgabe erst einen Monat später in Paris erschienen ist – gerade zu dem Zeitpunkt auf meinen Schreibtisch gelangt waren, als die Affäre Juan Guerra ausbrach. Diese forderte – oder hätte es vielmehr müssen – allen Entscheidungsträgern der sozialistischen Politik, also sowohl der Partei als auch der Regierung, eine grundsätzliche Auseinandersetzung über die Demokratie im allgemeinen ab. Und insbesondere über die spezifische Eigenart und die Gefahren des demokratischen Hegemonismus.

Diese neue Lektüre der Schrift Tocquevilles (neu in zweifacher Hinsicht: weil ich sie zum zweiten Mal las, und weil der von Nolla rekonstruierte Text viel Neues enthielt) half mir sehr, nicht nur meine Ideen zu überdenken und klarer zu fassen, sondern gab mir auch eine praktische Orientierungshilfe bezüglich der anstehenden Entscheidungen an die Hand.

Ohne die freundschaftliche, wenngleich manchmal etwas distanzierte und ironische – mit einem Wort aronische – Unterstützung von Alexis de Tocqueville hätte ich vielleicht gezögert, zur Affäre Juan Guerra öffentlich Stellung zu nehmen. Und ich hätte es vielleicht auch nicht auf diese unmißverständliche Weise getan. Denn letztlich betraf diese Affäre den PSOE, dem ich ja nicht angehörte. Ich hätte mir viele Unannehmlichkeiten ersparen können, wenn ich ein vorsichtiges, aber deshalb nicht unbedingt infames Schweigen bewahrt hätte. Ich habe wahrscheinlich kein besonderes Geschick dafür, mir Unannehmlichkeiten zu ersparen.

»Die Aristokratie und die Demokratie werfen sich gegenseitig vor, die Bestechlichkeit zu begünstigen; es gilt zu unterscheiden: die Männer, die in den aristokratischen Regierungen die Geschäfte leiten, sind reich und wollen nur Macht. In den Demokratien sind die Staatsmänner arm, und sie möchten es zu etwas bringen.

Daraus folgt, daß in den aristokratischen Staaten die Regierenden der Bestechung weniger zugänglich sind, und daß sie nur mäßigen Sinn für Geld haben, während in den demokratischen Völkern das Gegenteil zutrifft.«

Ich las diesen Abschnitt des fünften Kapitels des zweiten Teils der Schrift von Alexis de Tocqueville vor. Ich las ihn auf spanisch, in der vertrauenswürdigen Fassung von Eduardo Nolla. Ich las diesen Text eines Morgens meinen engsten Mitarbeitern in meinem Büro im Ministerium vor.

Das war im Februar 1990 bei einer jener morgendlichen Besprechungen, in denen ich mit meinen engsten Mitarbeitern, die ich für meinen Stab ausgewählt hatte, den aktuellen Stand der Dinge besprach. Anwesend waren Juby Bustamante, Joaquín Puig de la Bellacasa, Natalia Rodríguez Salmones, Enrique Balsameda und Consuelo Sánchez Naranjo. Wir sprachen an diesem Tag über die negativen Auswirkungen, die die Affäre Juan Guerra auf die Demokratie allgemein und die sozialistische Mehrheit im besonderen haben würde. In diesem Zusammenhang hatte ich die Idee, ihnen einige Passagen aus dem erwähnten Kapitel der Schrift Tocquevilles vorzulesen.

Der betreffende Abschnitt trug den Titel: *Über die Käuflichkeit und die Laster der Regierenden in der Demokratie. Ihre Wirkungen auf die öffentliche Sittlichkeit.*

Ich las weiter:

» . . . in den Demokratien wird eher die Bestechung der Regierenden geübt, und in den Aristokratien die der Regierten. In der einen werden die öffentlichen Beamten korrumpiert, in der anderen das Volk selbst . . . «

Diesen doch überaus aussagekräftigen Satz werden Sie in der vorkritischen Ausgabe der Schrift Tocquevilles vergeblich suchen. Dasselbe gilt für den folgenden:

»In den Aristokratien wird Bestechung vornehmlich

zu dem Zweck geübt, um an die Macht zu gelangen. In den Demokratien sind ihr diejenigen verfallen, die bereits an die Macht gelangt sind. Daher schadet die Bestechung in den demokratischen Staaten mehr dem Staatsschatz als der Sittlichkeit des Volkes. Das Gegenteil ist in den Aristokratien der Fall...«

Und für diesen genauso inhaltsschweren Satz:

»Die großen Gaunereien können nur in mächtigen demokratischen Staaten begangen werden, deren Regierung in den Händen weniger liegt und in denen der Staat die Ausführung riesiger Unternehmungen übernimmt...«

Edouard de Tocqueville, der Bruder unseres Alexis, war mit dieser letzten Überlegung nicht ganz einverstanden. Er merkt entrüstet an: »...das Wort ›Gaunereien‹ scheint mir in gehobener Sprache unzulässig zu sein; es ist durch ›übermäßige Gebührenerhebungen‹ oder ›große Verschwendungen‹ zu ersetzen...«

Und er schließt mit folgenden, keinen Widerspruch duldenden Worten: »Dieser Absatz muß überarbeitet werden.«

Glücklicherweise hat sich Eduardo Nolla der Mühe unterzogen, den Text von Alexis in seiner ganzen Komplexität und manchmal auch in seinen tastenden, aber aufschlußreichen Versuchen zu rekonstruieren, womit er uns die Wiederentdeckung dieses bedeutungsvollen Satzes ermöglichte.

Wenn man in den vorkritischen Ausgaben von *Die Demokratie*... die Zeilen, die ich soeben angeführt und auch meinen engsten Mitarbeitern vorgelesen hatte, vergeblich sucht, so findet man in ihnen hingegen folgende Sätze, die den Abschnitt abschließen und uns direkt zur Affäre Juan Guerra zurückbringen:

»In der Demokratie sehen schlichte Bürger einen

Mann, der aus ihren Reihen hervorgeht und es in wenigen Jahren zu Reichtum und Macht bringt; dieses Schauspiel erregt ihr Staunen und ihren Neid; sie forschen nach, wieso der, der gestern einer ihresgleichen war, heute das Recht besitzt, sie zu lenken. Es ist unbequem, dessen Aufstieg seinen Gaben oder seinen Tugenden zuzuschreiben, denn das hieße zugeben, daß sie selbst weniger tugendhaft und weniger geschickt seien als er. So suchen sie dessen Hauptursache in irgendeinem seiner Laster, und häufig haben sie damit recht. Es vollzieht sich auf diese Weise eine Art übler Mischung zwischen den Vorstellungen von Niedrigkeit und Macht, von Würdelosigkeit und Erfolg, von Nützlichkeit und Ehrlosigkeit.«

In den ersten Monaten des Jahres 1990 war es rund um den Fall Juan Guerra zu genau dieser üblen Mischung von »Niedrigkeit und Macht, von Würdelosigkeit und Erfolg« gekommen.

Diese Affäre, deren gerichtliches Nachspiel bis heute (Juni 1993) andauert – ist nicht ohne Zusammenhang mit der ab Ende 1989 in Spanien zu beobachtenden Blockierung und daraufhin Rückentwicklung des gesellschaftlichen Demokratisierungsprozesses unter der parlamentarischen Vorherrschaft der Sozialisten.

Sie kann jetzt, wo ich ihre negativen Folgen beschreibe, in wenigen Worten zusammengefaßt werden.

Nach dem Wahlsieg des PSOE 1982 brachte der zum Vizepräsidenten der Regierung ernannte Alfonso Guerra seinen Bruder Juan in dem für ihn ständig reservierten Büro in der Vertretung der Zentralregierung in Sevilla unter (diese Vertretung entspricht im großen und ganzen einer französischen Präfektur). In diesem Büro hätte Juan Guerra, damals aktives Parteimitglied und arbeitslos, nur eine untergeordnete Rolle als Verbindungsmann spielen sollen. Von der Partei wurde er für seine Tätigkeit auch nur nach dem Mindesteinkommen entlohnt. Nun war aber dieser Bezieher einer Arbeitslosenunterstützung, dieser kleine Funktionär innerhalb weniger Jahre zum Millionär geworden. Er erwarb Immobilien, fuhr Mercedes, machte große Geschäfte. Die Steuer begann sich für ihn zu interessieren, und ebenso die Justiz. Durchaus glaubwürdige Indizien wiesen darauf hin, daß er – für so gewinnbringende wie betrügerische Geschäfte – die offizielle Dienststelle sowie das Prestige und die Autorität benutzt hatte, die ihm seine ostentativ verkündeten Familienbande verliehen: jedesmal, wenn Alfonso Guerra an den Wochenenden nach Sevilla in den Kreis seiner angetrauten Frau und seiner ehelichen Kinder zurückkehrte, war es sein Bruder Juan, der ihm in Gegenwart von Behördenvertretern der Hauptstadt Andalusiens am Flughafen einen großen Empfang bereitete.

Kurz gesagt, er war eine Art Prokonsul, auch wenn er keine offizielle Funktion bekleidete.

Jesús Cerberio, der Journalist von *El País*, hatte mir in jenem Interview vom 29. Juli, das Felipe González negative Auswirkungen auf den inneren Zusammenhalt der Regierung befürchten ließ, eine Frage zu dieser Affäre gestellt.

Er hatte mich gefragt, welches Licht der Fall Juan Guerra auf die derzeitige politische Situation werfe. »Ein denkbar schlechtes«, hatte ich ihm geantwortet. »Es stimmt, daß die Medien diese Affäre mit besonderer Aufmerksamkeit verfolgt haben: sie existiert aber, sie ist nicht erfunden worden, sie ist nicht das Produkt einer Manipulation. Und diese Affäre existiert aufgrund des Zusammentreffens oder der Kollision dreier Faktoren: es handelt sich um den Bruder des Vizepräsidenten, dieser hatte eine offizielle Dienststelle zu seiner Verfügung und er wurde schnell reich. Das Problem hat sich dadurch verschärft, daß der Apparat nur schleppend und überdies arrogant reagiert hat und daß seine Erklärungsversuche anfänglich konfus waren. Hätten die Medien aber ihre Arbeit nicht getan, hätten wir wahrscheinlich nie etwas davon erfahren. Bereits Tocqueville hat in *Von der Demokratie in Amerika* hervorgehoben, daß in demokratischen Systemen die Herrschenden korrumpiert werden, und in aristokratischen das Volk. Daß derartige Vorkommnisse geschehen, darf uns nicht überraschen, man sollte aber sofort auf sie reagieren. Politisch schädlich hat sich nicht die Affäre selbst ausgewirkt, so unangenehm sie auch war, sondern die Verspätung, mit der man endlich handelte und auf Distanz ging.«

Mit diesen Worten faßte ich meine Haltung zum Fall Juan Guerra zusammen, die ich schon am 8. Mai 1990 in der bereits erwähnten TV-Sendung von Mercedes Milá, *El Martes que viene*, ausführlicher dargestellt hatte.

Der Apparat des PSOE gab sich, im übrigen zu spät, damit zufrieden, die Parteimitgliedschaft des Bruders des Vizepräsidenten vorläufig außer Kraft zu setzen und zugleich auch jenes Funktionärsgehalt ruhen zu lassen, das er trotz seiner rapiden Bereicherung bis zum Schluß bezogen hatte.

Trotz dieser milden Sanktionen wurde weiterhin die offizielle Version verbreitet: die ganze Affäre sei nichts anderes als eine Manipulation der Medien, eine Verschwörung. Alfonso Guerra ging sogar so weit, in einer Erklärung zu behaupten, er wüßte, wann und wo, in welchem Luxushotel einer der Kanarischen Inseln jenes hochrangig besetzte Treffen stattgefunden habe, bei dem diese Verschwörung angezettelt worden sei. Mit durchsichtigen Anspielungen machte er unter anderem die Gruppe PRISA, die Eigentümerin der Tageszeitung *El*

País und eines Radiosenders, für sie verantwortlich. Und in dieser Gruppe hatten die Guerristen auch einen Sündenbock ausgemacht, der an allem schuld sein sollte: meinen Freund Javier Pradera.

Die konspirative Version oder Sicht dieser Geschichte ist trotz der in den laufenden Gerichtsverfahren aufgetauchten Beweise zum Teil bis heute aufrechterhalten worden. Noch vor kurzer Zeit schrieb Enrique Múgica, Mitglied der Exekutivkommission des PSOE und ehemaliger Justizminister, daß die Kampagne rund um diese Affäre, die sich seines Erachtens gegen Alfonso Guerra richtete, innerhalb des PSOE Komplizen gefunden hätte. »Ich habe die Eingebung«, sagte er, »daß diese Kampagne auch im Inneren der Partei Unterstützung fand. Wenn man mich aber um Namen oder Dokumente fragt, weiß ich nichts. Es ist bloß eine Eingebung...«

Dieselben Thesen werden in dem von Juan Guerra im Oktober 1990 veröffentlichten Memoirenband *Yo, el hermano* vertreten. Diese Streitschrift – die in der Öffentlichkeit trotz intensiver Werbemaßnahmen und zahlreicher ihr gewidmeter Fernsehsendungen keinen Erfolg hatte, als ob sich die Leser mit einem gewissen Widerwillen von ihr ferngehalten hätten – ist deshalb interessant, weil sie die Handschrift Alfonso Guerras verrät. Das beginnt bei dem als Motto vorangestellten Zitat von Antonio Machado, das eine Beleidigung für das Andenken des guten und anständigen Dichters ist, und läßt sich ebenfalls von der politischen Argumentation ablesen, die das Buch durchzieht und den Nachweis zu führen sucht, daß die Kampagne gegen Juan Guerra in Wahrheit ein Manöver der Rechten gegen einen vorbildlichen sozialistischen Aktivisten sei. Und unter dieser »Rechten« seien jedoch nicht nur die konservativen politischen Parteien oder reaktionäre gesellschaftliche Kräfte zu verstehen, sondern auch ein Flügel des PSOE selbst. In diesem Zusammenhang wird Carlos Solchaga in *Yo, el hermano* namentlich erwähnt und seine Wirtschaftspolitik als den sozialen Bestrebungen der Sozialisten zuwiderlaufend dargestellt.

Noch vielsagender – aber auch bedenklicher – ist der Allgemeineindruck, den das Buch der Gebrüder Guerra – Alfonso tritt zwar nicht direkt als Autor auf, ist aber öffentlich für diese Publikation und ihren Inhalt eingetreten, den er als glaubwürdig und wahrheitsgetreu bezeichnet hat – hinterläßt. Wenn sich schon die Rechte, die Besitzenden, die andalusischen Großgrundbesitzer jahrhundertelang die Taschen vollgestopft haben, scheinen die Autoren zu sagen, warum sollten dann wir, die Benachteiligten, dieses Recht nicht in Anspruch nehmen?

Wie dem auch sei, ich war im Februar 1990 mit meinen engsten Mitarbeitern in meinem Büro des Ministeriums, und wir diskutierten die Passagen über die Korruption in Alexis de Tocquevilles Buch *Von der Demokratie in Amerika*. Um unsere Sache gründlich zu machen, hätten wir uns in unserer Argumentation auch auf Max Webers Studie *Die protestantische Ethik und der Geist des Kapitalismus* sowie auf bestimmte Arbeiten von José Antonio Maravall (des Vaters eines ehemaligen Ministers unter Felipe González und gewissenhaften Chronisten des Übergangs zur Demokratie, eines der wenigen unabhängigen Mitglieder der Exekutivkommission des PSOE, das allerdings vom monolithischen Block der Guerristen zum Schweigen verurteilt wurde) über die pikareske Einstellung zu Geld und Ehre in den klassischen Jahrhunderten unserer Geschichte eingehen müssen.

Denn man wird die demokratische Korruption in Spanien so lange nicht, zumindest nicht wirklich verstanden haben, als man nicht den jahrhundertealten Faktor gesellschaftlicher und kultureller Traditionen mitberücksichtigt. Wie in allen vorwiegend katholischen Ländern Südeuropas – in denen wohl nicht zufällig die mächtigsten kommunistischen Parteien entstanden sind – gibt es auch in Spanien eine kulturelle Tradition, die von einer perversen oder jedenfalls ambivalenten Beziehung zum Geld gekennzeichnet ist. Wie übrigens auch zur Sexualität. Eine leidenschaftliche Beziehung, in der Faszination und Abscheu einander abwechseln. Oder sich miteinander vermischen, was noch komplexer ist. Der Grund dafür liegt natürlich im Umstand, daß Spanien keine protestantische Reformation erlebt, daß es seinen Eintritt in die Moderne versäumt hat. Daher die Erfindung eines pikaresken Lebensstils, dem wir unvergeßliche Romane verdanken, tragikomische Spiegel unseres jahrhundertealten moralischen Elends, Abbilder unserer hochmütigen Rückständigkeit.

All diese geschichtlichen, traditionellen Komponenten finden sich in der jüngeren Vergangenheit des franquistischen Regimes wieder; man kann sie sozusagen aus ihm herausfiltern und ihre Wirkungen verfolgen.

Um die Mitte der fünfziger Jahre – also zwei Jahrzehnte vor dem Ende der Diktatur durch biologische Erschöpfung des Diktators – trat in den grundlegenden, also ökonomischen Strukturen der spanischen Gesellschaft ein tiefgreifender Wandel ein. Alles geriet, zunächst unmerklich, in Bewegung, wie ein Beben, das die Zwischenräume der Gesellschaft erfaßte, die Freiräume oder das Nicht-Gesagte ihrer Institutionen, Instanzen und Schichten.

Dazu konnte es deshalb kommen, weil es dem Regime trotz der faschistischen Anwandlungen seiner Anfänge in den vierziger Jahren nie gelungen ist, wirklich totalitär

zu sein. Es ist ihm neben anderen Gründen oder Grund-
losigkeiten wegen der Opposition oder zumindest der
minderheitlichen, aber entschlossenen Zurückhaltung
der Eliten aus Arbeiterschaft und Intellektuellen nicht
gelungen. Aber auch und vor allem wegen der großen
Bedeutung der katholischen Kirche, deren Einfluß, genau besehen, ein doppelter war: zunächst als Rückhalt
und legitimierende Instanz des konterrevolutionären
»Kreuzzugs«, aber auch, und das ist die Kehrseite dieser
heiligen Medaille, als autonomer moralischer und ideologischer Bezugspunkt, der so konservativ und rück-
schrittlich war, wie man sich nur vorstellen kann – ja,
mehr noch: in einem heute nur schwer vorstellbaren
Maß –, der sich jedoch mit dem eingefleischten Heiden-
tum und mit dem von plebejischer Rhetorik unterstützten Populismus der spanischen faschistischen Partei, der
Falange, nicht vereinbaren oder auf ihn abstimmen ließ.
Diese objektive, langfristige Entwicklung setzte ein,
als sich das Modell jenes autarken Staatskapitalismus
und jenes pedantischen, ständestaatlichen Dirigismus
hoffnungslos überlebt hatte, von dem das erste Jahrzehnt des franquistischen Regimes geprägt war. Eines
Staatskapitalismus, der, nebenbei gesagt, immer um eine
Technologie, eine Rentabilitätsschwelle oder einen Pro-
duktivitätssprung nachhinkte und dessen letzte, mon-
ströse Relikte bis heute auf ihre Beseitigung oder Refor-
mierung durch eine wohlverstandene sozialdemokrati-
sche Wirtschaftspolitik warten.
Andererseits übten die Wiederaufnahme internationa-
ler Handelsbeziehungen sowie das Wirtschaftswachs-
tum im Westen nach der Periode des Wiederaufbaus und
dank der vom Marshall-Plan gesetzten Impulse eine gewisse Sogwirkung aus: Hunderttausende spanische Arbeiter fanden in ganz Europa eine Beschäftigung, und

Millionen europäischer Touristen besuchten Spanien. Sie alle trugen ihr höchst willkommenes Scherflein an Devisen zum Aufschwung und zur Modernisierung der Industrie bei.

Nachdem so die Fesseln des bürokratischen Etatismus nacheinander abgestreift werden konnten, begannen die befreienden Mechanismen der Marktwirtschaft – des alten, unermüdlichen Maulwurfs – allmählich in den tieferen Schichten des Landes und der Gesellschaft ihre Wirkung zu tun; sie schufen die Basis für eine friedliche Demokratisierung und bereiteten so, um den Titel eines schönen Essaybandes von Víctor Pérez Díaz zu zitieren, die »Rückkehr der Zivilgesellschaft« vor.

Die wirtschaftliche und gesellschaftliche Entwicklung der fünfziger Jahre verdankt sich zwar der unabwendbaren Objektivität historischer Prozesse, wurde jedoch von der Strategie der Technokraten des Opus Dei in eine bestimmte Richtung gelenkt und beschleunigt. Das Opus Dei war von einem obskuren Illuminaten und Hierarchen der Katholischen Kirche, Monsignore Escrivá de Balaguer, gegründet worden, dessen weißes Büchlein *Camino*, das im wesentlichen aus Maximen zur moralischen Wiederaufrüstung besteht, genauso dumm und borniert ist wie – in einer damit konkurrierenden, aber durchaus vergleichbaren Gattung – das kleine rote Buch des Vorsitzenden Mao; dieses Opus Dei wäre nur eine Sekte mehr, eine integristische Evangelisierungsbewegung unter vielen anderen geblieben, wenn nicht manche seiner einflußreichsten spanischen Mitglieder den diskreten Charme der kapitalistischen Modernisierung entdeckt hätten.

Die Tatsache, daß sich die Beziehung der katholisch geprägten Eliten zum Geld von Grund auf verändert hat, kann als wesentlicher Beitrag des Opus Dei zur Kultur der franquistischen fünfziger Jahre gelten. Das in der herrschenden ideologischen Tradition verabscheute Geld, jenes Geld, das wie jede Darstellung des Bösen in einem Land – meines Wissens dem einzigen der Welt –, dem der Teufel in Form einer Statue im Madrider Retiro-Park verewigt wurde, eine besondere Faszination ausübt, jenes dämonische und berauschende Geld, über das nie gesprochen werden durfte, wie man auch über Sexualität nie – oder nur auf pikareske Weise – sprach, wurde damit in seine Ehren wiedereingesetzt. Es war nun keine Sünde mehr, Geld zu verdienen oder andere verdienen zu lassen und mit seiner Hilfe Wohltätigkeit zu üben. Das Geld ist in dem vom Opus Dei angestrebten Spanien ein neuer und tugendhafter Begriff.

Es hätte in einem so düsteren gesellschaftlichen und kulturellen Kontext wie dem des damaligen Spanien nicht anders kommen können: dieser Modernisierungsprozeß war in die Lumpen eines geradezu obszönen Archaismus gehüllt.

Um des Rechtes willen, das Geld berühren, es gewinnbringend anlegen, sich mit ihm die Hände beschmutzen zu dürfen, lebten die Männer des Opus Dei zumeist in der verborgenen und ängstlich behüteten Religiosität ihrer Sekte: sie legten die strengen Gelübde ab. Das Gelübde persönlicher Armut wohlgemerkt. Und natürlich das Gelübde der Keuschheit! Man darf nicht zugleich das Geld und die Geschlechtlichkeit genießen, man muß sich zwischen ihnen entscheiden. Die Männer des Opus Dei haben sich zum Wohle Spaniens für die Lust an der Macht und am Geld entschieden.

Der scheinheiligen und eitlen Sittenstrenge, die diese neue Beziehung zum Geld einem Teil der spanischen Eliten abverlangte, stand als ihre Kehrseite die Korruption gegenüber. Unterschlagungen, Bestechungsfälle, Veruntreuungen und wunderbare Geldvermehrungen im Schatten einer diktatorischen Macht: Das Spanien der sechziger und siebziger Jahre hatte ab dem Zeitpunkt, als das vom bürokratischen Etatismus geschaffene Korsett administrativer Reglementierungen unter den Rammstößen der Marktmechanismen implodierte, als das Geld respektabel geworden war und in manchen Milieus auch leicht verdient werden konnte, eine korrumpierte Seele. Zumindest, was die am meisten privilegierten sozialen Schichten betrifft. Die Skandale brauchten nur noch die unter dem Franquismus stillschweigend akzeptierten Grenzen – die nicht quantitativ waren: es galt lediglich zu vermeiden, die politischen Machthaber offen zu kompromittieren – zu überschreiten, damit sie gerichtsanhängig wurden.

Vor diesem historischen Hintergrund sollte man Alexis de Tocquevilles Lehren über das neue Phänomen der demokratischen Korruption lesen.

Am 1. Februar 1990, kurz vor unseren morgendlichen Brainstormings in meinem Büro des Ministeriums, hatte Alfonso Guerra in den Cortes das Wort ergriffen, um zu den parlamentarischen Anfragen zur Affäre um seinen Bruder Stellung zu nehmen.

Das Halbrund war bis auf den letzten Platz besetzt: kein einziger Abgeordneter fehlte. Die Presse- und Zuschauertribünen waren überfüllt. Der gehaßte oder beweihräucherte, vor allem aber gefürchtete Guerra war seit den frühen Anfängen des Übergangs zur Demokratie eine Schlüsselfigur der spanischen Politik.

Das Interesse, das dieser Auftritt des Vizepräsidenten im Parlament auf sich zog, war wahrscheinlich nicht ganz frei von sadistischer Neugier. Wenn Alfonso

Guerra im Vorzimmer des Ministerrates gerne die Rolle des in seine Lektüren und Gedanken vertieften Intellektuellen spielte, so hat er im Abgeordnetenhaus stets den unbestechlichen Jakobiner verkörpert. Seine giftige, überaus aggressive Sprache setzte er vor allem dazu ein, um das Böse und die Korruption aufzuspüren und Tugendhaftigkeit zu predigen. Da war die Schadenfreude durchaus verständlich, mit der man diesen Jakobiner mit der Donnerstimme in die Lage geraten sah, sich in einer solchen Angelegenheit verteidigen zu müssen. Es macht eben Spaß, jemanden, der Schmiergelder kassiert hat, selbst angeschmiert zu sehen.

In diesem Zusammenhang sollte jedoch noch etwas anderes erwähnt werden.

Die Gelegenheit ist günstig, um die komplexe Persönlichkeit Alfonso Guerras genauer aufs Korn zu nehmen und besser auszuleuchten.

Seine infantile und selbstbesessene Eitelkeit, die Maßlosigkeit seiner Großmannssucht, die kleinen Retouchen, die er ständig seinem Familienroman hinzufügte – wenn er sich etwa schulische Erfolge und akademische Titel anmaßte, die er nie gehabt hat –, lassen sich nur aus dem verzweifelten Bestreben erklären, die neurotischen Symptome eines alten Schmerzes zum Verschwinden zu bringen oder zu kompensieren. Aber auch in politischer Hinsicht war Guerra ein Mann des Ressentiments: es war seine Art, sich für links zu halten.

Auf paradoxe oder scheinbar paradoxe Weise setzte sich die öffentliche Person Alfonso Guerra aus all diesen kleinen Fehlern zusammen. Der Übergang zur Demokratie – der, um es nochmals zu sagen, ein grundlegendes historisches Ereignis darstellte – war die Periode eines kollektiven, spontanen oder bewußt herbeigeführten und sowohl von schlechtem Gewissen wie auch vom

Willen zur Wiederversöhnung geprägten Gedächtnisverlustes. In dieser Zeit, in der die Vergangenheit mit Stillschweigen übergangen wurde, inszenierte Guerra sich selbst in der Rolle eines Erben des Antifranquismus. Er, der praktisch nichts zur Opposition gegen das Regime beigetragen hat – oder zu einer Zeit aktiv gewesen war, als die damit verbundenen Risiken bereits minimal waren –, warf sich zum Erben der Widerstandskämpfer auf. Der Besiegten und Erniedrigten, der Unterdrückten. Der »Hemdlosen«, um jenes Wort *descamisados* zu gebrauchen, das er von der populistischen Demagogie des argentinischen Peronismus übernommen hatte.

Der guerristische Diskurs machte in rechten Kreisen aufgrund des dort weitverbreiteten schlechten Gewissens großen Eindruck, da er ihre parlamentarischen Vertreter auf ihre eigenen, unseligen Anfänge zurückverwies. Dieser Diskurs war irritierend, aber als Instrument durchaus wirksam: er schürte den Groll, erzeugte aber auch ein gehorsames Schweigen. Links, in der unübersehbaren Masse der Parteimitglieder, die der Politik des Übergangs massiv zustimmten und sich auch in der Verborgenheit der Wahlzelle massiv für sie aussprachen, spendete die guerristische Rhetorik Trost, erwärmte die Herzen und half, die unvermeidlichen Opfer und Frustrationen zu ertragen. Dies um so mehr, als diese Rhetorik keine praktischen Konsequenzen hatte, als sie dem Bereich des Ideals und des Ideellen angehörte: Balsam auf die Wunden der Geschichte, Opium für das Volk.

Ich vermag nicht zu sagen, und man wird es wohl kaum jemals erfahren, ob Alfonso Guerra diese öffentliche Rolle aus einem bloßen Hang zum Theatralischen spielte oder ob er ihre Inszenierung systematisch programmiert hat. Einige Indizien lassen mich aber eher letzteres vermuten.

So hat Guerra zum Beispiel nie an offiziellen Empfängen weder im Palast des Königs noch in der Moncloa teilgenommen. Nie hat man gesehen, daß er einen Smoking oder einen Frack getragen hätte. Nie hat man gesehen, daß er anläßlich der Staatsbesuche ausländischer Staatsoberhäupter oder Regierungschefs an einem Galadiner teilgenommen hätte. Er schien ein besonderes Vorrecht zu genießen, das ihn der mit seiner Funktion verbundenen protokollarischen Pflichten enthob. Er nahm nicht einmal an den in recht informeller und geselliger Atmosphäre stattfindenden Treffen teil, die Felipe González alljährlich vor dem Weihnachtsurlaub für seine Minister veranstaltete.

Obwohl sich Alfonso Guerra den Anschein gab, das Gepränge der Macht zu verachten, um aus dieser von seinen Getreuen gepriesenen Verachtung für sich Ruhm und Ehre ableiten und sein Image als unbestechlicher und den kleinen Leuten, den »Hemdlosen«, nach wie vor verbundener Mann der Linken festigen zu können, verschmähte er keineswegs die sehr realen Annehmlichkeiten, die seine Position mit sich brachte. Dienstwagen, Polizeieskorten, protokollarische Vorschriften: man übte sich nicht gerade in krankhafter Bescheidenheit, wenn der Vizepräsident auf Reisen war.

Sein Meisterstück in dieser Hinsicht war jedoch die öffentliche Zurschaustellung seines aufwendigen Privatlebens. Guerra und seine etwaigen Kommunikationsberater hatten die Sensationspresse durch gezielte, geschickt orchestrierte journalistische Bekenntnisse und bestellte Fotoreportagen mit Informationen über sein Liebesleben versorgt. Ganz Spanien wurde über dessen Höhen und Tiefen auf dem laufenden gehalten.

So war etwa aufgrund der ständigen Berichte der Boulevardpresse allgemein bekannt, daß Alfonso Guerra seine Familie – seine rechtmäßige Gattin und seinen ehelichen Sohn – in Sevilla zurückgelassen hatte und sie an den Wochenenden besuchte. In Madrid lebte er in einer anderen, unehelichen, aber genauso offiziellen und von den Klatschspalten genauso aufmerksam verfolgten Beziehung. Seine »Lebensgefährtin« war eine junge und hübsche, im Kulturleben der Hauptstadt bestens eingeführte Frau aus der guten Gesellschaft, mit der er eine Tochter namens Alma hatte (wegen Mahler natürlich: Guerra hat uns wirklich keinen der Tics und Klischees seines kitschigen Snobismus erspart!).

Diese Bemerkungen sind wohlgemerkt nicht als moralische Zensur zu verstehen. Daß der Vizepräsident Bigamist oder Polygamist war oder aber, im äußersten Fall, monogam lebte, ging niemanden etwas an. Zumindest so lange nicht, als es sich um etwas Privates handelte. Nun machte aber Guerra selbst all dies zu einer öffentlichen Angelegenheit. Und schlug auch gelegentlich publicityträchtiges Kapital daraus. Als ob er uns hätte beweisen wollen, daß er nicht nur ein hochgebildeter Kenner der Dichtung und Musik, nicht nur ein raffinierter, Machiavelli nacheifernder Politiker sei, sondern auch ein unwiderstehlicher Don Juan, der die bourgeoise Gesellschaft mit dem Skandalon der Freiheit und der Libertinage provoziert und vor den Kopf stößt.

Das Unerträgliche an diesem bewußt im Rampenlicht der Öffentlichkeit stattfindenden Privatleben war jedoch die Tatsache, daß dieser jakobinische Moralprediger das Geld der Steuerzahler für den permanenten Polizeischutz seiner beiden Frauen, seiner beiden Kinder und des dazugehörigen Personals verschleuderte.

Kurz gesagt, Alfonso Guerra, der Mann einer ressentimentgeladenen Linken und einer populistischen Rhetorik, lebte wie ein orientalischer Satrap.

Am 1. Februar 1990 bestieg Alfonso Guerra also kurz nach 17 Uhr die Rednertribüne des Abgeordnetenhauses, um zur Affäre seines Bruders Juan Stellung zu nehmen.

Am Beginn seiner Rede gab er eine kurze, recht nüchtern gehaltene und durch und durch verlogene Erklärung ab. Er behauptete, sich um das Leben seines Bruders Juan nicht gekümmert zu haben und insbesondere dafür nicht verantwortlich zu sein, daß diesem das offizielle Büro am Sitz der Regierungsdelegation in Sevilla zur Verfügung gestellt wurde.

Das Schlimmste stand aber noch bevor.

Wirklich schlimm wurde es erst, als Alfonso Guerra das Wort ergriff, um auf die Fragen, Feststellungen oder Kritiken der Sprecher der verschiedenen Parlamentsfraktionen einzugehen. Hier trat seine wahre Persönlichkeit an den Tag. Er schien vergessen zu haben, daß er in dieser Angelegenheit der Angeklagte und nicht der Ankläger war, und begann, in einem arroganten und sektiererischen Ton ausführlich die schmutzige oder vorgeblich schmutzige Wäsche der einen oder anderen zu waschen. Er spielte andeutungsweise auf vertrauliche Akten an, zitierte daraus. Er erwähnte gewisse Privatkorrespondenzen, von denen man sich fragen konnte, wie sie in seine Hände gelangt waren. Kurz gesagt, seine Reaktion bestand daraus, daß er die gesamte politische Klasse mit Dreck bewarf und dabei zu Formulierungen griff, die an Erpressung grenzten. Die jedenfalls kaum verhüllte Drohungen enthielten. Seine Taktik war einfach. Ethisch gesehen verwerflich, und zudem langfristig wirkungslos. Aber eben äußerst einfach, da sie sich damit begnügte, Stillschweigen über die Affäre seines Bruders Juan zu fordern, sofern man vermeiden wollte, von der öffentlichen Meinung selbst an den Pranger gestellt zu werden.

Bevor ich diese Zeilen schrieb, habe ich mir nochmals die Videokassette dieser Sitzung in den Cortes angesehen. Sie bestätigte mir all das, woran ich mich erinnern konnte. Ich fand Alfonso Guerras Persönlichkeit genau so wieder, wie ich sie in Erinnerung hatte, verschlagen und auf dumme Weise machiavellistisch. Das Wichtigste habe ich jedoch nicht wiedergefunden. Das Wichtigste ging, als der Vizepräsident gerade im Sumpf seiner eigenen Rede versank, auf dem Gesicht von Felipe González vor sich, der auf seinem Platz auf der Regierungsbank saß. Dem Regisseur des spanischen Fernsehens war es nicht gelungen, das Wichtigste an diesen dramatischen Augenblicken einzufangen. Guerra hatte zwar seinen Auftritt sorgfältig inszeniert, aber nicht die Gefühle voraussehen können, die sich auf dem Gesicht von Felipe González widerspiegelten, als er im Begriff war, in den schlammigen Fluten seiner mafiösen Rede zu ertrinken.

Trotz der Betretenheit, dem Erstaunen, der Mißbilligung und in manchen Momenten auch der Empörung, trotz all dieser Gefühle, die die Rede des Vizepräsidenten bei Felipe González weckte und die sein Gesicht zum Ausdruck brachte, war dieser ganz offenkundig das Alter ego Guerras geblieben.

Was unmittelbar danach geschah, schien dies jedenfalls zu bestätigen.

Nach dem Ende der Sitzung wurde Felipe González von Journalisten umringt. Ein Dickicht von Mikrophonen streckte sich ihm entgegen. Er wurde von Kameras umzingelt. Inmitten dieser Meute, aus der alle Fragen gleichzeitig an ihn gerichtet wurden, explodierte Felipe González plötzlich: »Es sieht ganz so aus, als würde von gewisser Seite versucht, den Rücktritt des Vizepräsidenten zu erzwingen. Nun gut, damit das ein für allemal klar ist: wenn der Vizepräsident gehen muß, werde ich mit ihm gehen! Sie werden zwei Rücktritte um den Preis von einem bekommen!«

Und er durchbrach den Ring von Presse- und Fernsehleuten und verschwand.

Diese in ihrer brutalen Aufrichtigkeit völlig absurde Reaktion des Regierungschefs war offenbar eine Flucht nach vorne. Von seinem Alter ego und insbesondere von dessen offenkundiger Unfähigkeit enttäuscht, die Abgeordneten zu überzeugen, warf Felipe González in Voraussicht der Tatsache, daß die Affäre Juan Guerra auch weiterhin das politische Leben vergiften würde, sein ganzes Gewicht und Prestige, seine ganze Autorität in die Waagschale, um ihre Ausweitung zu verhindern.

Seine auf der Ebene grundlegender psychologischer Antriebe durchaus erklärliche Geste sollte sich als politisch verhängnisvoll erweisen. Und zudem als langfristig zwecklos. Denn nichts würde, wie leicht vorauszusehen war, die einmal in Schwung gekommene journalistische und gerichtliche Maschinerie anhalten können. Die Folge bestätigte dies: der Fall Juan Guerra wurde bis in seine letzten juristischen Konsequenzen, das heißt bis zu einem Dutzend Anklageerhebungen, durchgespielt. Und einige Monate später sah sich der Vizepräsident gezwungen, von seinem Posten zurückzutreten. Felipe González ist ihm nicht nur nicht gefolgt; es steht auch außer Zweifel, daß er diesen Rücktritt selbst angeordnet hat.

Das Licht der untergehenden Sonne fiel seitlich ein. Am Horizont bläulich schimmernde Bergketten. Die Stille eines Septemberabends auf der Terrasse der Moncloa.

Wenn ich mich aus dem Gartenstuhl erhoben hätte, auf dem ich Felipe González gegenüber saß, wenn ich bis zur Baumreihe gegangen wäre, die die Terrasse hinter dem Palast begrenzte, hätte ich direkt in die Schlucht hinabsehen können, in der der Manzanares fließt. Ich hätte zu meiner Linken die Silhouette Madrids sehen können, die von so vielen Malern, allen voran Velázquez und Goya, gemalt worden ist. Zu meiner Rechten hätte ich die Abhänge gesehen, die zum Fluß abfallen, zu jener Franzosenbrücke, an der der Vorstoß der franquistischen Armee im November 1936 zum Stehen gebracht werden konnte. Hier waren im Nebel eines frühen Herbstmorgens die Internationalen Brigaden zum ersten Mal in der Schlacht um Madrid eingesetzt worden: mit blanker Klinge, gegen die marokkanischen *Tabors* und Francos Fremdenlegionäre.

Ich habe mich aber aus meinem Gartenstuhl nicht erhoben.

Es war Dienstag, der 4. September 1990 um acht Uhr abends. Felipe González würde mir auseinandersetzen, warum ich die Regierung verlassen mußte.

Diese Aussprache hatte also doch nicht am Freitag, dem 31. August, in Anschluß an den ersten Ministerrat nach der Sommerpause stattgefunden. Ich hatte mich unmittelbar nach der Sitzung an den Regierungspräsidenten gewandt und ihn um ein sofortiges Gespräch unter vier Augen gebeten. Meine Eile schien ihn zu überraschen, ja beinahe zu stören. Hatten wir denn nicht genug Zeit? Jedenfalls war er an diesem Tag sehr in Eile, sagte er mir. Ich entgegnete, daß zehn Minuten wohl ausreichen würden, um den Schlußstrich zu ziehen, den er in seinem Schreiben lediglich angedeutet hatte. Er würde doch wohl zehn Minuten für mich erübrigen können. Aber er lehnte diese Übereilung ab. Er bräuchte viel mehr als zehn Minuten, sagte er, um mit mir zu sprechen.

Er fragte mich, was ich für die nächsten Tage vorhatte. Ich mußte nach Venedig zu einem Treffen der Kulturminister. Nun war Italien mit dem Vorsitz im Europarat an der Reihe. »Außer, ich bin nicht mehr Minister«, fügte ich hinzu. Diesmal schien er meinen Humor gar nicht zu schätzen. »Du bist Minister, du fährst nach Venedig, wir treffen uns am Dienstag«, schloß er in einem Ton, der keinen Widerspruch duldete.

Es war Dienstag, wir saßen gemeinsam an einem Tisch und tranken sogar einen Whisky miteinander.

Hatte ich an diesem Abend das Vorgefühl, daß ich nie wieder auf der Terrasse der Moncloa sitzen und mich mit Felipe González unterhalten würde? Oder projiziere ich im Rückblick auf dieses zweistündige Gespräch den Eindruck, daß etwas unwiderruflich zu Ende gegangen ist, das Gefühl eines ein wenig wehmütigen Abschieds?

Eines für mich wehmütigen Abschieds, muß ich hinzufügen.

Alles ist jedenfalls für immer in meinem Gedächtnis aufbewahrt. Die Landschaft, das changierende Licht der untergehenden Sonne, das leise Rauschen einer plötzlich aufgekommenen Brise, mit der ländliche Gerüche herübergeweht kamen, das Kommen und Gehen eines Butlers, der aufmerksam auf unsere Wünsche achtete, das Gespräch, das wir führten, in gewisser Weise der Schlußpunkt eines Meinungsaustausches, den wir Jahre zuvor aufgenommen hatten. Und die zwischen uns herrschende Spannung, die nicht aus unserer Uneinigkeit, aus unserer offenkundigen Meinungsverschiedenheit, sondern aus dem Bewußtsein entstanden war, an eine Grenze gelangt zu sein, jenen Punkt erreicht zu haben, an dem es galt, einen Trennungsstrich zwischen unserem außerordentlichen privaten Einverständnis und den Erfordernissen einer öffentlichen Funktion zu ziehen. Natürlich vor allem seiner öffentlichen Funktion. Eine merkwürdigerweise positive, durchaus belebende Spannung, obwohl vorhersehbar war, daß sich unsere Wege trennen würden. Ich habe tatsächlich nie das Gefühl gehabt – und Felipe, wie ich zu vermuten wage, wohl auch nicht –, daß mein Austritt aus der Regierung irgend etwas an unserem langjährigen gegenseitigen Vertrauen, an der dankbaren Großzügigkeit unserer Gefühle füreinander, an unserer gegenseitigen intellektuellen Wertschätzung, die in den Jahren unserer Zusammenarbeit, in der Unbedingtheit seiner freundschaftlichen Obhut noch gewachsen war, ändern könnte.

Mehrere Monate, mehrere lange Monate sollten noch bis zu meinem Austritt aus der Regierung Anfang März 1991 vergehen. Der Golfkrieg fror die Situation sozusagen ein und verschob die Kabinettsumbildung auf einen späteren, nicht vorhersehbaren Zeitpunkt. Ich arbeitete weiter, als ob nichts geschehen wäre. Ich ernannte Leute auf bestimmte Posten, setzte andere ab. Ich unternahm offizielle Reisen in Staaten Osteuropas. Ich begleitete Felipe González zusammen mit anderen Ministern bei seiner Reise zum französisch-spanischen Gipfeltreffen am 13. November 1990 in Paris. Ich kehrte danach, allein mit ihm, im Flugzeug des Regierungschefs nach Madrid zurück. Er nutzte diese Reise, indem er mir die Transkription jener Gespräche zu lesen gab, die er mit Michail Gorbatschow einige Wochen zuvor in der spanischen Hauptstadt geführt hatte. Er überprüfte das offizielle Gesprächsprotokoll. Wir besprachen es. Im Dezember nahm mich Felipe González unter die Minister auf, die ihn zum spanisch-marokkanischen Gipfeltreffen in Rabat begleiteten. Obwohl ich mit dem Kulturminister des scherifischen Königreiches nichts zu besprechen, kein Problem zu regeln hatte. Als wir uns vor unserer

Rückkehr nach Madrid am Flughafen von Rabat entlang des protokollarischen roten Teppichs aufreihten und abwarteten, bis Felipe González und der marokkanische Premierminister die Truppenparade abgenommen hatten, wandte sich Francisco Fernández Ordóñez mir zu: »Weißt du, woran ich in den letzten beiden Tagen ständig denken mußte?« Nein, ich wußte es nicht. »Daß du der Drehbuchautor von *Das Attentat* bist!« Obwohl es einige Lacher gab, möchte ich nicht meine Hand dafür ins Feuer legen, daß alle anwesenden spanischen Minister die Bemerkung von Ordóñez verstanden haben. Ihr tieferer Sinn dürfte jedoch Carlos Solchaga und Claudio Aranzadi, die ebenfalls an dieser offiziellen Reise teilnahmen, klar gewesen sein.

Im November fand anläßlich des ersten Jahrestags des Falls der Berliner Mauer der 32. Kongreß des PSOE statt. Es geschah buchstäblich nichts. Oder nichts anderes als die sattsam bekannten Rituale. Man beschloß enthusiastisch das berühmte *Programm 2000*, das dem spanischen Sozialismus den Weg ins 21. Jahrhundert eröffnen sollte, aber schon zum Zeitpunkt, als es beschlossen wurde, veraltet war, da es vor der weltumspannenden Krise verfaßt worden war, die das Sowjetreich zusammenbrechen ließ und auch der demokratischen Welt hart zusetzte. Sofort nachdem es am Kongreß des PSOE als Ergebnis eines langen und gründlichen kollektiven Nachdenkens gepriesen und auch per Akklamation angenommen worden war, geriet das *Programm 2000* in Vergessenheit und verschwand in der Versenkung: man hat nie wieder etwas von ihm gehört.

Der 32. Kongreß des PSOE war, was die Organisation, die Arbeitsmethoden und die leitenden Gremien betrifft, keineswegs jener Kongreß der Öffnung nach außen und der Erneuerung, den sich manche erhofft und manche andere in den schönsten Farben ausgemalt hatten, um grundsätzliche Auseinandersetzungen vermeiden zu können. Er bestätigte die absolute Kontrolle, die die Männer aus Alfonso Guerras Apparat über alle leitenden Organe ausübten.

Es gelang mir nicht, in Erfahrung zu bringen – seit unserem Gespräch vom 4. September war über die Probleme der Partei zwischen uns nicht mehr gesprochen worden –, ob Felipe González wirklich gehofft hatte, daß der 32. Kongreß ein Kongreß der Öffnung werden würde. Tatsache ist jedenfalls, daß er nicht zu den Mitteln griff, die dafür erforderlich gewesen wären, daß er sich zu seinen Absichten und Zielen nicht unmißverständlich genug äußerte. Dies ließ dem guerristischen Apparat *de facto* freie Hand.

Die Reformer, deren führende Köpfe sich nicht gerade durch halsbrecherische Kühnheit hervortaten, gaben sich damit zufrieden, in der Erwartung eines Signals von González, das allerdings nie kam, abstrakt und unverbindlich zu theoretisieren. Man hat sich offenbar gegenseitig zum Narren gehalten: der Generalsekretär des PSOE und Regierungschef Felipe González hat sich möglicherweise von den Reformatoren eine auf allen Ebenen kohärente politische Alternative erhofft, um sich ihr daraufhin anschließen oder sich an ihre Spitze stellen zu können. Die Reformatoren erfuhren logischerweise eine vernichtende Niederlage. Es ist noch nie vorgekommen, daß sich auf einem Kongreß einer nach den Prinzipien des demokratischen Zentralismus organisierten Partei wie dem PSOE Alfonso Guerras und »Txiki« Benegas' ein reformatorischer Flügel durchgesetzt hätte.

Angesichts der vorhersehbaren Ergebnisse dieses Kongresses nahm Felipe González zur einzigen Möglichkeit Zuflucht, die ihm in dieser Situation geblieben war: er betonte in aller Deutlichkeit seine Unabhängigkeit als Chef der Exekutivgewalt. Die Partei hat in Ferraz das Sagen, lautete sinngemäß die zentrale Aussage seines Schlußwortes, und ich in der Moncloa!

Obwohl dies das geringere Übel war, konnten durch diese Haltung langfristig natürlich keine Probleme gelöst werden. In einem Hegemonialsystem wie dem des damaligen Spanien konnte die komplexe Frage der Beziehung zwischen der Mehrheitspartei einerseits und der von ihr gestellten Regierung andererseits mit einem bloßen Bekenntnis zur Unabhängigkeit der Exekutive nicht dauerhaft gelöst werden, vor allem deshalb nicht, weil diese Unabhängigkeit an einem seidenen Faden hing: an der ausgesprochen charismatischen Autorität einer Integrationsfigur, die die Leitung beider Instanzen wahrnimmt, deren Legitimität aber verfassungsrechtlich nur auf der Unterstützung seiner Partei beruht. Nun war es aber aufgrund der Zusammensetzung der leitenden Organe des PSOE zwar recht unwahrscheinlich, aber dennoch nicht völlig unmöglich, daß Felipe González im Fall einer schweren politischen Divergenz in die Minderheit geraten könnte. Und grundsätzliche Divergenzen reiften in dieser Krise des Hegemonialsystems, die sich seit einem Jahr immer mehr verschärfte, zur Genüge heran.

Wie dem auch sei, am 4. September hatten Felipe González und ich bei unserem letzten Gespräch auf der Terrasse der Moncloa all die Themen gestreift, über die wir uns bei unseren bisherigen Begegnungen unterhalten hatten.

Ich hätte nichts zu verlieren, sagte ich ihm abschließend, vielleicht sogar viel zu gewinnen, sowohl rein persönlich als auch in Hinsicht auf eine politische Zukunft – sofern mich eine solche überhaupt interessieren würde –, wenn ich infolge meines Interviews für *El País* die Regierung verließe. Daß ich deshalb aus dem Regierungsamt entlassen würde – da man nicht mit meinem Rücktritt zählen durfte: es mußte eine Entlassung aus dem Dienst sein –, konnte ihm jedoch nur schaden. Und ich hatte durchaus nicht den Wunsch, ihm zu schaden oder dem Ruf und der Autorität abträglich zu sein, die er dringend benötigen würde, um eines Tages in die Schlacht um die Erneuerung des PSOE zu ziehen. In die er eines Tages, aber unausweichlich ziehen müßte. Sofern er nicht die katastrophale Entscheidung treffen sollte, seine Partei dem opportunistischen und mit den Pfauenfedern einer radikalen Rhetorik geschmückten Pragmatismus Alfonso Guerras in die Arme zu treiben.

Entlaß mich also, sagte ich ihm zum Schluß, an dem Tag zurück zu meinen Studien, an dem diese Entlassung nicht allzu nachteilig für dich sein wird. Felipe González fand die Formulierung treffend. Er wiederholte sie mit sichtlichem Vergnügen. Und er hat sie auch berücksichtigt, da er mich anläßlich einer umfangreichen Kabinettsumbildung entließ. Und erst nachdem er Alfonso Guerra gebeten hatte, von seinem Amt zurückzutreten. Ich habe Guerra also politisch um mehr als einen Monat überlebt: für mich kein geringer Sieg.

Ein Punkt war jedenfalls während unseres Gesprächs vom 4. September geklärt worden: Felipe González würde seine Regierung erst dann umbilden, wenn der Golfkrieg mit der Niederlage Saddam Husseins beendet sein würde.

Der Zeitpunkt meines Abschieds würde also von General Norman Schwarzkopf bestimmt werden.

Epilog

»Manchmal wurde ich für meine Geduld belohnt Meine Mutter kam ganz alleine den langen Gang entlang der vom einen Ende der Wohnung bis zum anderen reichte Ein Flur in Form eines großen L L wie Lilie Litotes Lapislazuli Links von diesem Flur lagen die meisten der Räume die auf die Straße Alfonso XI gingen Der kleine Arm des L ging auf die Straße Juan de Mena

Manchmal

Manchmal kam meine Mutter ganz alleine den halbdunklen Flur entlang der vom einen Ende der Wohnung bis zum anderen reichte Der am Vestibül anfing und bevor er im rechten Winkel einbog an der Schlafzimmertür meiner Eltern endete. Als meine Mutter dort starb ist dieses Zimmer viele Jahre verriegelt gewesen Seiner Möbel entledigt Zugeklappte Läden nach der Straße Die Tür zum Flur doppelt abgeschlossen und obendrein mit Klebestreifen auf allen Ritzen versiegelt Keiner hatte uns die Gründe für diese unerbittliche Verschließung erklärt die sicher dazu bestimmt war uns vor den verderblichen Ausdünstungen einer endlosen und qualvollen Agonie zu schützen Aber ich ging an der Tür des Zimmers meiner Mutter vorbei Ihres Ehe- und Sterbezimmers Zitternd ging ich mehrfach täglich an dieser Tür vorbei die über den Geheimnissen des Todes geschlossen war Über dem unerträglichen Geheimnis des Todes...«

Ein ganzes Leben später stand ich wieder vor dieser Tür.

Jahre zuvor hatte ich einen Roman, *Algarabía oder Die neuen Geheimnisse von Paris*, geschrieben, um von diesem Gang, von diesem Zimmer, von dieser Erinnerung an den Tod erzählen zu können. Ich stand nun im

Gang dieses Romans, im Zimmer meiner Mutter dieses Romans. Ich stand wirklich dort, mehr als ein halbes Jahrhundert später.

Am Donnerstag, dem 14. März 1991, bin ich durch die Wohnung meiner Kindheit gegangen. Ich hatte sie 1936 verlassen, als ich in die Sommerferien aufbrach. 1953 hatte ich während meiner ersten illegalen Reise nach Spanien unter ihren Fenstern gestanden. Seit damals hatte ich im Lauf der Jahre, wenn ich auf dem Weg in den Prado oder zu einem Spaziergang im Retiro durch die Calle de Alfonso XI kam, gelegentlich zu ihnen hochgesehen und die lange Fensterreihe betrachtet. Und schließlich war ich im Juni 1988 hierher zurückgekommen, um eine Wohnung gegenüber dem Haus meiner Kindheit zu beziehen.

Der Kreis hatte sich geschlossen, das Leben war gelebt.

Am 14. März 1991, dem Vortag meiner Abreise nach Paris, bin ich durch die Wohnung meiner Kindheit gegangen. Das Gebäude war einige Zeit zuvor an eine Immobilienfirma verkauft worden, die es in ein Bürohaus umwandeln wollte. Die Mieter waren nacheinander ausgezogen. Mit dem Umbau sollte demnächst begonnen werden. Ich hatte die Erlaubnis bekommen, die Wohnung meiner Kindheit zu besichtigen.

Phantome begleiteten mich: all die Toten, die hier mit mir zusammengelebt hatten. Es waren besänftigte Tote, als ob sie ihr langer Tod mit dem Leben versöhnt hätte. Mit den Glückseligkeiten, aber auch mit den Gewalttätigkeiten des Lebens. Sie gingen neben mir her, gewichtslos. Sie waren durch ihren langen Tod nicht gealtert. Alle diese Toten waren jünger als ich.

»Manchmal

Manchmal wurde ich für meine Geduld belohnt

Meine Mutter kam ganz alleine den langen Gang entlang der vom einen Ende der Wohnung bis zum anderen reichte«

Ein Zimmer folgte auf das andere. Sie waren leer und ein wenig verwahrlost. Die Umbauten hatten noch nicht begonnen, doch hatte man bereits die Türen und die Holzvertäfelungen herausgerissen. Der Anblick dieser Verwüstung paßte mir. Das heißt: er paßte zum Augenblick und zur Situation. Zur wehmütigen Natur meiner Gefühle.

Ich stellte mich an eines der Fenster, die auf die Calle de Alfonso XI gingen. Hier war früher das Studierzimmer meiner älteren Brüder gewesen. Ich sah zu meiner Dienstwohnung auf der anderen Straßenseite hinüber. Ich hatte den flüchtigen, aber überwältigenden – den wohltuend überwältigenden – Eindruck, daß ich draußen war. Außerhalb meines Lebens, meine ich. Gegenüber meinem Leben. Bereits jenseits von ihm.

Hatte ich in meinen Jahren als Minister etwas Wichtiges gelernt?

Nichts Wichtiges, schien mir. Jedenfalls nichts über die Macht. Nichts, was ich nicht schon aus den Büchern erfahren hätte. Von Plato bis Dante, von Bodin bis Max Weber, von Machiavelli bis Montesquieu, von Tocqueville bis Lenin – ich möchte hier keinen Katalog herunterbeten – steht alles in den Abhandlungen. Die Vernunftgründe der Macht, ihre düstere oder strahlende Rationalität. Was ihre Unvernunft betrifft, so genügt es, Sophokles oder Shakespeare zu lesen.

War es mir gelungen, eine Spur meiner Gegenwart zu hinterlassen, hatte ich den Aktivitäten des Ministeriums meinen Stempel aufdrücken können?

Jemand, ich glaube, es war André Malraux, hat gesagt, daß ein Ministerium für kulturelle Angelegenheiten so lange ein unnötiger Luxus ist, als man den Ministern nicht ein angemessenes Budget und genügend Zeit zur Verfügung stellt. Denn in diesem Bereich nehmen Reformen viel Zeit in Anspruch; man wirkt nicht nur materiell auf Dinge oder Orte ein, sondern vor allem auf den Zeitgeist: auf den Geschmack, auf die kollektiven Überzeugungen und Phantasien.

Ich hatte trotz des Verständnisses und häufig auch der Unterstützung von Felipe González und Carlos Solchaga weder genügend Zeit noch ein angemessenes Budget zur Verfügung gestellt bekommen. Der Grund dafür liegt im Umstand, daß ein Großteil der politischen Klasse Spaniens die Kultur lediglich als Instrument versteht. Auch die Sozialisten haben, weil sie darüber nicht wirklich nachgedacht haben, letzten Endes nicht verstanden, welche entscheidende Rolle ein Kulturministerium in der langen Reihe öffentlicher Einrichtungen von der Grundschule bis zum Fernsehen spielen könnte.

Freilich war es mir gelungen, eine gewisse Zahl von Reformen (Filmwesen, Organisation und Autonomie der Museen, Beziehungen zu den autonomen Regionalverwaltungen, gesetzliche Regelung des Mäzenatentums usw.) einzuleiten, deren gemeinsamer Nenner leicht zu definieren ist: es ging im wesentlichen darum, alle Hebel des Staates in Bewegung zu setzen, um kulturelle Unternehmungen zu entstaatlichen, die Initiative und die dazu nötigen Mittel der Zivilgesellschaft und ihren sozialen Vermittlungsinstanzen zu überlassen und dadurch die Starrheit der bürokratischen Ständeordnung zu durchbrechen. Es ging, kurz gesagt, um einen Übergang von der Kultur staatlicher Subventionen zu einer Kultur der Autonomie und der sozietären Initiative.

Die Umsetzung dieser Reformen hatte aber noch kaum Gestalt angenommen. Es bedürfte nur einer Rückkehr zur Zaghaftigkeit und zu einer taktierenden Politik, die vor allem Konflikte vermeiden und sich dem konformistischen Immobilismus der Apparate aller Art anpassen möchte, damit sie im Sand verlaufen oder sich sogar zurückentwickeln würden.

Zugute halten könnte ich mir jedenfalls meinen Arbeitsstil, der von einem Willen zu persönlichem Ausdruck und persönlicher Stellungnahme geprägt war. Das war aber kein besonderes Verdienst. Es wäre jedem Schriftsteller gelungen, seinen Stil durchzusetzen. Der Schriftsteller war persönlich gewesen: das hatte auf den Minister abgefärbt.

Letzten Endes ging das, was ich mir am meisten zugute halten kann, über den Rahmen des Kulturministeriums hinaus. Die Tatsache nämlich, daß ich Alfonso Guerra eine politische Narrenkappe aufgesetzt und jene arrogante und archaische Kultur des Apparats an den Pranger gestellt habe, die er mehr als jeder andere verkörperte. Die aber im Notfall auch jeder andere hätte verkörpern können. Es ist die Kultur des Apparats, die ständig thematisiert und in Frage gestellt, ständig reformiert werden muß.

Felipe González hat mich meines Ministeramtes enthoben, um sich dieser zentralen Frage nicht stellen zu müssen und ein Gleichgewicht, einen formalen Zusammenhalt – die sich als provisorisch und mittelfristig unwirksam erweisen sollten – aufrechtzuerhalten. Der Guerrismus trug jedoch ein für allemal die Narrenkappe: niemand würde sie ihm abnehmen können.

Ich verließ zögernd die Wohnung meiner Kindheit, den verwüsteten Ort meiner Kindheitserinnerungen. Ich mußte plötzlich an meinen Vater denken, wie er mir auf dem Foto, das mir Sonja O. zugeschickt hatte, erschienen war. Am Tag davor hatte mir einer meiner besten und engsten Mitarbeiter im Ministerium, Joaquín Puig de la Bellacasa, ein Buch meines Vaters zum Geschenk gemacht, das er in einem Antiquariat aufgestöbert hatte. Es war ein seltsames Buch, das ich bereits vergessen hatte, *La estación de las ánimas*. Seit 1988, seit meiner Rückkehr nach Madrid, war es mir gelungen, Exemplare aller Bücher meines Vaters zu ergattern. Auch seiner Gedichtbände. Das Buch, das mir Joaquín Puig als Abschiedsgeschenk gab, hatte ich jedoch vergessen. Es war ein merkwürdiges Buch, erschienen 1932, eine Folge kurzer Erzählungen, geschrieben in jenem barocken, nuancenreichen und mit ungebräuchlichen, aber treffenden Ausdrücken durchsetzten Kastilisch, das ihm eigen war. Alle diese Erzählungen drehten sich um den Tod, um seine düstere und grelle Gegenwart.

Ich verließ die Wohnung meiner Kindheit, in der mein Vater jenes Buch über den Tod geschrieben hatte, das nach all diesen Toden wie ein rätselhaftes, aber bedeutungsvolles Zeichen zu mir zurückgefunden hatte.

Da sagte ich an diesem verwüsteten Ort meiner Kindheit, im verlorenen und wiedergefundenen Paradies meiner Kindheit, in der Stille meines Gedächtnisses, zu mir leise einen Satz, den ich unübersetzt lassen möchte:

¡Que me quiten lo bailado!

Für die deutsche Fassung wurden folgende Titel in deutscher Übersetzung herangezogen:

René Char, *Hypnos. Aufzeichnungen aus dem Maquis (1943-1944)*. Aus dem Französischen von Paul Celan, in: Paul Celan, *Gesammelte Werke*, Vierter Band: *Übertragungen I*, zweisprachig, Frankfurt am Main: Suhrkamp Verlag, 1983, S. 524.

T. S. Eliot, *Beiträge zum Begriff der Kultur*, in: ders., *Essays I*, *Werke 2*. Deutsch von Gerhard Hensel, Berlin und Frankfurt am Main: Suhrkamp Verlag, 1967.

Jorge Semprun, *Federico Sánchez. Eine Autobiographie*. Deutsch von Heide Mahler-Knirsch, Frankfurt am Main; Berlin; Wien: Ullstein, 1981, S. 338.

Alexis de Tocqueville, *Über die Demokratie in Amerika*. Aus dem Französischen von Hans Zbinden, München 1984, S. 253, 255.
(Die zitierten Passagen aus der neuen kritischen Ausgabe wurden neu übersetzt.)

Das Zitat von Husserl wurde entnommen:
Edmund Husserl, *Die Krisis des europäischen Menschentums und die Philosophie*, in: ders., *Die Krisis der europäischen Wissenschaften und die transzendentale Phänomenologie*, hg. von Walter Biemel, 2. Aufl., Den Haag: Martinus Nijhoff, 1962.

(Wolfram Bayer)

Inhalt

Französische Literatur
in der edition suhrkamp und
in den suhrkamp taschenbüchern

E. M. Cioran: Die verfehlte Schöpfung. Übersetzt von François Bondy. Das Kapitel »Die neuen Götter« wurde von Elmar Tophoven übersetzt. st 550
– Vom Nachteil, geboren zu sein. Übersetzt von François Bondy. st 549
Colette: Diese Freuden. Aus dem Französischen von Maria Dessauer. st 2154
Marguerite Duras: Blaue Augen, schwarzes Haar. Aus dem Französischen von Maria Dessauer. st 1681
– Eden Cinéma. Aus dem Französischen von Ruth Henry. es 1443
– Emily L. Roman. Aus dem Französischen von Maria Dessauer. st 1808
– Ganze Tage in den Bäumen. Erzählung. Deutsch von Elisabeth Schneider. st 1157
– Heiße Küste. Roman. Aus dem Französischen von Georg Goyert. st 1581
– Hiroshima mon amour. Filmnovelle. Deutsch von Walter Maria Guggenheimer. st 112 und st 2522
– Im Park. Roman. Aus dem Französischen von Andrea Spingler. st 1938
– Im Sommer abends um halb elf. Roman. Aus dem Französischen von Ilma Rakusa. st 2201
– La Musica Zwei. Theaterstück. Aus dem Französischen von Simon Werle. es 1408
– Liebe. Aus dem Französischen von Barbara Henninges. st 2460
– Der Liebhaber. Aus dem Französischen von Ilma Rakusa. st 1629
– Der Liebhaber aus Nordchina. Roman. Aus dem Französischen von Andrea Spingler. st 2384
– Der Matrose von Gibraltar. Roman. Aus dem Französischen von Maria Dessauer. st 1847
– Moderato cantabile. Roman. Aus dem Französischen von Leonharda Gescher und W. M. Guggenheimer. st 1178
– Das Pferdchen von Tarquinia. Roman. In der Übersetzung von Walter M. Guggenheimer. st 1269
– Ein ruhiges Leben. Roman. Deutsch von W. M. Guggenheimer. st 1210
– Sommer 1980. Aus dem Französischen von Ilma Rakusa. es 1205
– Sommerregen. Aus dem Französischen von Andrea Spingler. st 2284
– Das tägliche Leben. Aus dem Französischen von Ilma Rakusa. es 1508
– Der Tod des jungen englischen Fliegers. Aus dem Französischen von Andrea Spingler. es 1945

Französische Literatur
in der edition suhrkamp und
in den suhrkamp taschenbüchern

Marguerite Duras: Vera Baxter oder Die Atlantikstrände. Aus dem Französischen von Andrea Spingler. es 1389
– Die Verzückung der Lol V. Stein. Deutsch von Katharina Zimmer. st 1079
– Der Vize-Konsul. Roman. Deutsch von W. M. Guggenheimer. st 1017

Marguerite Duras / Michelle Porte: Die Orte der Marguerite Duras. Aus dem Französischen von Justus F. Wittkop. es 1080

Georges-Arthur Goldschmidt: Ein Garten in Deutschland. Erzählung. Aus dem Französischen von Eugen Helmlé. st 1925

Lucien Malson: Die wilden Kinder. Aus dem Französischen von Eva Moldenhauer. st 55

Victor Margueritte: Die Aussteigerin. Roman. Aus dem Französischen von Joseph Chapiro. Mit einem Nachwort von Ursula Krienes. st 1616

André Pieyre de Mandiargues: Schwelende Glut. Erzählungen. Aus dem Französischen von Ernst Sander. st 2466

Robert Pinget: Apokryph. Aus dem Französischen von Gerda Scheffel. es 1139

Marcel Proust: Auf der Suche nach der verlorenen Zeit. 10 Bände in Kassette. Aus dem Französischen von Eva Rechel-Mertens. suhrkamp taschenbücher
– Auf der Suche nach der verlorenen Zeit. Erster Teil: In Swanns Welt. st 644
– Zweiter Teil: Im Schatten junger Mädchenblüte. 2 Bde. Deutsch von Eva Rechel-Mertens. st 702
– Dritter Teil: Die Welt der Guermantes. 2 Bde. Deutsch von Eva Rechel-Mertens. st 754
– Vierter Teil: Sodom und Gomorra. 2 Bde. Deutsch von Eva Rechel-Mertens. st 822
– Fünfter Teil: Die Gefangene. Deutsch von Eva Rechel-Mertens. st 886
– Sechster Teil: Die Entflohene. Deutsch von Eva Rechel-Mertens. st 918
– Siebter Teil: Die wiedergefundene Zeit. Deutsch von Eva Rechel-Mertens. st 988
– Briefe zum Leben. 2 Bde. Ausgewählt und aus dem Französischen übersetzt von Uwe Daube. st 464
– Freuden und Tage. Übertragen und herausgegeben von Luzius Keller. st 2172
– Der Gleichgültige. Erzählung in zwei Sprachen. Mit einem Vorwort von Philip Kolb. In der Übersetzung von Elisabeth Borchers. st 1004

109/3/7.95

109/4/7.95

suhrkamp taschenbücher
Eine Auswahl

suhrkamp taschenbücher
Eine Auswahl

265/2/11.93

suhrkamp taschenbücher
Eine Auswahl

suhrkamp taschenbücher
Eine Auswahl

265/4/11.93

suhrkamp taschenbücher
Eine Auswahl

265/5/11.93

suhrkamp taschenbücher
Eine Auswahl

265/6/11.93